ASPEKTE
NEUGRIECHISCHER GESCHICHTE
GESAMMELTE AUFSÄTZE

HERAUSGEGEBEN VON
Heinz A. Richter

PELEUS

STUDIEN ZUR
GESCHICHTE GRIECHENLANDS UND ZYPERNS

HERAUSGEGEBEN VON HEINZ A. RICHTER

BAND 88

HARRASSOWITZ VERLAG WIESBADEN
IN KOMMISSION

VORMALS VERLAG FRANZ PHILIPP RUTZEN
WWW.RUTZEN-VERLAG.DE

Aspekte
Neugriechischer Geschichte
Gesammelte Aufsätze

Herausgegeben von Heinz A. Richter

2018

HARRASSOWITZ VERLAG • WIESBADEN
IN KOMMISSION

BIS BAND 74
PELEUS
Studien zur Archäologie und Geschichte Griechenlands und Zyperns
Herausgegeben von Reinhard Stupperich und Heinz A. Richter
Band 88

Umschlagvignetten:
Umschlagbild: Das griechische Parlament
Gegenüber Titelblatt: Innenbild einer Schale des Peithinosmalers, Berlin, Pergamonmuseum
(CVA Berlin 2, Taf. 61).

Bibliografische Information der Deutschen Nationalbibliothek
Die Deutsche Nationalbibliothek verzeichnet diese Publikation in der Deutschen
Nationalbibliografie; detaillierte bibliografische Daten sind im Internet
über http://dnb.d-nb.de abrufbar.

Bibliographic information published by the Deutsche Nationalbibliothek
The Deutsche Nationalbibliothek lists this publication in the Deutsche
Nationalbibliografie; detailed bibliographic data are available in the internet
at http://dnb.d-nb.de

www.harrassowitz-verlag.de

ISBN 978-3-447-11132-4
ISSN 1868-1476

INHALT

Vorwort   7

Jannis Benos, *Hölderlin und die griechische Insel Poros*   9

Jannis Benos, *Deutsche Siedlungen in Griechenland*   17

Stratos N. *Dordanas, "Dying of Hunger in Greece" The food war
    and public opinion on the war (1915-1917)*   23

Vaios Kalogrias, *Kollaboration und Bürgerkrieg im besetzten
    Griechenland (1943/44)*   30

Ferdinand Krudewig & Wolf-Dieter Gerl,
    Briefmarken erzählen die Geschichte Zyperns   41

Nikos Papanastasiou, *Zusammenarbeit zwischen CDU und
    Nea Dimokratia*   49

Heinz A. Richter, *The failed forcing of the Dardanelles
    on 18 March 1915 and its Cconsequences*   56

Heinz A. Richter, *Das 4. Griechische Armee-Korps in Görlitz*   64

Heinz A. Richter, *General Hellmuth Felmy und die Rettung Athens*   82

Heinz A. Richter, *Die Militärdiktatur in Griechenland 1967-74*   98

Egon Scherer, *"Operation Merkur" Die Luftlandeschlacht um
    die Insel Kreta im Mai 1941 Strategische Bedeutung
    und verpasste Chancen*   106

Andreas Stergiou, *"The struggle for the past" Socialists against
    Communists in Post-junta Greece*   114

Gerhard Weber, *Hellmuth Felmy: Zivilcourage und Haltung eines
    Generals im Dritten Reich*   128

VORWORT

Der Anlass zur Veröffentlichung dieser Aufsatzsammlung war die Tatsache, dass Reinhard Stupperich mir die für THETIS 23 (2016) vorgesehenen historischen Beiträge vor einigen Monaten übersandte, mit der Anmerkung, dass THETIS inzwischen nur noch archäologische Beiträge aufnehme. Er beendete damals die Zusammenarbeit, die über 22 Jahr gut funktioniert hatte. Er erklärte, dass er von da an allein für THETIS zuständig sei. Die Peleus-Reihe sei von da an allein meine Angelegenheit. Bei den zurückgesandten Aufsätzen handelte es sich um die beiden Beiträge von Jannis Benos, je einen Beitrag von Andreas Stergiou und Vaios Kalogrias sowie meinen eigenen Aufsatz über die Griechen in Görlitz mit Fotos, die noch nie veröffentlicht worden waren.

Mit der Entscheidung, THETIS allein der Archäologie zu widmen, endete der interdisziplinäre Charakter der Zeitschrift. Dies ist sehr bedauerlich, dann Thetis war die einzige Zeitschrift dieser Art in ganz Europa gewesen. Auch die Monographienreihe PELEUS folgte bis dahin diesem Konzept, doch nun ist sie auf die Geschichte und Politik des modernen Griechenland und Zypern beschränkt.

Aber es gab noch weitere Rücksendungen. Da Stupperich dafür sorgte, dass seine Festschrift nicht als PELEUS-Band erschien, erhielt ich auch meinen Beitrag für sie über die griechische Militärdiktatur von 1967-74 von der Redaktion zurück.

Hinzu kommen weitere Aufsätze, die bisher nicht veröffentlicht wurden. Vor zwei Jahren hatte ich für die Zeitschrift der türkischen Universität in Canakale (*The Turkish Yearbook of Çanakkale Studies*) einen Aufsatz über den fehlgeschlagenen Versuch der alliierten Flotte, am 18. März 1915 die Dardanellen zu forcieren, geschrieben. Offensichtlich war sein Inhalt der Redaktion nicht genehm, denn er wurde nicht gedruckt. Ähnliches geschah im Zusammenhang mit der Veröffentlichung einer Biographie von General Hellmuth Felmy. Gerhard Weber und ich waren gebeten worden, jeweils einen Beitrag beizusteuern. Wir taten dies, aber dann wurde das Konzept des Bandes geändert und unsere beiden Beiträge blieben unveröffentlicht.

Ich fasste den Entschluss, die nicht veröffentlichten Aufsätze in einem PELEUS-Band zu publizieren. Da dieser Band etwas dünn geworden wäre, schlug ich Kollegen vor, doch einen Beitrag zu verfassen. Die meisten reagierten positiv und so konnten weitere Aufsätze hinzugefügt werden. Das Ergebnis waren mehrere hervorragende Beiträge über Themen, die bislang nicht bearbeitet worden waren.

Stratis Dordanas schrieb über die Auswirkungen der Blockade der Alliierten im Ersten Weltkrieg, die in einer Hungersnot mündete, welche an die im Zweiten Weltkrieg erinnert. Vaios Kalogrias befasste sich mit den sog. Sicherheitsbataillonen und ihren Auswirkungen auf die griechische Politik in der Besatzungszeit. Nikos Papanastasiou analysierte die Beziehungen zwischen der CDU und der ND (Nea Dimokratia) in der Nach-Junta-Zeit. Andreas Stergiou untersuchte in einem neuen Aufsatz die Beziehugen der KKE und der PASOK im selben Zeitraum. Egon Scherer befasste sich mit den strategischen Überlegungen der Kriegsgegner bezüglich Kretas im Jahr 1941. Die Philatelisten Ferdinand Krudewig und Wolf-Dieter Gerl untersuchten die Geschichte Zyperns im Spiegel von Briefmarken. Sie bilden eine wertvolle und attraktive Illustration dieses Peleus-Bandes.

HÖLDERLIN UND DIE GRIECHISCHE INSEL POROS

Jannis Benos

Obwohl die Deutschen Johann Christian Friedrich Hölderlin (20.03.1770 - 07.06.1843) erst im 20. Jahrhundert „entdeckt" haben, gilt er heute neben Goethe und Schiller zweifellos als einer der größten deutschen Dichter überhaupt. Der Literaturkritiker P. Szondi nennt ihn „den originellsten und wichtigsten Denker und Ästhet des deutschen Idealismus" und der Philosoph Martin Heidegger (1889-1976) bezeichnet ihn als „Dichter des Dichters". Es ist bekannt, dass Hölderlin zahlreiche Gedichte mit griechischen Themen geschrieben hat, interessant ist aber, dass sie sich nicht alle nur mit der Antike beschäftigten, sondern auch solche dabei waren, die sich auf die Gegenwart bezogen. Das erste Gedicht über ein griechisches Thema, „Alexanders Rede an seine Soldaten, bei Issos"[1],schrieb er im Dezember 1785 also während seiner Schülerjahre in der niederen Klosterschule Denkendorf. Ein Jahr später,1786, folgte „Die Klage" mit der Widmung „An Stella" und im Jahr darauf das Gedicht „Stella"[2]. Danach folgten etliche weitere Gedichte zu griechischen Themen. Das erste Gedicht, das sich thematisch auf das zeitgenössische Griechenland bezieht, ist „Hyperion oder der Eremit in Griechenland". Der große Briefroman thematisiert die bewegten Jahre des ersten, jedoch gescheiterten Aufstands der Griechen gegen die Osmanen 1769/1770. Der Held Hyperion, ein junger Grieche von der Insel Tinos, verliebt sich während eines Besuchs der Insel Kalauria, heute Poros, in das Mädchen Diotima, muss aber dem Ruf der Freiheit folgen und in den Kampf ziehen. Diotima glaubt, dass er im Kampf gefallen sei und stirbt aus Kummer. Hyperion erzählt in Briefform seinem deutschen Freund Bellarmin sein Leben und seine Liebe. Darin sind wunderschöne, vielfach sehr detaillierte Beschreibungen von Poros enthalten, die den Anschein erwecken, als wäre Hölderlin selbst einmal dort gewesen. Hölderlin war aber selbst niemals in Griechenland. Sein erster Biograph, der Dichter Wilhelm Waiblinger (1804-1830), schreibt über „Hyperion" 1822, es war „der Geist der Griechen, die Apotheose der Griechen."[3] Deutsche Kritiker seines Werkes versuchten glaubhaft zu machen, Hölderlin wäre ein großer deutscher Patriot oder gar Nationalist gewesen. Der Kampf Hyperions für die Freiheit Griechenlands wäre eine Metapher seines Kampfes gegen die damalige geistige Unterdrückung in den deutschen Ländern.[4] Ebenso wird über seine Gedichte mit griechischen Themen behauptet, dass er Deutschland meinte, wenn er von Griechenland spräche.

Nicht dass Hölderlin seine Heimat nicht liebte, aber er war ein Internationalist und kein Chauvinist, er war ein Demokrat, ein Revolutionär und ein Philosoph. In Griechenland fand er seine zweite Heimat, und er liebte es von allen anderen Ländern neben Deutschland besonders. Im Geiste war er sowohl Deutscher als auch Grieche. Auch Hyperion ist ein Grieche, der für Freiheit und Demokratie kämpft. Was Hölderlin über Griechenland schrieb, bezog sich auch auf Griechenland. Deutschland war lediglich Hölderlins Heimat. Wie Kurt Waselowsky schreibt: „für Hölderlin ist Vaterland keine politische Gegebenheit, er begreift es auch nicht

---

1   Michael Knaupp (Hrsg.), *Friedrich Hölderlin Sämtliche Werke und Briefe*, (München: Hanser,1993), Bd. 3, S. 39.

2   Stella ist die Übersetzung des griechischen Namens Astér ins Lateinische. Platon hatte einem seiner Schüler gleichen Namens einige Epigramme gewidmet. Für Hölderlin soll er der Geliebte Platons gewesen sein, und er macht aus ihm eine Frau Stella. So nannte er seine eigene Geliebte, die 21-jährige Luise Nast, die um 4 Jahre älter als er war.

3   Waiblinger's Tagebuch, Eintragung von 39. Mai 1822, Knaupp, *a.a.O.*, Bd. 3, S. 657.

4   Meinhard Prill, Lemma Hölderlin, Kindlers Neues Literatur-Lexikon, München 1988, Bd. 7. Bernhard Böschenstein, Epilog in: Hölderlin, *Hyperion*, (Frankfurt/Main-Hamburg, 1962), S. 183.

historisch wie die Romantiker, sondern mythisch".[1] Der Franzose, Germanist und ehemalige Widerstandskämpfer gegen die Nazis, Pierre Bertaux, (1907-1986) schreibt über Hölderlin: *"Seine Dichtung ist Verkündigung einer besseren schöneren Welt die er mit – nicht ohnmächtigen – Wünschen herbeiruft; ein neues Europa, zu dem der Weg über Deutschland und Griechenland führt; ein Europa das er mit Namen nennt Hesperien des Abends Land."*[2]

Seine Liebe für Griechenland hatte Hölderlin sehr früh entdeckt. Es wird allgemein angenommen, dass er den griechenlandbegeisterten Dichter Friedrich Gottlieb Klopstock (1724--1803), der sich selbst als „Lehrling der Griechen"[3] bezeichnete, schon seit seiner Schülerzeit bewunderte. Hölderlin empfand das Griechische als eine Art Lebenshilfe, als Ersatz für Freunde und als Denkstütze. In einem Brief „An einen Unbekannten" schreibt er: *"Das innigere Studium der Griechen hat mir dabei geholfen und mir statt Freundesumgang gedient, in der Einsamkeit meiner Betrachtungen nicht zu sicher und nicht zu ungewiss zu werden."*[4] Er liebte nicht nur das antike, sondern auch das neue Griechenland und war sozusagen einer der ersten Philhellenen. In einem Brief von 1799 an seinen Bruder zeigte er seine Besorgnis über den Zustand des unterdrückten Griechenlands seiner Zeit: *"O! Griechenland, mit deiner Genialität und deiner Frömmigkeit, wo bist du hingekommen?"*[5] In einem Vergleich suchte er die Unterschiede zwischen Ägyptern, „Nordmenschen" und Griechen zu charakterisieren: *"Der Ägypter trägt ohne Schmerz die Despotie der Willkür, der Sohn des Nordens ohne Widerwillen die Gesetzesdespotie, die Ungerechtigkeit in Rechtsform,",* der Grieche aber *"kann Gesetzlichkeit nicht ertragen, weil er ihrer nicht überall bedarf."*.[6]

Sein Freund Georg Friedrich Hegel (1700-1831) war der Meinung, dass Hölderlin mit seiner Griechenlandliebe übertriebe. Karl Rosenkranz (1805-1879), der Biograph des Philosophen, berichtete, Hegel habe über Hölderlins Liebe zu Griechenland gemeint, Hölderlin hätte die Liebe zum Griechentum bis zum Extrem konzentriert: *"Die Einseitigkeit Hölderlins entzweite ihn mit Deutschland und der Gegenwart unheilbar."*[7]

Hölderlin war aber eben nicht nur ein Bewunderer des antiken Griechenlands, sondern auch des modernen, das unter dem Joch der Osmanen litt. Er war kein Romantiker, der die Antike aufleben lassen wollte, wie etliche Philhellenen des 19. Jahrhunderts, sondern ein Realist, der sich als Fortsetzung des antiken ein modernes, freies und demokratisches Griechenland vorstellte. Er besingt nicht nur die Schönheit des antiken Geistes, die Bedeutung der alten Mythen und die herrliche griechische Landschaft, sondern spricht auch über die vergessenen Neugriechen seiner Zeit, kritisiert die Apathie der Europäer gegenüber den Leiden der von allen vergessenen und in ihrem harten Schicksal verlassenen Neugriechen und brandmarkt die Zerstörung und den Diebstahl der griechischen Kunstwerke durch verschiedene Abenteurer und "Altertumsliebhaber". *"Sie (die Europäer) haben die Säulen und Statuen weggeschleift und an einander verkauft, haben die edlen Gestalten nicht wenig geschätzt, der Seltenheit wegen, wie man Papageien und Affen schätzt, ... Erst, wenn die Häuser und Tempel ausgestorben, wagen sich die wilden Tiere in die Tore und Gassen."*[8]

1   Kurt Waselowsky, Einleitung zu *Friedrich Hölderlin, Gedichte, Hyperion,* (Augsburg, 1957), S. 7.
2   Pierre Bertaux, Hölderlin, Dichtung – Schriften – Briefe, (Frankfurt/Main - Hamburg, 1957), S. 16.
3   Friedrich Reißner (Hrsg.), *Friedrich Hölderlin Sämtliche Werke,* Nachwort des Herausgebers, (Frankfurt am Main - Wien - Zürich, 1961), S. 1300.
4   Brief, *An einen Unbekannten.* In: Knaupp, *a.a.O..,* S. 850-851.
5   Brief, An den Bruder, Homburg den 1 Januar 1799. Knaupp), *a.a.O.,* S. 729.
6   Hyperion an Bellarmin. Knaupp, a.a.O., Bd.1, S. 694.
7   Karl Rosenkranz, über Hegel, Hölderlin und Schelling, 1844, Friedrich Hölderlin (Hrsg. Michael Knaupp), *a.a.O.,* Bd. 3, S. 574-575.
8   Friedrich Hölderlin, Hyperion (Hrsg. Friedrich Beißner), *a.a.O.,* S. 569.

Der Philhellenismus Hölderlins macht ihn zum größten Vorläufer der progriechischen Bewegung in Deutschland. In den Mund Hyperions legte er Worte tiefer Verzweiflung über den Zustand seiner Heimat *"Wohl dem Manne, dem ein blühend Vaterland das Herz erfreut und stärkt! Mir ist, als würd' ich in den Sumpf geworfen, als schlüge man den Sargdeckel über mir zu, wenn einer an das meinige mich mahnt, und wenn mich einer einen Griechen nennt, so wird mir immer, als schnürt' er mit dem Halsband eines Hundes die Kehle."*[1] Er nennt Griechenland geschändeten Boden[2] und hält jeden Sieg gegen die osmanischen Besatzer für wichtiger als die Siege der alten Griechen gegen die Perser in Marathon, an den Thermopylen und bei Platäa.[3] Er kritisiert aber auch die Ausschreitungen des Krieges wie Plünderungen und Tötung von Zivilisten nicht nur durch die Besatzer, sondern auch durch griechische Aufständischen, u.a. an den eigenen Landsleuten im Rahmen der gescheiterten Revolution von 1769/70.[4] Sie ging nach der Meinung von Hölderlin vor allem durch die innergriechischen und parteiischen Streitigkeiten und die unberechtigte Angst vor der großen Macht der Besatzer verloren.[5]

Hölderlin wurde, wie bekannt, 1802 geisteskrank und starb 1843, ohne wieder genesen zu sein. Seine geistige Heimat hat Hölderlin aber nie vergessen. Auch im Zustand schwerer geistiger Verwirrung in seinen Gedichten ohne Sinn kommt einige Male das Wort "Hellas" vor. Sein Arzt Dr. Georg Müller (1761-1811) schreibt in seinem Bericht, dass Hölderlin in seiner Verwirrung *"halb Deutsch, halb Griechisch und halb Latein"* gesprochen habe.[6] Als er von der großen griechischen Revolution von 1821/27 und von den griechischen Siegen hörte, habe sich sein Sinn geklärt. Ernst Zimmer, sein Vormund, berichtete 1823 folgendes über den Dichter: *"Seit kurzem scheine H. wie aus einem langen Traum erwacht [...] An den Griechen nimmt er Anteil und liest (in der Zeitung) mit Aufmerksamkeit ihre Siege. Letzthin sagte ich ihm, dass der ganze Peloponnes von den Türken befreit sei. Das ist erstaunlich, rief er, es freut mich!"*[7] Der Sohn seines Freundes Gustav Schwab Christof erwähnt in der Einleitung eines Briefes von Hölderlin "an den Bruder" die Aufhellung des Geistes Hölderlins von 1822. Wahrscheinlich bezieht er sich hier auf das gleiche Ereignis. Waren der Anlass für diese Verwandlung die Siege der Griechen im Befreiungskampf? Ich glaube schon. *"Die Nachricht vom griechischen Freiheitskampf regte ihn für einige Zeit auf, und er hörte mit Begeisterung zu, als man ihm erzählte, dass die Griechen Herren der Morea seien."*[8] Diese Aufhellung seines Geistes weckte bei den Freunden die Hoffnung auf eine baldige Genesung, aber leider war die Krankheit stärker und überwältigte ihn wieder. Bald verfiel er "in Apathie und Verwirrung".[9]

Wie bei vielen Griechenlandreisenden üblich, bezeichnete auch Hölderlin im großen hexametrischen Gedicht „Der Archipelagus", das er etwa um 1800 schrieb, die Insel und die Stadt Poros mit dem antiken Namen der Hauptinsel Kalaureia. In dem Gedicht besingt er die Inseln und die Küsten und Städte des Festlandes Griechenlands in der Ägäis und in Ionien[10] (Westkleinasien). Er nennt sie "Heroenmütter". Namentlich aber erwähnt er von den Inseln nur

---

1   *Ebd.*, S. 491.
2   *Ebd.*, S. 511.
3   *Ebd.*, S. 757.
4   *Ebd.*, S. 758-759.
5   *Ebd.*, S. 601.
6   Dr. Müllers Gutachten von 9. April 1805. In: Knaupp), *a.a.O.*, Bd. 3, S. 642.
7   Schlesiers Bericht (ungefähr 1844). In: Knaupp, *a.a.O.* Bd. 3, S. 653.
8   An den Bruder geschrieben 1823, Bericht von 1846. In: Knaupp), *a.a.O.*, Bd. 3, S. 558.
9   *Ebd.*, S. 558.
10 Für Hölderlin ist das Küstenland Westkleinasiens ein Teil des modernen Griechenland.

Zypern, Kreta, Tinos, Chios, Salamis, Delos und Kalauria.[1] "... und von Kalauria fallen silber-
ne Bäche, wie einst,[2] in die alten Wasser des Vaters".[3]

Die meisten Beschreibungen der Insel und seiner Einwohner Hölderlins finden sich in sei-
nem Werk "Hyperion oder der Eremit in Griechenland". Die Geschichte in Briefen erzählt
Leiden, Liebe und Nöte seines Phantasiehelden Hyperion von der Insel Tinos[4], mit dem sich
Hölderlin identifizierte. Von der Insel Tinos berichtet Hölderlin wenig. Der Held schenkt seine
Liebe dem poriotischen Mädchen Diotima.[5] Im "Hyperion" kommen nur wenige Personen vor,
nämlich Notaras[6], ein Freund und Verwandter Diotimas aus Poros, Alabanda,[7] ein Patriot und
Freiheitskämpfer, der Hyperion stark beeinflusste und ihn zum großen Patrioten machte, und
Adamas[8], sein "Lehrer", der Hyperion die Liebe zur griechischen Philosophie und Literatur
beibrachte. Weitere vorkommende Personen werden nicht namentlich genannt.

Poros liegt an der Ostküste der Peloponnes und gehört zusammen mit der gegenüber liegenden Trizinia, dem Gebiet der antiken Polis Troizen, verwaltungstechnisch zum Bezirk
"Piräus und argosaronische Inseln", einem Teil der Region Attika. Poros ist vom Festland nur
400 m entfernt, und in der Antike war es möglich, wie Pausanias berichtet, den flachen Sund
zu Fuß zu überqueren. Das Wasser reichte etwa bis zu den Knien. Das heutige Poros besteht
eigentlich aus zwei Inseln, Sphairia (die Runde), weil sie nahezu kreisförmig ist, und Kalaureia (im guten Wind stehend), weil dort im Sommer stets frische Winde wehen, die heute wie
in der Antike immer noch so bezeichnet werden. Die beiden Inseln sind nur durch einen fünf
Meter breiten Sund voneinander getrennt und heute mit einer Brücke verbunden. Sphairia
selbst, mit zwei Tempeln versehen, hatte kaum Bedeutung, es war bis ins 14. Jh. kaum bewohnt,. Daher wurden beide Inseln nach der größeren Kalaureia genannt. Auf der großen Insel
kamen 2001 Siedlungsreste aus dem 3. vorchristlichen Jahrtausend zutage. Auf den steinzeit-
lichen Ruinen bauten Minoer und später Mykener ihre eigene Stadt, die wahrscheinlich um
1200 v. Chr. verfiel. Erst etwa im 7. Jh. v. Chr. wurde die Insel Sitz der „Amphiktionie von
Kalaurea" um das Heiligtum des Poseidon auf einem Hügel auf der Nordseite der Insel. Zu der
Amphiktyonie gehörten Athen, Aigina, Epidauros, Hermione, Troizen, das boiotische Orcho-
menos, Prasiai in Lakonien und Nauplia. Später ersetzte Sparta die Stadt Prasiai und Argos
Nauplia, als die beiden Städte in deren jeweilige Herrschaft kamen. Um 520 v. Chr. wurde
dort ein Poseidontempel als Versammlungsort der Delegierten erbaut. In ihrer unmittelbaren
Nachbarschaft entstand eine kleine Stadt und in der naheliegenden Bucht (heute Vagionia genannt) ein kleiner Hafenort, wo die Delegierten landen konnten. Die Amphiktyonie verlor
später an Bedeutung durch die Konkurrenz der führenden griechischen Städte, und Kalaureia
kam unter die Herrschaft von Troizen. Auf der Insel lebten zu dieser Zeit hauptsächlich Hirten

---

1   Knaupp, *a.a.O.*, Bd. 1, S. 295.
2   Poros war bis in die Mitte des 20. Jahrhunderts sehr wasserreich und berühmt für seine wunderschönen Bäche.
    Danach wurde alles dem Tourismus geopfert.
3   Knaupp, *a.a.O.*, Bd. 1, S. 296.
4   Der Name ist aus der griechischen Mythologie entlehnt. Hyperion war ein Titan, Sohn des Uranos (Himmels)
    und der Gaia (Erde), den Kronos in den Tartaros hinabstieß. Trotz seiner Tat wurde er zum Sonnengott. In der
    klassischen Zeit wurde Hyperion ein Beiname des Sonnengottes Helios.
5   Mit dem Namen Diotima (die Zeus ehrende) wird bei Platon eine Philosophin aus Mantineia in seinem Werk
    „Gastmahl" erwähnt, „die Sokrates den Weg zur Erkenntnis der unwandelbaren Schönheit vermittelte" Bernhard
    Böschenstein (Hrsg.), *Hölderlin, Hyperion, (*Frankfurt am Main - Hamburg 1962), S. 182.
6   Nachname einer bedeutenden byzantinischen Familie auf der Peloponnes. Die bekanntesten Mitglieder lebten im
    18. und 19. Jh. in Korinth.
7   In der griechischen Mythologie oder Geschichte kommt keine Person mit diesem Namen vor. Es gab nur in der
    Antike eine Stadt gleichen Namens im südlichen Teil Westkleinasiens.
8   „Der Diamantene", ein gar nicht so selten vorkommender Vorname, sowohl in der Antike als auch der Gegen-
    wart Griechenlands, allerdings heute etwas verändert als Diamantis mit der gleichen Bedeutung.

und Tempelleute. So blieb die Insel während der gesamten Antike unbedeutend. Mit Ausnahme von Pausanias, dem Periegeten, hat sich kein antiker Autor mit der Insel beschäftigt.

Im 15. Jh., als die Plünderungen der Osmanen die Menschen vertrieben, begann die Wiederbesiedlung von Sphairia durch argolische Flüchtlinge. Sie bauten eine befestigte Stadt und ein Kastell darin und blieben so unbehelligt. Sie auf dem Landweg zu erreichen, war schwierig. Zur See waren die Osmanen damals zu schwach. Die Bewohner nannten ihre Stadt Poros (aus peraio=ich setze über, oder poros=der Durchgang, die Durchfahrt), weil sich die Stadt an der engsten Stelle des Sundes entwickelte. Der Name ging später auf beide Inseln über. Bekannt wurde Poros erst gegen Ende der osmanischen Zeit im 19 Jh., weil die Insel während der Unabhängigkeitskriege als sicher galt. Hier gab es ein Krankenhaus, hier erholten sich die Philhellenen von Verletzungen und Krankheiten, hier reparierte man beschädigte Schiffe, hier war die zentrale Verwaltungsstelle der Philhellenen, und 1829 fungierte Poros für eine Woche als provisorische Hauptstadt Griechenlands.

Zur Zeit Hölderlins war Poros in Deutschland unbekannt und wurde von ausländischen Reisenden sehr selten besucht, weil es damals nichts Antikes zu sehen gab – der Poseidontempel war noch nicht ausgegraben. Erstaunlich ist nun, dass Hölderlin die Insel und ihre Umgebung beschreibt, als ob er sie selbst besucht hätte oder als ob ihm jemand sie genau beschrieben hätte, denn Hölderlin ist selbst nie in Griechenland gewesen. Besonders die Beschreibung der Fahrt durch den Sund zwischen der troizenischen Küste und Poros ist sehr detailreich. Das gleiche gilt für das Innere von Kalaureia, das im 18. Jh. offenbar kaum ein Reisender besucht und beschrieben hat. Der Politiker und Schriftsteller Hubertus Prinz zu Löwenstein (1906-1984) besuchte in den Siebziger Jahre des 20. Jh. Poros und fand die Beschreibungen der Insel von Hölderlin zutreffend. Er war so begeistert von Hölderlin, dass er den Roman „Alabanda oder Der deutsche Jüngling in Griechenland" schrieb und 1984 veröffentlichte.

Wie bereits erwähnt, hatte Kalaureia keine besonders interessante Geschichte und wurde in Deutschland unter den Philhellenen erst während des Befreiungskriegs unter dem Namen "Poros" bekannt. Warum hat Hölderlin diese damals fast unbekannte Insel als Schauplatz der Hyperionhandlung ausgesucht? Und warum seine Hymnen über sie? Die einzige Erklärung ist, dass ihm jemand mit Begeisterung über die Insel berichtet hat, und der Bericht muss auf Hölderlin großen Eindruck gemacht haben. Wer aber war der Informant? War es ein Poriote oder jemand aus der Umgebung, der sich gut auskannte? Woher hatte er diese Informationen über die Insel? Es ist vermutet worden, dass er die Beschreibungen aus den Reiseberichten des Briten Richard Chandler (1738-1810)[1] und des Comte Auguste Choiseul-Gouffier (1752-1817)[2] entlehnt hätte, aber weder der eine noch der andere beschreibt den Landkreis Troizinia und insbesondere Poros derartig detailliert.

Im Hyperion gibt es eine Figur, die vermutlich auf eine tatsächlich lebende Person zurückgeht. Zumindest existierte der Familienname damals wie heute in Griechenland. Es ist die Figur des Gorgonda Notaras, die er bereits in den Fragmenten der ersten Entwürfe von 1792 erwähnt[3]. Der Name kommt auch im Reisebericht von Richard Chandler vor und vermutlich hat Hölderlin den Namen von ihm entlehnt. Bei Hölderlin ist Gorgonda Notaras ein Freund Hyperions, aber nicht der Sohn seines Pflegevaters aus Paros, wie Michael Knaupp glaubt.[4] Im Ro

---

1   Richard Chandler, *Travels in Asia Miror and Greece*, (Oxford, 1775/76). Deutsche Übersetzung 1776/77.

2   Comte Choiseul-Gouffier, *Voyage pittoresque de la Grèce* (Paris, 1782).

3   Fragment von Hyperion. In: Knaupp), *a.a.O.*, S.492.

4   In der vorletzten Fassung des Hyperion auf den Seiten 563-566, Bd. 1, spricht Hyperion von einem Sohn seines Pflegevaters aus Paros, den er auch "Freund aus Paros" nennt, aber ohne den Namen Notaras zu erwähnen, den er nie Freund aus Paros nennt. Es muß sich also um eine andere Person handeln, nicht um Notaras. Knaupp,

man stammt nämlich Notaras, wie auch Hyperion, von der Insel Tinos (Hölderlin schreibt Tina), wo auch seine Mutter lebte und ein Haus besaß.[1] Hyperion lebte in San-Nicolo.[2] Der Name ist kein Phantasiename, sondern der frühere Name des heutigen Hauptortes „Chora Tinos".[3] Der Inselname ist im Altgriechischen Tenos. Hölderlin verwendet jedoch die neugriechischen Aussprache, derzufolge der Name früher auch Tina, heute aber nur Tinos lautet. Unter diesem Namen war die Insel in Deutschland zu Hölderlins Zeit nicht bekannt. Hölderlin kann den Namen daher nur von einem Griechen gehört haben.

Das Geschlecht Notaras ist sehr alt und lässt sich bis nach Byzanz zurückverfolgen. Später hatte es seinen Sitz in Korinth. Mitglieder dieser Familie lebten aber auch in anderen Teilen Griechenlands, und zwar auch auf der Nachbarinsel von Poros, Hydra (heute Idra ausgesprochen). Poros (Kalaureia) war bis ins 19. Jh. abhängig von Hydra und diente Hydra als Hafen, denn Hydra besitzt keinen sicheren Hafen.

Der Vorname Gorgonda allerdings ist in Griechenland nicht belegt. Es ist aber durchaus möglich, dass Hölderlin den eigentlichen Namen nur falsch verstanden hat. Es könnte sich aber um den Vornamen Giorgos/Jorgos gehandelt haben, der in manchen Gegenden Griechenlands zu Giorgandas/Jorgandas abgewandelt wird. Der Name Notaras kommt ohne den Bezug zu Kalaureia bereits 1792 in den Fragmenten zum "Hyperion" vor. In Zusammenhang mit Kalaureia wird er 1796 zum ersten Mal in der endgültigen Fassung des ersten Bandes von "Hyperion" erwähnt.[4] Ein Notaras kommt aber eigentlich als Informant über Poros gar nicht in Frage, weil Hölderlin gar keinen Notaras kannte.

Eine weitere Person, die als Informationsquelle in Frage kommt, ist die griechische Mutter von Hölderlins engem Freund, dem Dichter und Geistlichen Christian Ludwig Neuffer (1769-1839), den Hölderlin "Bruder" nannte. Ihr Geburtsname war Maria Magdalena Pelargos. Christian lernte Hölderlin kennen, als er in Tübingen Theologie studierte. Hölderlin besuchte ihn das erste Mal zu Hause in Stuttgart im April 1789 und machte dort die Bekanntschaft seiner Mutter, die wohl eine gebildete Frau gewesen ist und mit ihm diskutierte. Vermutlich hat er sie auch später noch oft besucht. Hölderlin schätzte sie sehr. Es wird berichtet, dass er nach einem Besuch in ihrem Haus den Entschluss fasste, den „Hyperion" zu schreiben.[5] Als sie am 13. Januar 1799 starb und Hölderlin sehr spät davon erfuhr, tadelte er seinen Freund: *Vor allem bezeuge ich Dir meinen Anteil an dem Tode Deiner guten Mutter, den ich erst durch Dein Gedicht erfahren musste. Du wusstest, wie sehr ich diese seltene Frau ehrte, und es war fast nicht recht, dass Du mir nichts davon schriebst."*[6] Der Name Pelargos (Storch) kommt sehr selten in Griechenland vor. Weder in Poros noch im Landkreis Trizinias kommt der Name heute vor. Allerdings erinnern sich ältere Porioten heute noch, dass es im Dorf Trizina, unweit von Poros, früher eine Familie Pelargos gab. Stammte Frau Pelargos/Neuffer aus dieser Fami-

---

    a.a.O., Bd. 3, Lemma Notaras).

1   Knaupp, *a.a.O.*, Hyperions Jugend, Bd. 1, S. 539.

2   *Ebd.*, S. 598.

3   Die mittelalterliche Hauptstadt der Insel war Exoburgo im Inneren der Insel. Die Venezianer, die seit 1207 Inselbesitzer waren, bauten am Hafen eine Festung mit einem Turm, von dem noch Reste existieren, und nannten sie „Festung San Nicolo" oder, wie die Griechen sie nannten, „Pyrgos Agiou Nikolaou" (Turm des heil. Nikolaos). Um die Festung entstanden später einige Häuser, aber erst im 18. Jh wurde daraus ein Dorf und nach der Zerstörung und Aufgabe von Exoburgo die Hauptstadt der Insel. Sie behielt den Namen Agios Nikolaos/San Nicolo. Erst als Teil des griechischen Staates erhielt sie den Namen „Chora Tinou" oder einfach „Tinos" (Alex. St. Ligouros, *Ιστορία της Τήνου* [Geschichte von Tinos] (Athen, 1965), S. 41).

4   Friedrich Hölderlin, (Hrsg. Michael Knaupp), *a.a.O.*. Entwürfe zur endgültigen Fassung, Bd. 1, S. 582.

5   Bemerkungen zum Brief „Ich schlummerte mein Kallias". In: Knaupp, *a.a.O.*, Bd. 3, S. 301.

6   Brief (An Neuffer, Homburg den 4. Dez. 1799). In: Knaupp, *a.a.O.*, Bd. 2, S. 848.

lie? Ist ein Mitglied dieser Familie nach Deutschland ausgewandert? Sie könnte Hölderlin gewiss vieles von ihrer Heimat erzählt haben.

Es gibt aber noch eine weitere Person, die als Informant in Frage kommt, nämlich den griechischen Baumwollgroßhändler aus Konstantinopel Panagiotis Wergos (Παναγιώτης Βέργος, 1767-1843), den Hölderlin 1792 durch die Familie Neuffers kennenlernte. Er scheint gebildet gewesen zu sein und hatte wohl Interesse an der Literatur. Möglicherweise war er ein Mäzen junger Dichter, denn sein Haus in Cannstatt war ein Treffpunkt vieler Stuttgarter Literaten. Dort wurde diskutiert und dort berichtete ihnen Wergo über die Ereignisse in Griechenland. Mit Ausnahme von Hölderlin und Neuffer verkehrten dort der satirische Epigrammatiker und Freund Friedrich Schillers, Friedrich Haug (1761-1829), der Arzt und Dichter Justinus Kerner (1786-1862) und die bekannten Dichter Ludwig Uhland (1787-1862) und Gustav Schwab (1792-1850) u.a.[1]

Hölderlin achtete Wergos sehr. Im gleichen Jahr schreibt er an seine Freunde über ihn *"Wergo weckte in mir das Andenken an meine kurzen Freuden wieder auf. Ich hatte eine kindische Freude an dem lieben Griechen."*[2] Gewiss hat Hölderlin vieles aus den Erzählungen Wergos in seinem Roman „Hyperion" eingearbeitet. Aber war er auch der Informant in Bezug auf Poros? War er auf der Insel ansässig, bevor er über Konstantinopel nach Deutschland ging? Oder hatte er dort Verwandte? Hatte er Hölderlin zum Inhalt des Hyperion angeregt? Vielleicht richtete sich das Fragment „Ich schlummerte mein Kallias" oder „An Kallias", das die älteste Vorarbeit zu Hyperion darstellt[3], an Wergos.

Schließlich kommt als Quelle für die Informationen über Poros auch noch eine unbekannte Geliebte in Betracht. Hölderlin war nämlich in Stuttgart in eine nicht genannte Person verliebt.[4] Die Namen der Mädchen, in das er verliebt war, teilte Hölderlin stets seinen Freunden mit. Der Name der Stuttgarterin aus dem Freundeskreis Neuffers wird, obwohl sie seinem Freund bekannt war, nie mit Namen genannt, und wir wissen bis heute nicht, wer sie war. Hölderlin hatte die Angewohnheit, seine Freundinnen oft mit Fantasienamen zu belegen. Luise Nast (1758-1839) als Stella, Marie Lebret (1774-1839) als Lyda, Susette Gontard (1769-1802) als Diotima. Wer ist aber Melite in „Hyperions Jugend" und wer Glycera in „An Kallias". Ist sie vielleicht die Unbekannte oder besser Ungenannte? Warum gibt er nicht ihren Namen Preis? Ist sie vielleicht eine Griechin, deren Namen Hölderlin und Neuffer wegen der damals strengen griechischen Sitten und der Konsequenzen, die es für sie gehabt hätte, wenn unter den Stuttgarter Griechen bekannt geworden wäre, dass sie eine Affäre hatte, nicht nennen wollten? War sie vielleicht sogar eine Poriotin und hatte Hölderlin über ihre Heimat erzählt? Das Gedicht von Hölderlin „An die Unbekannte"[5], dessen genaue Datierung nicht sicher ist[6], das aber wahrscheinlich zwischen 1792 und 1795 verfasst wurde, ist möglicherweise dieser Stuttgarterin gewidmet.

Die hier aufgestellten Hypothesen zu Hölderlins Informationsquelle über Poros sind bisher leider alle nicht mit zwingenden Argumenten zu untermauern. Aber sie haben in unterschiedlichem Maß die Wahrscheinlichkeit für sich. Für die unbekannte Freundin bleibt alles im Vagen. Wergos kommt sicherlich als Informant Hölderlins zu den Verhältnissen im zeitgenössischen Griechenland in Frage, ob auch zu Poros, muß dagegen fraglich bleiben, denn wir wissen nichts über seine Herkunft. Zu Neuffers Mutter läßt sich immerhin ein direkter Namens-

---

1 Knaupp, *a.a.O.*, Bd.3, S.824.
2 Brief an Neuffer. In: Knaupp, *a.a.O.*, Bd.2, S.483.
3 Maria Cornellissen, *Jahrbuch der Deutschen Schillergesellschaft*, Bd. 10, S. 237-249.
4 Kommentar zur „Ich schlummerte mein Kallias". In: Knaupp, *a.a.O.*, Bd. 3, S. 301.
5 Die Unbekannte. In: Knaupp, *a.a.O.*, Bd.1, S.158-160.
6 Kommentar „Die Unbekannte".In: Knaupp, *a.a.O.*, Bd.3, S.82.

bezug zu Trizina nachweisen, was angesichts der Seltenheit des Namens Pelargos immerhin ein Indiz ist, und Hölderlin scheint eine enge persönliche Beziehung zu ihr gehabt und sich gern mit ihr unterhalten zu haben. Persönlich betrachte ich daher Maria Magdalena Neuffer, geb. Pelargos als die wahrscheinlichste Quelle Hölderlins in Bezug auf Poros.

DEUTSCHE SIEDLUNGEN IN GRIECHENLAND

Jannis Benos

Vereinzelt kamen Deutsche bereits in der osmanische Zeit in das besetzte Griechenland und haben sich dort niedergelassen. Bevorzugt waren die autonome Insel Hydra, Kreta und Smyrna, das damals noch vorwiegend von Griechen bewohnt war. Die ersten Deutschen, die in größerer Zahl kamen, waren die Philhellenen, die für die Freiheit Griechenlands kämpfen wollten und dies 1821-1829 auch taten. Allerdings haben sicher weniger als die Hälfte von ihnen die Kämpfe und Krankheiten überlebt. Die Idee, ausländische Bauern anzuwerben und anzusiedeln, war nicht neu. Der erste Staatspräsident Ioannis Kapodistrias wollte in dem fast menschenleeren neuen Staat Schweizer Landwirte ansiedeln, um einerseits die brachliegenden Felder anzubauen, andererseits den Griechen die neuen landwirtschaftlichen Methoden beizubringen. Das Land bestand aus der Peloponnes, Mittelgriechenland und den Kykladen. Dort lebten damals trotz des Einströmens von Flüchtlingen aus Makedonien und Kleinasien nur knapp 400.000 Menschen. Außer den Kykladen waren die anderen Landesteile verwüstet. Nicht die Osmanen zerstörten das Land, sondern die von diesen zur Hilfe geholten von europäischen Offizieren ausgebildeten und oft auch geleiteten ägyptischen Soldaten. Sie machten aus der fruchtbaren Peloponnes eine Wüste. Sie zerstörten planmäßig die Felder, die Wein- und Gemüsegärten und hackten die Oliven und Obstbäume ab. Es ist klar, dass das Land zuerst Lebensmittel aus eigener Produktion brauchte. Notwendig waren dafür ausgebildete Leute.

Die Wahl eines bayerischen Prinzen zum König für Griechenland brachte eine Reihe deutscher Soldaten und Beamten nach Griechenland. Ihre Unterbringung in den zerstörten griechischen Städten war problematisch. Als Nauplion noch die Hauptstadt war, konnte es nur eine begrenzte Anzahl der neuen Bewohner aufnehmen, denn es kamen auch viele Griechen als Flüchtlinge in die Stadt. König Ludwig I. von Bayern regte wegen des Mangels an Wohnraum die Gründung von deutschen Dörfern an. Sie mussten in der Nähe der Hauptstadt sein, damit die Beamten schnell zu ihrer Dienststelle kämen. Als erstes sollte eine Siedlung in der Nähe der Ruinen von Tiryns gebaut werden, mit dem Namen „Neutiryns". Als das völlig zerstörte Athen Hauptstadt des Königreiches Hellas wurde, war die Wohnsituation noch schlimmer und der Wohnungsbau noch dringlicher. Es entstand eine Siedlung, die zu Ehren des mythischen Helden Herakles "Herakleion" genannt wurde. Das eigentliche Ziel war, hier „Wehrsoldaten" anzusiedeln, die Landwirte und treue königliche Gardisten wären.

Neutiryns

Die erste Siedlung entstand wie vorgesehen in der Nähe der antiken Stadt Tiryns mit der Burg. Dort hatte der griechische Staatschef Ioannis Kapodistrias 1829 ein Mustergut gegründet und später mit finanzieller Hilfe des Philhellenen Eynard erweitert. Der erste Leiter Grigorios Paleologos lehrte dort die Schüler die neuen Agrarmethoden, vor allem zur Verbesserung des Weinbaus und zur Pflege der Öl- und Obstbäume. Eingeführt wurden neue landwirtschaftliche Geräte, Saat, Tiere usw. Das Projekt scheiterte allerdings und wurde 1831 aufgegeben[1]. Dort in der Nähe wollte die Regentschaft 1834 den Plänen der deutschen Fachleute folgend die erste Militärkolonie für die bayerischen Soldaten gründen. Sie sollten das Gut wieder beleben und Lernwilligen etwas beibringen. Die Häuser wurden in einiger

---

1 „Ilios" *Griechische Enzyklopädie*, s.v. Τίρυνθος Αγροκήπειον.

Entfernung vom Gut in einer ungesunden, damals morastigen Gegend gebaut. Die Soldaten, die gekommen sind, waren nur wenige, zur Hälfte Deutsche, zur Hälfte Philhellenen. Die schlechte Wahl des Ortes für die Wohnungen in der Nähe von Sümpfen, die heute nicht mehr existieren, rächte sich, denn viele erkrankten an Malaria und nicht wenige starben. Andererseits hatten die Soldaten kaum Ahnung von Landwirtschaft und haben auch wenig zur Schule des Guts beigetragen. Es dauerte nicht lange, bis die wenigen Siedler den Ort wieder verließen. Danach führte die Siedlung ein Schattendasein und wurde in den 50er Jahren des 19. Jh. offiziell aufgegeben[1]. Das Denkmal des traurigen Löwen in Nauplion erinnert auch an die Toten von Neutyrins. Nach Trockenlegung der Sümpfe steht dort heute wieder ein blühendes Dorf mitten in den Orangenhainen.

Herakleion

Mit zwei königlichen Entscheidungen König Ottos vom 24. Mai und 11. Juni 1837 wurde die Gründung eines weiteren Dorfes beschlossen. Am 11./12. Juni erfolgte die Grundsteinlegung des ersten Hauses, und somit die Einweihung des nach dem bedeutendsten mythischen Helden Herakleion genannten Ortes. Der Name wurde von den Deutschen Arakly, Erakli oder Irakili ausgesprochen. Der Ort sollte von deutschen Spezialisten ausgewählt worden sein, die angeblich durch ganz Attika gelaufen seien und schließlich den Hang an einem Hügel etwa 11 km nordwestlich vom Zentrum von Athen als ideal empfunden hätten. Gewiss, vom Ort aus genießt man die schöne Aussicht, und das Klima ist sehr gut, aber er wäre als Luftkurort sehr viel geeigneter gewesen; für die Landwirtschaft war er dagegen unbrauchbar, es war sehr steinig, spärlich wuchsen dort Macchiapflanzen, nur für Ziegen und Schafe genießbar, und Olivenbäume.

Die Siedler wurden entweder unter den in Griechenland befindlichen bayerischen Soldaten oder in Bayern geworben. Die griechisch-deutsche Zeitung „Elpis/Hoffnung" kritisiert das Anwerben „Die Emissäre der bayerischen Regierung (zur Truppenwerbung) mussten die Bayern hintergehen, um sie dahin zu vermögen, sich in das Kolonisationskorps einschreiben zu lassen. Sie stellten Griechenland als ein Land vor, wo man in kürzester Zeit und ohne große Mühe sich bereichern könne, wo das Klima so gesund wäre, dass man auf ein hundertjähriges Leben rechnen könne, wo die Einwohner dumm und ganz unfähig wären und nicht einmal das Brotbacken verständen, da sie sich noch mit Eicheln ernähren. Man gab ihnen die Versicherung, dass die Griechen die Fremdlinge mit offenen Armen erwarten, um ihnen sogleich alle Militär- und Zivilstellen abzutreten"[2]. Es meldeten sich wirklich viele, aber die meisten wurden abgelehnt, weil sie Kriminelle und Asoziale waren oder irreale Gründe zu Migration angaben. Der größte Teil der Geeigneten zog zudem bald seinen Antrag zurück. Die ersten Siedler waren 19 Deutsche, die aus Bayern gekommen waren, meistens Handwerker, keine Bauer, nicht alle hatten Familien. Die Männer hatten sich für drei Jahren zur königlichen Garde verpflichtet. Man überließ ihnen Grundstücke zum Bau der Häuser und Land zur Bearbeitung. Sie konnten auch das Land erwerben und um einen Schätzungspreis vererben. „Die Schätzung wird auf den möglichst geringsten Preis gestellt"[3]. Der Preis sollte in 10 Jahren abbezahlt werden, allerdings war er mit 8 Prozent verzinst.[4] Auch entlassene bayerische Soldaten konnten in den Genuss dieser Privilegien kommen, wenn sie sich in Griechenland niederlassen wollten. Sie erhielten Grundstück

---

1   Mackroth, Siegfried, *Das Deutschtum in Griechenland.* (Stuttgart, 1930), p. 50.
2   Zeitung Elpis/Hoffnung, Nr. 62/63 von 3.(15.)7.1837. In Klammer das Datum nach der modernen Zeitrechnung.
3   Griechisches Staatsarchiv: *Bayerische Militärkolonien*, Bd. 1836, Nr. 11.
4   *Ebd.*

und Acker, etwa ¼ Stremma, die Baumaterialien und die Fuhren kostenlos, aber alle weitere Kosten sollten „nach Abzug der hierbei persönlich geleisteten Dienste als unverzinsliches Vorschusskapital auf erste Hypothek gegen Zurückbezahlung in zehnjährigen gleichen Raten für den Kolonisten auszuzahlen sein." Das Land gehörte früher dem Osmanischen Reich und daher nun dem griechischen Staat. Vorgesehen waren Häuser für 60 Kolonistenfamilien - so viele kamen aber nicht. Jeder sollte 42 Hektar erhalten, die sie bestellen sollten. Auch hatte jeder Anspruch auf 128,60 Drachmen als Reisegeld nach Griechenland, des Weiteren auf die Bezahlung des Solds. Während sie mit Bau und Einrichtung der Häuser und der Bebauung der Felder beschäftigt waren, wären sie vom Dienst freigestellt. Ferner erhielten sie kostenlose Lieferung von Baumaterial, Ziegeln und Holz für den Bau von Haus und Stall, Verpflegung und „Ausrüstung" (Uniformen, Arbeitskleidung usw.) ein Jahr lang bzw. bis zur ersten Ernte.[1] Extra bezahlt wurden Schlosserarbeiten für das Haus, sowie Saatgut, und für je zwei Kolonisten zwei Kühe und ein Pflug. Den Bau der Kanalisation, Wasserleitungen, Straßen und sonstige gemeinnützige und kommunale Einrichtungen hatte sich das königliche Militär kosten lassen. Bei Krankheiten erhielten die Kolonisten kostenlose Behandlung im Militärkrankenhaus in Athen. Nach dem Bau der Häuser zogen die Familien ein. Die Häuser waren klein und bestanden nur aus dem Erdgeschoss oder allenfalls noch einem Stockwerk, waren aber massiv aus Stein gebaut, mit einem Garten gegen Osten[2]. Trotz der großen Anstrengungen und der vielen Gelder, die ausgegeben wurden, war der Erfolg gering. Das Land war, wie bereits erwähnt, schlecht gewählt, die Felder lagen an einem Hang, die Ölbäume wurden gefällt, weil man Äcker daraus machen wollte. Da die Erde schlecht und steinig war, wurde Humus aufgeschüttet, der beim ersten Regen weggespült wurde. Eine gute Viehweide fehlte.[3] Die Siedler hatten keine Ahnung von Landwirtschaft, vor allem kannten sie die klimatischen Bedingungen nicht. Sie sollten dort Korn anbauen, wo nur Olivenbäume und Wein wuchsen und Schafe weideten. Das Saatgut und die Kühe wurden wegen der bayerischen Bürokratie zu spät geliefert. Das Werkzeug wurde extra aus Bayern herbeigeschafft, war von minderer Qualität und ging schnell kaputt. Die Siedler konnten sich kein teureres griechisches Werkzeug leisten. Wasser gab es nicht (daran haben die Fachleute nicht gedacht), weder Quellen noch Bäche waren in der Nähe. Die Felder mussten mit Wasser aus dem etwa 5 km entfernten Ort Kifissia bewässert werden, das in offenen Rohren nach Herakleion kam, und zwar nur 36 Stunden die Woche, weil die Wasserleitung mehr nicht erlaubte[4]. Dazu kam der Neid der griechischen Bauern. Sie konnten nicht verstehen, wieso für die Fremden soviel Aufwand betrieben wurde und diese soviel Besitz bekamen, während sie als Alteingesessene nichts erhielten. Es kam wegen Lappalien zu Streitigkeiten mit Kifissia, wo man manchmal den Wasserlauf blockierte. Die erste Ernte fiel auch mager aus, die Familien hätten von den Erträgen ohne Sold und staatliche Unterstützung nicht ernährt werden können. Ein Teil der Deutschen kehrte nach Bayern zurück. Die verbliebenen neun Familien bekamen die Felder der Abgereisten; und so hätten sie später auch ein erträgliches Leben führen können. Aber die bayrischen Träume eine landwirtschaftliche Mustersiedlung zu schaffen und dazu noch eine königstreue Garde zu bekommen, waren ausgeträumt, weder gab es genügend Gardisten, noch war die Land-

---

1 Griechisches Staatsarchiv: Bayerische Militärkolonien, Bd. 1837, für Handwerkskolonien, Königlicher Erlass von 7.(19.)7.1837 .

2 Ilios. *Griechische Enzyklopädie*, s.v. Ηράκλειον.

3 Bericht des Inpektionsoffiziers Redenbacher von 12.(24.)11.1840. Griechisches Staatsarchiv: Bayerische Militärkolonien, Bd. 1840, Nr. 117.

4 Bericht der Kommission zur Prüfung des Zustandes der Kolonie Heraklion an das Kriegsministerium. Griechisches Staatsarchiv: *Bayerische Militärkolonien*, Bd. 1841 von 17 (29).10.1841

wirtschaft zum Vorzeigen. Die Athener Zeitungen kritisierten das Vorgehen der bayerischen Regierung Griechenlands, das so viele Gelder verschlungen hatte. Anstatt das Geld aus dem Fenster zu werfen, hätten mit dem gleichen Geld mindestens 250 griechische Familien, die noch in Ruinen hausten, untergebracht werden können[1]. Auch Deutsche kritisierten das Projekt. Der Junker im Königshof von Ow schrieb: *"In Griechenland werden Fremde kein Glück machen, weil sie viel mehr Bedürfnisse als die Eingeborenen haben und der Gewinn ihrer Arbeit ihren Bedarf nicht decken konnte. Hierauf musste auch bei der bairischen Soldatensiedlung in Araklää bei Athen Rücksicht genommen werden. Die Bairischen erhalten dreimal soviel Unterstützung von der Regierung, als früher griechischen Ansiedlern gegeben wurde – und das reichte nicht aus! – Die Siedlung wird also wohl aussterben."*.[2]

Die Siedlung wäre wirklich ganz eingegangen, wenn nicht Athener Deutsche sie als ihre Sommerresidenz gewählt hätten, wie der Ingenieur Fuchs und später sein Sohn, der Bierbrauer Karl Fix. Zwei Jahre später kamen auch neue Siedler aus der Pfalz wie Amrhein, Philipp Wagner, David Bittlinger, Johannes Bittlinger, Higle, Kerle, u.a. und die Kolonistenzahl wuchs auf 16. Vor allem verstanden sie etwas von Landwirtschaftspeziell den Weinbau, fanden günstigen Boden für den Weinanbau und produzierten eine guten, nicht geharzten Wein. Die übrige Landwirtschaft wurde fast ganz eingestellt; die Produktion von Kartoffeln, Mais, Weizen, Hafer und Gerste ging von Jahr zu Jahr zurück. Ohne Hilfe der Regierung konnten die ersten Siedler nach ihrer Entlassung aus der Armee nicht mehr auskommen. Der bayrischen Verwaltung war sich über diesen Zustand im Klaren, konnte aber, außer der Bildung einer Kommission zur Überprüfung der Verhältnisse (Gebhard, Ruph, Forthenbach) nichts tun. Da der Ort dem Verteidigungsminister unterstand (der damalige Minister war General Chr. Schmalz) wurde Major Christoph Neezer geschickt, um die Verhältnisse zu klären und die in Herakleion verbliebenen Handwerker in Agrarwirtschaft zu unterrichten. Er sollte eigentlich nur nach Lösungsmöglichkeiten suchen, aber er hielt aus eigener Initiative 10 Monate lang den Unterricht ab. Jedenfalls erhielt Herakleion einen Gemeindevorsteher, den Rheinländer Johannes Bittlinger. 1840 wurde der Bau einer Kirche beschlossen. 1842 wurde nach den Plänen des berühmten dänischen Architekten Theophil Hansen in der Ortsmitte für die meist katholische Gemeinde zu Ehren des Apostel Lukas eine Kirche in neugotischem Stil aus Backstein gebaut, finanziert durch Spenden aus Athen und von Ludwig I. von Bayern[3]..[4] Ein großes Heiligenbild zeigt im Hintergrund eine mitteleuropäische Landschaft, Erinnerung an die deutsche Heimat. 1840 spendete Ludwig I. von Bayern auch 7.143 Gulden für die Gründung eines Seminars zur Ausbildung katholischer Geistlicher im Ort. So kamen immer mehr katholische Deutsche und Griechen nach Herakleion, weil der Ort in einer landschaftlich reizvollen Gegend auf einer Anhöhe lag, wo im heißen Sommer ein kühler Wind wehte. Die Agrarlandwirtschaft außer Weinbau verschwand – die meisten verpachteten ihre Felder an Athener Deutsche – dafür gab es guten Wein und Bier, sogar Würste und Schinken.[5] König Otto kam oft mit der Königin Amalie hierher geritten.

Die Bevölkerung stabilisierte sich in den nachfolgenden Jahren, , aber die Einwohner betrieben fast keine Landwirtschaft mehr. Auch nach der Absetzung und Vertreibung König Ottos blieben die Siedler in Herakleio. Nach dem Bau der Eisenbahnlinien Piräus - Athen -

---

1   Ebd.
2   J. von Ow, Aufzeichnungen eines Junkers am Hof zu Athen, Pest-Wien-Leipzig 1845.
3   Mackroth, *a.a. O.*, S. 38.
4   Stichwort Ηρακλειον. In: *Griechische Enzyklopädie* Ilios
5   Machroth, *a.a.O.*, S. 39.

Herakleio - Kifissia und Athen - Herakleio - Lavrio entwickelte sich der Ort fast zu einem Knotenpunkt. Unterhalb des Hügels etwa eine halbe Stunde Gehweg von Alt-Herakleion entfernt, wurde ein Bahnhof gebaut, und um ihn entstand die neue kleine Siedlung Neu-Herakleion. Dorthin kamen immer mehr Athener, und es entstanden schöne Villen. Die Nachkommen der Siedler wurden aber langsam hellenisiert, denn an eine Schule hatte die bayerische Verwaltung nicht gedacht, die Kinder gingen in die griechische Schule. Mitte des 20. Jh. sprach keiner der Einwohner mehr Deutsch. Als Dr. Siegfried Mackroth den Ort Ende der 1920er Jahre besuchte, um über die Deutschen in Griechenland zu schreiben, hörte er nur einige Athener Deutsche, die ihre Sommervillen dort hatten, Deutsch sprechen. Der Ort wurde immer größer und hatte 1928 bereits 2931 Einwohner.[1]

Ein neues Kapitel der Geschichte des ansonsten ruhigen Ortes schrieb der zweite Weltkrieg. Während Griechenland von Deutschen besetzt war, erinnerte sich ein Fräulein Schumann aus Athen, dass viele der Herakleioten deutscher Abstammung waren. Sie kam in den Ort und versuchte sie zu überzeugen, dass sie als Deutsche „zurück ins Reich" sollten, „um den Endsieg erringen zu helfen"[2]. Sie setzte die Reichsregierung in Kenntnis, und Heinrich Himmler kam Ende 1941 persönlich nach Herakleion. Er spendete 10.000 Reichsmark und gab auch den Befehl, die Bevölkerung reichlich mit Lebensmittel zu versorgen, während die anderen Griechen hungerten,[3] weil die Briten eine Blockade über Griechenland verhängt hatten und die Hauptbesatzungsmacht Italien ihrer Verpflichtung, ihre Besatzungszone mit Lebensmitteln zu versorgen, nicht nachkam. Man versprach den Leuten das Paradies in Deutschland. Sie würden Ländereien in Lothringen bekommen und andere weitere Vergünstigungen. Von den ungefähr 800 Deutschstämmigen wurden 96 überzeugt, nach Deutschland zu fahren, mehr wegen der Verlockungen als aus deutschem Patriotismus. Sie ließen alles, was sie besaßen, zurück und wurden mit Hilfe der deutschen Militärpolizei in einen Zug verfrachtet, der sie nach Deutschland brachte. Sie wurden in Passau ausgeladen. Dort wurden sie nicht als Deutsche empfangen, sondern wie die sog. „Fremdarbeiter" behandelt. Sie wurden im Salvatorianer-Kolleg untergebracht, und von den Versprechungen sahen sie nichts, dagegen mussten sie schwere Arbeiten verrichten. Als sich die Älteren beschwerten, „gab es böses Blut und sie bekamen noch schwerere Arbeiten"[4]. Nur als dort 1943 eine Motorenfabrik errichtet wurde, fanden einige einen besseren Arbeitsplatz. Einer von ihnen, Nikolaos Wagner, Nachkomme von Philipp Wagner aus dem niederbayerischen Rottal, lernte in der Fabrik ein deutsches Mädchen kennen und heiratete 1944. Als die Amerikaner kamen, verließen alle außer Wagner und drei weiteren, die dort blieben, Deutschland und fuhren nach Griechenland zurück.[5] Dort wurden sie nicht mit offenen Armen empfangen. Sie galten als griechische Kollaborateure. Ihr Besitz wurde konfisziert, und sie mussten von vorne anfangen. Unter ihnen befand sich auch ein kleiner Fabrikbesitzer, der seinen Betrieb verlor. Nun prozessierten sie, um alles wieder zu bekommen. Sie hätten nicht mit dem Feind kollaboriert, sondern sie wollten nur in Deutschland arbeiten und seien betrogen worden. Erst 1973 bekamen sie Recht. Auch der Fabrikbesitzer bzw. seine Erben bekamen ihren Betrieb wieder zurück.

Diejenigen, die 1941 zu Hause in Herakleion geblieben sind, bekamen nach Vorzeige einer Bescheinigung, dass sie dort wohnten, Lebensmittel. Sie hatten aber alle ihre Bekannten in Athen und Pireaus als Untermieter angemeldet. Diese erhielten so, wahrscheinlich

1   Stichwort: Ηρακλειον. In: Griechische Eleftheroudakis Enzyklopädie
2   Wolf Seidel, *Bayern in Griechenland*, (München: Süddeutscher Verlag, 1965), S. 160
3   Wolf Seidel, ebd., S. 160.
4   Nur vier bayrische "Griechen" hielten es in der Heimat aus, *Erlanger Tagblatt* von 21.10.1975.
5   *Ebd.*

über den Ortsbürgermeister, ebenfalls eine Bescheinigung, dass sie dort wohnten, und wurden so vor dem Hunger gerettet. Ich habe mich als Kind gewundert, warum meine Großmutter immer wieder von Piräus nach Herakleion fuhr und mit vollen Taschen zurückkam. Auch meine Mutter holte dort Kindernahrung. So stieg die Einwohnerzahl von Tag zu Tag ständig an. Wahrscheinlich erreichte sie das offizielle Zehnfache oder mehr. Wer weiß, vielleicht waren es Hunderttausend. Die deutschen Behörden wunderten sich über die vielen Einwohner und kamen bald dahinter. Daraufhin wurden alle Vergünstigungen der Herakleoten gestrichen und sie mussten mit der übrigen Bevölkerung hungern, aber die Zeit des schlimmsten Hungers war durch die Rotkreuz-Sendungen vorbei. Angeblich hatte inzwischen Canaris, der sich rühmte, griechische Vorfahren zu haben, dafür gesorgt, dass die Versorgung besser wurde, und allen ging es, zumindest was den Magen anbelangt, besser.

Herakleion aber wuchs weiter, alte Häuser wurden abgerissen und Neubauten entstanden. 1948 hatte der Ort bereits 3.457 Einwohner. Heute gibt es keine Deutschen mehr dort, nur mehrere Einwohner mit deutschen Familiennamen, viele Katholiken, eine neugotische Kirche, die nicht nach Griechenland passt, und einige übriggebliebene kleine Häuschen. Die Stadt Athen hat inzwischen die Stadt das Dorf nicht nur erreicht, sondern umschlossen, und es ist in Athen aufgegangen.

"DYING OF HUNGER IN GREECE"
The food war and public opinion on the war (1915-1917)[1]
Stratos N. Dordanas

"[...] The countryside is literally starving. The capital and Piraeus are ravaged by the terrible lack of basic essentials and gripping inflation. The light has disappeared. Food has become a luxury item [...] Greece is in danger of dying of hunger [...]".[2]

In early January 1916 the German political and military leadership assessed how the situation stood in neutral Greece after the latest actions taken by the Entente. For the German Ministry of Foreign Affairs, the Entente's naval blockade of Greece at the end of 1915 and the occupation of certain Greek territories comprised military measures that were to the detriment of a country that has chosen not to fight. The view of the Germans was that the severe food shortages that the Greeks had been subjected to by the British and French blockade was a form of punishment for the king's decision to opt for neutrality. This, the Germans estimated, would produce the exact opposite of the Entente's desired outcome. In other words, the impact that such drastic measures would have on public opinion would, with mathematical precision, lead the Greek nation to side with Germany. On the other hand, the Triple Entente's occupation of certain Greek islands and other strategic posts on account of its naval domination was a clear indication that they had almost absolute control of Greece, thus making the Germans unable to fend off any other similar attacks. Although at that point, the famine in Greece had a particular meaning for the German military leadership, everything would be judged on the developments of the war. In this context, King Constantine's personal decision for Greece to remain neutral was, in essence, support for the Central Powers, enhancing their chances of a final victory. A German victory would automatically place Berlin in a strong position against Paris and London regarding territorial issues in Greece, in particular and the Balkans in general.[3]

Following the collapse of Serbia in the autumn of 1915, and the fallback of the Entente forces to the south, the Greek government came under severe pressure from all sides to either reject or accept a border invasion. Berlin and its allies threatened to attack if Greece allowed the Entente to enter her territory and set up camp in Thessaloniki. On the other hand, the Anglo-French forces unequivocally put it to Athens that they were more than ready to force Greece into accepting their conditions, should she attempt to capture and disarm their troops. One of the measures put forward that was partially implemented was the naval blockade of Greek ports. This meant that sanctions were imposed on Greek trade. The stopping of imports gradually led to extreme shortages in food and other basic necessities, whose consequence was the phenomenon of famine.[4]

---

1   This paper in a first draft was presented on the conference *The place of the First World War in Southeastern European History*, International Conference on the Occasion of the first Centennial of the Beginning of the First World War, Sarajevo, Bosnia and Herzegovina, 19-21 June 2014.

2   *Patris*, 6 January 1916.

3   Politisches Archiv Auswärtigen Amtes [Political Archive of Foreign Office, Berlin, PA AA], R 22196: Jagow an Staatssekretär v. Treutler, „Telegramm", Nr. 7, Berlin, 19 Januar 1916 and Falkenhayn an Jagow, Schloss Pless, 21 Januar 1916.

4   Christos Th. Theodoulou, *Greece and Entente, August 1ᵗʰ 1914-September 25ᵗʰ 1916*, trans. Valia Akasiadou (Chania: National Research Foundation "Eleftherios K. Venizelos"/Patakis Publishers, 2011), 271-278.

More specifically, in his talks with the Greek government, the Entente's envoy in Athens, Sir John Stavridis, who was the Consul General of Greece in London, clearly conveyed the Allies' decision that even the measure of a blockade would be used to force the government to accept their terms. When Stavridis attended the cabinet meeting and employed the term "apply pressure", he was asked to further explain, which he immediately did:

> "[...] I stated that the meaning of the word was not defined to me, but it had seemed so clear that it did not require any definition. I repeated the statement that the Minister of Munitions [Lloyd-George] had made in relation to it that 'all the Greek eggs were in the English basket [...]'. Applying pressure would likely take the form of: blockading the Greek coast; the famine that would quickly befall the nation due to the stoppage of all imports; the collapse of the country's trade due to the stoppage of all imports; the collapse of the country's trade due to the stoppage of all exports; the occupation of Crete and possibly of other islands; and holding the Greek fleet hostage as collateral to ensure [Greece's] proper conduct [...]".[1]

This was not the first time that Greece was in a difficult position as regards her international relations in this war, since from the outset there were intense domestic conflicts as to which side to support. As early as August of 1914, the Prime Minister Eleftherios Venizelos was openly committed to the Entente and Greece's participation in the war, as a way to secure territorial gains in Asia Minor at the expense of the Ottoman Empire. By contrast, King Constantine I, brother-in-law of the Kaiser, advocated absolute neutrality, which officially meant that the nation would not take part in the war but unofficially it signified that Greece would in this way provide assistance to the Central Powers. In the end, with the support and close collaboration of Germany and her people in Athens, the royal proposal was enforced, causing the prime minister to resign twice. The second time was on October 5, 1915, while on the following day, the first Entente forces landed in Thessaloniki in order to strengthen Serbia that a little later was to suffer a coordinated attack by the Germans, Austro-Hungarians and Bulgarians.[2]

The two radically opposed viewpoints on foreign policy held by Venizelos and the king took on the political dimension of an impenetrable division of Greek society. The Venizelists were pro-Entente, whereas the Royalists, declaring themselves anti-Venizelists, supported neutrality, which in essence was beneficial to German strategic interests. It was not the popularity of the king[3] so much that resulted in a considerably large section of society reacting against Venizelos and increasing numbers of people to be in favour of neutrality and peace. To a great extent, this was in response to the decisions of the Entente, which treated Greece at best as a protectorate rather than as a sovereign state. The invasion of a number of strategic Greek islands from the end of 1915 coupled with the embargo on imports may at one level have offended Greek national pride but at a more practical level these measures seriously threatened to deprive the vast majority of the population of the necessary means of survival. The daily struggle against hunger could easily have turned into an outright rejection of the war, which in turn would have made public opinion hostile to-

---

1   Theodoulou, *Greece and Entente*, 275-276.

2   For more on the political developments in Greece up to the disembarkation of the first troops of the Entente in Thessaloniki at the beginning of October 1915, which officially launched the Macedonian Front or the Front of Thessaloniki, see Georgios Ventiris, *Greece, 1910-1920*, vol. 1 (Athens: Ikaros, 1970), 214-359 and vol. 2 (Athens: Ikaros, 1970), 9-44.

3   Constantine had become popular as head of the army and was particularly loved by the public following the success of the Balkan Wars (1912-1913) which doubled the territory and the population of Greece. He was seen as carrying on the tradition of the Byzantine emperors and his name was associated with the legends that claimed that Constantinople would be liberated and become Greek again.

wards the Entente. As previously mentioned, this was an observation that Germany had not failed to notice.

With the encouragement of German propaganda, the pro-Royalist newspapers accused the Entente from the start that the blockade was an attempt to put pressure on Greece to abandon its stance of neutrality. In particular, the newspaper *Empros* under the dramatic headline "Hellas must live and will live" remarked on what they judged to be taking the decision for war or to watch five million Greeks die of starvation:

> "[...] When the women because of hunger will have no more milk left in their breasts to feed their babies, [...] when parents hear their children crying because they have no bread, and the elderly and the children who are left in the cities will have no strength to move their aching limbs, then England will submit her definitive schemes to Greece, hoping that all these people - women, infants, children and the elderly, will cry out in one voice: "We are ready for war! At least we will not die of hunger!".[1]

Finally, in mid-December 1915 the British, French and Italians allowed cargo ships to sail enabling thus, goods to reach the Greek ports. By the time the blockade had been lifted, however, the market was suffering from a severe shortage of basic goods. According to the newspapers of that period, in order to ensure that Athens and Piraeus had sufficient amounts of grain and flour, the government had to completely suspend supplies being sent to rural areas.[2] Even then, however, both these cities were in dire straits. From the very first moments, panic gripped the population who besieged bakeries and other shops in their attempts to obtain basic necessities, primarily bread, so that when the first shortages occurred, they would at least have some supplies. The daily topics of conversation centred around the 'extent of hunger' and the anxiety to get hold of the essentials, which, as was to be expected, gave rise to the corresponding negative feelings against all those who with such measures put the nation and its people in danger.[3]

Other commodities, like sugar and coal, were also in short supply, threatening to leave the capital and other major urban centres in the dark and the cold in the heart of winter. Drastic measures had to be taken to reduce coal consumption not only because of the restrictions that England had imposed on its exportation, but also due to the fact that the available Greek ships were being used primarily to transport grain. Thus, by decision of the Transport Ministry, it was ordained that the streets of Athens and Piraeus would not be lit, with the exception of the port area. Restrictions were also imposed on shop signs and cinemas, as well as the lighting of other public buildings and places of assembly, including the various venues for entertainment and hotels.[4]

All across the country, and particularly in the provinces, there was the serious threat of widespread civil unrest as a result of these scarcities. Anti-Allied demonstrations were organised in many towns demanding the government and the authorities take measures to prevent deaths from hunger by guaranteeing that supplies of basic foodstuff would be provided to feed the people.[5] According to the available statistics, there was a slight increase in deaths in the Athens Municipality for the first half of 1916 in comparison to the corresponding period the previous year. More specifically, in the first six months of 1915 there had

---

1   *Empros*, 11 November 1915.
2   *Patris*, 2 December 1915.
3   *Empros*, 12 November 1915.
4   *Empros*, 11 December 1915.
5   Indicatively, on December 1st, in the town of Preveza people gathered in the main square, demanding that they be given assurance that the market would have sufficient supplies of wheat, to avoid deaths from hunger. For this purpose, a committee was elected which in collaboration with the Mayor and the Prefect would apply pressure on the Government to immediately send quantities of wheat and flour, as well as taking all the necessary measures to deal with rising prices and the transportation of food to other areas, see *Patris*, 3 December 1915.

been 2, 554 deaths (1,422 men and 1, 132 women) which rose to 2, 667 (1, 505 men and 1, 162 women) the following year. It was without doubt that many of these deaths were caused by starvation and related diseases. It is characteristic that in the same period 636 infants under a year old died, of which 108 were due to lack of food (malnourishment).[1] Similarly, in Thessaloniki while in December of 1915 there had been 23 infant deaths from mal-nourishment,[2] this number rose sharply to 169 infants between January and October 1916.[3]

As was to be expected, the famine issue also dominated Greek politics, which was op-portunely exploited by the various political parties. Pro-Venizelists and the Triple Entente blamed the Royalist government for the critical food situation[4] whereas the Royalists utili-zed the measure of the Allied blockade to strike out at their domestic political rivals. Even when the British and US markets started to gradually partially restore the supply of food to Greece, these groups continued to criticise the Entente with the accusation that they inten-tionally forced Greece to 'go on a diet', so that they could use the threat of hunger as a wea-pon to exercise constant pressure on the royalist government.[5]

Despite the lifting of the blockade, the political situation in Greece in 1916 deteriorated sharply, with neutrality remaining only on paper. On the one hand, the king had been in se-cret contact with Berlin to coordinate an attack against the Entente in Thessaloniki, having to consent in the end to Bulgarian troops also taking part.[6] Interestingly, both Germany and Austria had concealed from their dialogue partner the fact that the Bulgarian armed forces would not be leaving Macedonia after the termination of the military operation, as they too would be claiming a right to the seized territory, including Thessaloniki.[7]

The events that took place in May and August 1916 – the unconditional surrender of the forts of Rupel and Kavala respectively to the Bulgarians – placed the Royalist government and King Constantine himself in an especially difficult position and outraged Greek public opinion.[8] Venizelist supporters started the Movement of National Defence and set up a rival provisional government in Thessaloniki as a reaction to the Germano-Bulgarian invasion and occupation of Greek territory that just two years previously had been liberated by the Greek army in the Balkan Wars. Greece, thus, was split in two and on the brink of civil war.[9]

The Entente, on its side, took a series of harsh measures against the Royalist govern-ment of Athens in retaliation but rather than the situation being diffused, it was further intensified. Their demand for the disarmament and demobilisation of the Greek army, which was forced to retreat and be concentrated in the Peloponnese, as well as the surrender of weapons and war materiel was felt to be brazen intervention in the country's internal affairs and a flagrant violation of Greece's sovereign rights. In late November the 'ger-manophile' king with his supporters, the majority of the army and the irregulars organised

---

1   *Empros*, 17 September 1916.
2   Registry Office of the Municipality of Thessaloniki, Deaths Registry, Volumes Z´, H´ (1915).
3   Registry Office of the Municipality of Thessaloniki, Deaths Registry, Volumes A´, B´, D´, Z´, H´ (1916).
4   *Patris*, 3, 24 December 1915.
5   *Empros*, 23 December 1915.
6   Polichronis K. Enepekidis, *Glory and the Schism. From the secret archives of Vienna, Berlin and Bern, 1908-1919* (Athens: S. I. Zacharopoulos Publishers, 1992), 450-483.
7   Stratos N. Dordanas, "'The Enemy at the Gates': The city as a challenge during the First World War" (forthcoming in the collective volume *Thessaloniki: A city in transition, 1912-2012*).
8   Areti-Tounta Fergadi, "Kavala in the critical years of World War I (1916-1918)", *Balkan Studies* 4 (Thessaloniki 1992): 223-234. Stratos Dordanas, "Military necessity or political expediency? Fort Rupel, the Central Powers and the Skouloudis Government" (unpublished).
9   More specifically on the relations between the interim Venizelos Government in Thessaloniki with the Entente see Giannis G. Mourelos, "The Provisional Government of Thessaloniki and its relations with its allies (September 1916-June 1917)", *Mnimon* 8 (Athens 1980-82): 150-188.

armed resistance in Athens and clashed with the Entente forces that had disembarked earlier in Piraeus. Some two hundred French soldiers were killed in the conflict and then royalist forces turned fiercely against Venizelist supporters, attacking and killing those who had not fled the capital, as well as destroying their property. The dramatic November incidents that came to be known as *Noemvriana* marked the countdown to Constantine's expulsion from Greece and Venizelos' reinstatement to power.[1]

However, before that occurred, the Entente imposed for a second time during the Great War the measure of a naval blockade on Greece from December 1916, which in no uncertain terms was equivalent to condemning the population of Athens and Piraeus to starvation. It is reported that even up to the time the blockade was lifted early in the summer of 1917, the mortality rates in Athens had doubled; in some areas of the Peloponnese, however, the residents had managed to stay alive most likely by eating the only produce in abundance, namely raisins.[2]

Officially, it was at the beginning of 1917 that the Allied blockade of Greece had been approved at the conference of Rome. The implementation of a measure that was so blatantly against the civilian population had the effect of markedly reducing the popularity of the Entente in Greek society. Royalist and pro-German propaganda once more presented the blockade as yet another attempt by the Entente powers to coerce Greece into entering the war on their side. King Constantine's resistance by maintaining a stance of neutrality was presented as the only security that the country had against the destruction of war. Nevertheless, at that same time, the king and queen were covertly preparing to conduct guerrilla warfare against the Entente forces in Thessaly and Epirus with German-equipped irregulars. Apart from this, they were also planning to participate in a coordinated operation against the Entente, following the German attack on the Macedonian Front, however, they observed with great regret that this was impossible to do due to lack of food and ammunition.[3]

Political circles in support of the king were convinced that Venizelos collaborated with the British and French to provoke the famine as a way of blackmailing Greece into participating in the war. From its side, the Foreign Ministry embarked on a campaign to inform other neutral countries and the Diaspora of the appalling hardships that the Greek people were forced to endure, with the obvious aim to create a climate of sympathy that would turn into international pressure on the governments of England and France to lift the ban. The tragic deaths from hunger and the general ill-health of the Greek citizens were described in detail in a telegram that was sent to the Greek embassies across Europe, America and Africa. Because of the bad quality of flour, it stated, there were outbreaks of food poisoning and dysentery in Athens and the provinces, inflicting mainly the children and the elderly who are the most vulnerable groups of society. Furthermore, the Allies were accused of sending

---

1   On developments of the period between September 1916 and June 1917 which ended with the expulsion of King Constantine and Venizelos' return to Athens, see Yannis G. Mourélos, *L' intervention de la Grèce dance la Grande Guerre (1916-1917)* (Athens: Collection de l' Institute Français d' Athènes, 1983). Dimitris George Portolos, *Greece foreign policy from September 1916 to October 1918* (unpublished PhD diss., University of London, 1974). More specifically, on the "Noemvriana [November fighting]" see Giannis Mourelos, *The "Noemvriana" of 1916. From the archives of the Joint Committee on Compensation for the Victims* (Athens: Patakis, 2007). George B. Leon, *Greece and the Great Powers, 1914-1917* (Thessaloniki: Institute for Balkan Studies, 1974), 396-437.

2   Mark Mazower, *Greece and the Inter-War Economic Crisis*, trans. Spiros Marketos (Athens: National Bank of Greece Cultural Foundation, 2002), 70.

3   Ministry of Foreign Affairs (ed.), *Diplomatic Documents, 1913-17*, (Athens: Greek National Printing Office, 1920), 217-237.

a steady supply of food that they had seized to the Venizelos government in Thessaloniki, thus, condemning to death by hunger the remainder of (southern) Greece.[1]

The deaths that had occurred between December 1916 and June 1917 – when the blockade was lifted following the return of Venizelos to Athens and his taking power – have to date never been systematically recorded.[2] On the basis of certain data, there were 420 certified deaths from hunger in the first five months of the blockade, with most fatalities recorded in Epirus, followed by the Ionian Islands and Messinia.[3]

Without doubt, the Allied blockades exacerbated the country's already difficult economic situation, with inflation constantly rising from the beginning of the war and prices having at least quadrupled. Under these conditions, the food crisis correlated with the total collapse of the Greek economy.[4]

In every case, the agony of finding food and the spectre of death by starvation during WWI left their mark on the collective memories of post-war Greek society, as did the indelible impressions of the domestic political conflict. Under Venizelos, Greece and her army fought in the war on the side of the Entente against the Bulgarians in operations on the Macedonian Front, a mere three months before the end of the Great War. In actual fact, throughout WWI, while European youth were being decimated in the war trenches, in Greece the pro-Venizelists and the Royalists were in the throes of a civil war, which in historiography is known as the National Schism.

In the context of the Great War, Greece paid its own – perhaps proportionally small– blood toll as a result of the deaths among civilians by starvation, the hardships and disease, as well as the Bulgarian anti-Greek measures in occupied Eastern Macedonia. However, the corresponding toll from the internal conflict due to the duration and intensity of the National Schism in both political and social terms was undoubtedly much higher. Two decades later, in the Second World War, the rift between the Venizelists and the Royalists would evolve into an all-out confrontation between the Communists and the Nationalists. The famine suffered in World War I, having become a fact and a memory, would then give way to the thousands of deaths from hunger during the first terrible winter of the German Occupation (1941-1942).[5]

Bibliography

Chionidou, Violetta. *Famine and Death in occupied Greece, 1941-1944*. (Athens: Estia, 2011).

---

1   Ventiris, *Greece, 1910-1920*, vol. 1, 312-3.

2   The General Statistical Service of Greece of the Ministry of National Economy began publishing nationwide data on deaths and their causes in the early '20s, see for example, The Greek Republic, Ministry of National Economy, General Statistical Service of Greece, *Statistics of the causes of death in the year 1921* (Athens: National Printing Office, 1925). For the period between the end of the 19th and beginning of the 20th century there are only individual publications (*Monthly Bulletin of deaths in 12 cities of Greece with a population greater than 10,000 residents in the years 1899-1908*). Even recent studies start from the postwar period based on published data available from 1921, see Agapoula Kotsi, *Nosology of children and youth (20th century)* (Athens: The Institute of Neohellenic Research of the National Hellenic Research Foundation, 2008).

3   Tasos Kostopoulos, *War and ethnic cleansing. The forgotten side of a ten-year national campaign, 1912-1922* (Athens: Bibliorama, 2007), 75.

4   Georgios B. Leondaritis, *Greece during the First World War, 1917-1918*, trans. Vasilis Oikonomidis (Athens: National Bank of Greece Cultural Foundation, 2000), 240.

5   The number of the victims in Attica is estimated about in Rapport Final de la Commission de Gestion pour le Sécours enGrèce, *Ravitaillement de la Grèce pendant l'occupation 1941-44 et pendant les premier cinq mois après la liberation* (Athènes, 1949)]. I would like to thank Mr. Heinz Richter who gave me this information. For data in specific areas of Greece see Violetta Chionidou, *Famine and Death in occupied Greece, 1941-1944* (Athens: Estia, 2011).

Dordanas, Stratos N. "'The Enemy at the Gates': The city as a challenge during the First World War" (forthcoming in the collective volume *Thessaloniki: A city in transition, 1912-2012*).

Dordanas, Stratos. "Military necessity or political expediency? Fort Rupel, the Central Powers and the Skouloudis Government" (unpublished).

Enepekidis, Polichronis K. *Glory and the Schism. From the secret archives of Vienna, Berlin and Bern, 1908-1919*. (Athens: S. I. Zacharopoulos Publishers, 1992)

Fergadi, Areti-Tounta. "Kavala in the critical years of World War I (1916-1918)", *Balkan Studies* 4 (Thessaloniki,1992): 223-234.

Kostopoulos, Tasos. *War and ethnic cleansing. The forgotten side of a ten-year national campaign, 1912-1922*. (thens: Bibliorama, 2007)

Kotsi, Agapoula. *Nosology of children and youth (20th century)*. (thens: The Institute of Neohellenic Research of the National Hellenic Research Foundation, 2008)

Leondaritis, Georgios B. *Greece during the First World War, 1917-1918*, trans. Vasilis Oikonomidis. (thens: National Bank of Greece Cultural Foundation, 2000)

Leon, George B. *Greece and the Great Powers, 1914-1917*. (Thessaloniki: Institute for Balkan Studies, 1974).

Mazower, Mark. *Greece and the Inter-War Economic Crisis*, trans. Spiros Marketos, (Athens: National Bank of Greece Cultural Foundation, 2002).

Ministry of Foreign Affairs (ed.). *Diplomatic Documents, 1913-17*. (Athens: Greek National Printing Office, 1920).

Monthly Bulletin of deaths in 12 cities of Greece with a population greater than 10,000 residents in the years 1899-1908.

Mourelos, Giannis G. "The Provisional Government of Thessaloniki and its relations with its allies (September 1916-June 1917)", *Mnimon* 8 (Athens,1980-82), pp. 150-188.

Mourélos, Yannis G. *L' intervention de la Grèce dance la Grande Guerre (1916-1917)*. (Athens: Collection de l' Institute Français d' Athènes, 1983).

Mourelos, Giannis *The "Noemvriana" of 1916. From the archives of the Joint Committee on Compensation for the Victims*. (Athens: Patakis, 2007).

Portolos, Dimitris George. *Greece foreign policy from September 1916 to October 1918* (unpublished PhD diss., University of London, 1974).

The Greek Republic, Ministry of National Economy, General Statistical Service of Greece (ed.). *Statistics of the causes of death in the year 1921*. (Athens: National Printing Office, 1925).

Theodoulou, Christos Th. *Greece and Entente, August 1th 1914-September 25th 1916*, trans. Valia Akasiadou. (Chania: National Research Foundation "Eleftherios K. Venize-los"/Patakis Publishers, 2011).

Ventiris, Georgios. *Greece, 1910-1920*, 2 volumes, (Athens: Ikaros, 1970).

Newspapers

Empros (Athens, 1915-1916)
Patris (Athens, 1915-1916)

KOLLABORATION UND BÜRGERKRIEG
im besetzten Griechenland (1943/44):
Die Sicherheitsbataillone

In Memoriam Parmenion I. Papathanasiou

Vaios Kalogrias

Wie in vielen anderen europäischen Ländern war auch die Geschichte der deutschen Besatzungszeit in Griechenland (1941-1944) mit vielen Tabus behaftet. Vor allem die Aufarbeitung der politischen, ideologischen, militärischen und wirtschaftlichen "Zusammenarbeit mit dem Feind" war nicht wirklich erwünscht. Für das liberale und konservative Lager, das den Sieg gegen die kommunistisch geführte "Demokratische Armee Griechenlands" (DSE) in der "dritten Runde" des Bürgerkriegs (1946-1949) davontrug, hätte eine breite Diskussion über das Kollaborationsphänomen das ideologische Fundament seiner politischen Herrschaft in Frage gestellt, weil Teile der bürgerlichen Elite und der militärischen Führung zu einer zumindest partiellen Kooperation mit der deutschen Besatzungsmacht durchaus bereit gewesen waren. Darüber hinaus hätte eine solche Debatte die Spaltung des bürgerlichen Lagers in "Résistance-Gegner" und "Résistance-Anhänger" gezeigt und alte Wunden wieder aufgerissen. Zudem war es dem antikommunistischen Lager auch dank der Hilfe ehemaliger Kollaborateure – beispielsweise von Angehörigen antikommunistischer Einheiten in Athen und auf dem Peloponnes – gelungen, den militärischen Sieg über die Partisanen der "Kommunistischen Partei Griechenlands" (KKE) in der "zweiten Bürgerkriegsrunde" im Dezember 1944 zu erringen. Im Namen des Antikommunismus wurden ihnen "Besatzungssünden" verziehen. Schließlich offenbarte die Kollaboration, dass die griechische Nation während der Jahre von 1941 bis 1944 keineswegs geeint war. Daran erinnerten sich die Sieger des Bürgerkriegs nicht gerne.

Doch auch die besiegte exilkommunistische Linke hatte in der Nachkriegszeit sehr gute Gründe, die Kollaborationsfrage ruhen zu lassen beziehungsweise über wichtige Aspekte der "Zusammenarbeit mit dem Feind" zu schweigen. Die KKE störte sich daran, dass die bewaffnete Kollaboration im Jahr 1944 zum Massenphänomen geworden war: Die von der griechischen Kollaborationsregierung Ende 1943 – Anfang 1944 gegründeten und von der deutschen Besatzungsmacht bewaffneten "Evzonen-Bataillone" in Zentral- und Südgriechenland sowie weitere "Freiwilligenverbände" hauptsächlich in Makedonien und auf dem Peloponnes zählten im Sommer und im Herbst 1944 mehr als 20.000 Offiziere und einfache Mitglieder. Es kann sogar nicht ausgeschlossen werden, dass sie zeitweise – allerdings zusammen mit der Gendarmerie – die Zahl von 30.000 Mann überschritten.[1] Offensichtlich waren die griechische Kollaborationsregierung und die deutsche Besatzungsmacht genauso wie die KKE erfolgreich beim Versuch gewesen, große Teile der Bevölkerung für ihre Ziele zu mobilisieren. Alle "Sicherheitsbataillone", so lautete ihre Sammelbezeichnung im griechischen Volksmund, unterstanden dem Befehl des "Höheren SS- und Polizei-Führer in Griechenland" Generalleutnant der Waffen-SS Walter Schimana, der von November 1943 bis September 1944 in Athen residierte.[2] Nominell gesehen, waren sie Hitlers griechische

---

1   Stathis N. Kalyvas, "Armed collaboration in Greece, 1941-1944", *European Review of History* 15/2 (2008), pp. 131f. Kaspar Dreidoppel, *Der griechische Dämon. Widerstand und Bürgerkrieg im besetzten Griechenland 1941-1944* (Wiesbaden: Harrassowitz Verlag, 2009), p. 389.
2   Hagen Fleischer, "Katochi kai Antistasi 1941-1944", in: *Istoria tou Ellhnikou Ethnous*, Bd. IST´ (Athen: Ekdotiki Athinon, 2000), p. 46.

Armee. Doch kämpften sie auch für die Verwirklichung seiner Ziele? Und wieso waren Tausende Griechen gegen Ende der Besatzungszeit bereit, für die Sache der "Sicherheitsbataillone" einzutreten? Zudem zögerten die deutschen Besatzungsstellen, "grünes Licht" für die Bildung antikommunistischer Verbände zu geben. Grund dafür war die "proenglische Einstellung" der meisten griechischen Offiziere, die ihnen ein Dorn im Auge war.

In einer jüngst erschienenen und beachtenswerten Studie über die Geschichte der "Sicherheitsbataillone" wird der Kampf der kommunistisch geleiteten Partisanenbewegung der "Griechischen Volksbefreiungsarmee" (ELAS) gegen die Kollaborationseinheiten als "Anti-Besatzungskrieg" bezeichnet.[1] Doch erfüllte dieser Konflikt nicht alle formalen Kriterien eines Bürgerkriegs? Schließlich erfasste er die meisten Festlandsregionen, dauerte etwa ein Jahr lang und wurde von zwei Armeen – der ELAS und den "Sicherheitsbataillonen" – und zwei "Regierungen" – dem "Politischen Komitee der Nationalen Befreiung" (ab März 1944) und der Kollaborationsregierung – ausgefochten, die eigene Gebiete kontrollierten und verwalteten. Und nicht zu vergessen, dass er einige tausend Menschen das Leben kostete. Zu guter Letzt handelte es sich bei diesem Krieg um einen Kampf "Griechen gegen Griechen".[2]

Eine wichtige Ursache für das Entstehen der bewaffneten Kollaboration jedoch – ohne die politischen und sozialen Konflikte aus der Vorkriegszeit und unter der Besatzung zu unterschätzen – hängt mit der von der ELAS zentral und lokal gesteuerten und oft maßlos ausgeübten Gewalt gegen politisch Andersdenkende zusammen. Das vermutlich bekannteste Beispiel war der Fall von Angehörigen des nichtkommunistischen 5/42-Evzonenregiments im Parnassos-Gebiet in Zentralgriechenland, die sich nach der gewaltsamen Auflösung ihrer Guerillaeinheit und der Ermordung ihres Anführers – des liberal gesinnten Obersts Dimitris Psarros – von der ELAS im April 1944 den "Sicherheitsbataillonen" in Patras anschlossen.[3] Psarros war ein Widerstandskämpfer der ersten Stunde, der bereits im Sommer 1941 mit kommunistischen Parteifunktionären in Thessaloniki die illegale Widerstandsorganisation "Freiheit" ("Eleftheria") gegründet hatte. Seine Ermordung machte einen verheerenden Eindruck auf die Athener bürgerlichen und konservativen Kreise und bestätigte ihnen die Gefahr einer drohenden kommunistischen Machtergreifung. Das illegale kommunistische Parteiblatt *Rizospastis* jubelte sogar in seiner Ausgabe vom 10. Mai über Psarros' Tod. Denn der Anführer des 5/42-Evzonenregiments habe die Strafe bekommen, die er verdiene.[4] Reue war darin nicht zu erkennen.

Fälle wie Psarros' Hinrichtung waren keine Einzelerscheinung; sie ereigneten sich überall in Griechenland – von der traditionsreichen Halbinsel Mani im Süden bis zur griechisch-jugoslawischen Grenze im Norden – und lösten eine Blutfehde ohnegleichen aus, die sich durch alle Gesellschaftsschichten durchzog. Aus der politisch-ideologischen Auseinandersetzung um die Zukunft Griechenlands wurde eine private, selbstvernichtende Vendetta. Mit anderen Worten: Die Bürgerkriegsgewalt verselbständigte sich teilweise vom politischen Subjekt und entfaltete besonders in der Provinz eine eigene Dynamik. Die versprengten Reste der von der ELAS aufgelösten Guerillaeinheiten – beispielsweise der englandfreundlichen "Panhellenischen Befreiungsorganisation" (PAO) in Makedonien und der

---

1   Giannis Priovolos, *Ethnikistiki "antidrasi" kai Tagmata Asfaleias. Emfylios kai antikatoxikos polemos (1943-1944)* (Athen: Patakis, 2018), p. 17.

2   So der gleichnamige Titel der Studie von Stratos N. Dordanas, *Ellines enantion Ellinon. O kosmos ton Tagmaton Asfaleias stin katochiki Thessaloniki 1941-1944* (Thessaloniki: Epikentro, 2006).

3   Sp. B. Markezini, *Sygchroni Politiki Istoria tis Ellados 1936-1975*, Bd. 1 (Athen: Papyros, 1994), p. 290. Heinz Richter, *Griechenland zwischen Revolution und Konterrevolution (1936-1946)* (Frankfurt/M.: Europäische Verlagsanstalt, 1973), pp. 424-426. Hagen Fleischer, *Im Kreuzschatten der Mächte. Griechenland 1941-1944* (Frankfurt/M.: Peter Lang, 1986), p. 423.

4   *Rizospastis* v. 10.05.1944.

royalistisch geprägten "Nationalen Armee" (ES) auf dem Peloponnes – bildeten das Rekrutierungspotential für die bewaffnete Kollaborationsbewegung im letzten Besatzungsjahr, die Armee- und Polizeioffiziere, bürgerliche Intellektuelle, Verwaltungsbeamte, Bauern und Teile des griechisch-orthodoxen Klerus' erfasste. Während die Hinrichtung verhafteter bürgerlich gesinnter Offiziere in Westmakedonien im April 1943 durch die ELAS den Bürgerkrieg in dieser Region auslöste, sorgte der Tod des ebenfalls von der ELAS inhaftierten und schwer verwundeten ES-Rittmeisters Tilemachos Vretakos Ende Oktober des gleichen Jahres für eine Zuspitzung der Bürgerkriegsauseinandersetzung auf dem Südpeloponnes.[1]

Dass der Aufbau der "Sicherheitsbataillone" oft in jenen Gegenden stattfand, in denen kurze Zeit davor nichtkommunistische Guerillaeinheiten von der ELAS angegriffen und aufgelöst worden waren, war sicherlich kein Zufall. In dem von den Guerillaformationen der "Nationalen Republikanischen Griechischen Liga" (EDES) beherrschten Epirus-Gebiet hingegen entstand keine kollaborierende Massenbewegung.[2] Ob sich der Chef der dritten Kollaborationsregierung, Ioannis Rallis, ein typischer Repräsentant der Alten Politischen Welt, dessen bewusst war, sei dahingestellt. Die Bürgerkriegsnachrichten aus den abgelegenen Provinzen, die allmählich die Hauptstadt erreichten, verfehlten jedenfalls ihre Wirkung nicht. In den – ursprünglich republikanisch konzipierten – "Sicherheitsbataillonen" sah Rallis einen Schutzschild gegen "Anarchie und Kommunismus" und einen Grundpfeiler zur Verteidigung des gesellschaftlichen *Status quo ante*.[3] Für den griechischen "Ministerpräsidenten", der über seine weißrussische Ehefrau Kontakte mit antibolschewistischen Emigrantenkreisen in Athen pflegte,[4] bildeten sie den Kern einer zukünftigen griechischen Armee, welche den "reibungslosen Übergang" von der Besatzungs- in die Nachkriegsordnung vorbereiten und garantieren würde. Vertreter der traditionellen Wirtschaftselite und "Neureiche" – etwa Großschwarzhändler – sollen nach EAM-Quellen die Gründung der landeseigenen "Selbstschutzverbände" finanziell unterstützt haben.[5] Rallis selbst wurde zum Fahnenträger der überparteilichen antikommunistischen Ideologie der *Ethnikofrosyni*, die Venizelisten (Republikaner) und Antivenizelisten (Royalisten) vereinte und den alten Zwist aus der Zeit des *Ethnikos Dichasmos* abschwächte.[6] Der griechische Antikommunismus in den vierziger Jahren erwies sich durchaus als politische und gesellschaftliche Integrationskraft.[7]

---

1 Für die Verfolgung bürgerlicher Offiziere in Makedonien und auf dem Peloponnes s. Dim. G. Zafeiropoulou, *To KKE kai i Makedonia* (Athen, 1948), pp. 39-42. Parmenionos I. Papathanasiou, *Gia ton Elliniko Vorra*. *Makedonia 1941-1944*, Bd. 1, 2. Aufl. (Athen: Papazisi, 1997), pp. 300-303. Solonos Neok. Grigoriadi, *Istoria tis Sygchronou Ellados 1941-1974. Katochi-Apeleftherosis*, Bd. 2 (Athen: K. Kapopoulos, 1974), p. 303.

2 Zur Geschichte der EDES s. Vagelis Tzoukas, *Oi oplarchigoi tou EDES stin Ipeiro 1942-1944. Topikotita kai politiki entaxi*, 2. Aufl. (Athen: Estia, 2014). Vagelis Tzoukas, Dimitris Thanas (Bearb.), *Imerologio Stratigou Napoleonta Zerva 1942-1945* (Athen: Okeanida, 2013).

3 Georgiou I. Ralli (Bearb.), *O Ioannis D. Rallis omilei ek tou tafou* (Athen 1947), pp. 56-62. Mark Mazower, *Inside Hitler's Greece. The Experience of Occupation, 1941-44* (New Haven-London: Yale University Press, 1993), pp. 322-327. Darüber hinaus schlug Rallis dem "Oberbefehlshaber Südost" vor, *"die Banden aller Richtungen auszurotten"*. Hans Wende, "Die griechische Widerstandsbewegung im Urteil der deutschen Heeresführung", *Thetis* 7 (2000), p. 346. Für eine bürgerlich-politische Einschätzung der Erwartungen Rallis' von der Gründung der "Evzonen-Bataillone" s. Markezini, *op. cit.*, pp. 289-292.

4 Mazower, *op. cit.*, p. 323.

5 Dreidoppel, *op. cit.*, p. 295.

6 Anastasia I. Mitsopoulou, *O ellinikos antikommounismos ston «syntomo 20o aiona»: Opseis tou dimosiou logou stin politiki, stin ekpaidefsi kai sti logotechnia* (Thessaloniki: Epikentro, 2014), pp. 120f. Vaios Kalogrias, "I politiko-ideologiki taftotita tis Ethnikofrosynis stin taragmeni dekaetia tou ΄40", in: Konstantinos A. Dimadis (Bearb.), *Taftotites ston elliniko kosmo (apo to 1204 eos simera)*, Bd. E΄ (Athen: Evropaiki Etaireia Neoellinikon Spoudon, 2011), S. 841-855, hier S. 848-850.

7 Zur Bestimmung des Antikommunismus als Integrationsideologie s. Anselm Doering-Manteuffel, "Der Antikommunismus in seiner Epoche", in: Norbert Frei, Dominik Rigoll (Hrsg.), *Der Antikommunismus in seiner Epoche. Weltanschauung und Politik in Deutschland, Europa und den USA* (Göttingen: Wallstein, 2017), S. 11-29, hier S. 15.

In der Praxis erwiesen sich die "Sicherheitsbataillone" als vergleichsweise "effektiv" bei der Stabilisierung der Besatzungsordnung vor allem in den urbanen Zentren. Indem sie an militärischen Operationen der Wehrmacht gegen die Partisanen teilnahmen, halfen sie ihr zudem, "wertvolles deutsches Blut" zu sparen.[1] Denn nach der Kapitulation der Regierung Badoglio im September 1943 und der darauffolgenden Auflösung der italienischen Besatzungsarmee waren die deutschen Behörden mit dem Partisanenproblem konfrontiert und auf die Unterstützung einheimischer Streitkräfte dringend angewiesen. Um ganz Griechenland – vor allem Städte, Küste und Hauptverkehrswege – bis zur deutsch-bulgarischen "Strymon-Grenze"[2] zu kontrollieren, reichten die eigenen Kräfte nicht mehr aus.[3] Überdies besaß die deutsche Besatzungsmacht mit den "Sicherheitsbataillonen" ein Instrument zur Vertiefung der politischen Spaltung der griechischen Bevölkerung und Verschärfung des Bürgerkriegs. Den offiziellen Rahmen für die Kollaborationspolitik schuf ein Befehl Hitlers Ende Oktober 1943 über die "einheitliche Führung des Kampfes gegen den Kommunismus im Südosten". Mit der Bewältigung dieser Aufgabe wurde der "Sonderbevollmächtigte des Auswärtigen Amtes für den Südosten" Hermann Neubacher betraut, ein Wirtschaftsexperte und geschickter Diplomat, der mit den südosteuropäischen Mentalitäten vertraut war. Sein Auftrag lautete, den antikommunistischen Teil der besetzten Bevölkerung in den nationalsozialistischen "Kampf gegen den Bolschewismus" miteinzubeziehen.[4] Neubacher selbst wollte die Kollaboration mit neuem Inhalt füllen.

Allerdings dürfen die strikt "griechischen" Entstehungsmotive insbesondere der staatlich gelenkten Kollaborationseinheiten niemals außer Acht gelassen werden. Die Offiziere und Mitglieder der "Sicherheitsbataillone" waren mitnichten bloße Figuren auf einem deutschen Schachbrett. Von einigen Ausnahmen abgesehen, wie dem in Westmakedonien operierenden Oberstleutnant Georgios Poulos, glaubten sie nicht an eine nationalsozialistische Zukunft Griechenlands im "Neuen Europa" – genauso wenig wie Rallis oder die republikanischen Inspiratoren der "Sicherheitsbataillone" Theodoros Pangalos und Stylianos Gonatas, für welche die bewaffnete Kollaboration gleichermaßen antikommunistisch und antiroyalistisch orientiert sein sollte.[5] Letzterer, ein Gegner und Verfolgter der Metaxas-Diktatur (1936-1941), der im April 1941 die Bildung einer griechischen Kollaborationsregierung gebilligt hatte, betrachtete die "Sicherheitsbataillone" als das einzige – aufgrund der militärischen Schwächen der bürgerlichen Résistance – ernsthafte Gegengewicht zur ELAS.[6]

Die ELAS mag zwar ihre Partisanenkonkurrenz aus dem bürgerlichen Widerstandslager – mit Ausnahme der schlagkräftigen EDES in Epirus und der Streitmacht der unabhängigen Pontos-Kapetane in Ostmakedonien[7] – ausgeschaltet haben. Doch sie schuf sich damit einen viel mächtigeren Feind. Die "Sicherheitsbataillone" kämpften gegen die ELAS, verhafteten tatsächliche oder vermeintliche EAM-Mitglieder und lösten Widerstandszellen auf. Besonders berüchtigt wurden Razzien und so genannte *Bloka* in "kommunistischen" Athener

---

1 Fleischer, *op. cit.*, p. 459.
2 Östlich des Strymon-Flusses lag das bulgarische Besatzungsgebiet, das die Provinzen Ostmakedonien und Thrakien umfasste. Zur bulgarischen "Anschlusspolitik" s. Vaios Kalogrias, Stratos Dordanas, "Die bulgarische Okkupation in Ostmakedonien und Thrakien (1941-1944)", in: *Südost-Forschungen* 68 (2009), pp. 400-415.
3 Richter, *op. cit.*, pp. 385f. Wende, *op. cit.*, p. 348.
4 Richter, *op. cit.*, p. 356. Zu Neubachers Lebenslauf s. Gerhard Botz, "Neubacher, Hermann", in: *Neue Deutsche Biographie* 19 (1999), pp. 92f.
5 Richter, *op. cit.*, p. 389.
6 Stylianou Gonata, *Apomnimonevmata 1897-1957* (Athen 1958), pp. 387f., 397, 410.
7 Zur Kampforganisation der Pontos-Kapetane s. Tasos Chatzianastasiou, *Andartes kai Kapetanioi. I Ethniki antistasi kata tis voulgarikis Katochis tis Anatolikis Makedonias kai tis Thrakis 1942-1944* (Thessaloniki: Afoi Kyriakidi, 2003).

Vierteln wie Kaisariani, Neos Kosmos und Kokkinia.[1] Viele Inhaftierten wurden den deutschen Besatzungsbehörden überstellt und ins Konzentrationslager Chaidari eingewiesen. Von dort führte sie der Weg nach Deutschland in die Konzentrationslager des "Dritten Reichs" oder in die Zwangsarbeit – sofern sie nicht von einem deutschen Exekutionskommando auf griechischem Boden erschossen wurden.

Somit drehte sich die Gewaltspirale weiter. Die Verhaftung und Liquidierung von jeweils circa 5.000-6.000 "führenden Reaktionären" im Raum Athen-Piräus und in Thessaloniki, wie der kommunistische Intellektuelle Dimitris Glinos dem Generalsekretär der KKE Jannis Ioannidis während der Besatzungszeit nahelegte,[2] hätte keineswegs das Ende der "Reaktion" herbeigeführt. Das Gegenteil wäre vermutlich eingetreten: die Zusammenarbeit des gesamten bürgerlichen Lagers mit der Kollaborationsregierung. Dies war übrigens auch ein Ziel der deutschen Spaltpropaganda. Glinos' Gedanke war weder originell noch bloße Phantasievorstellung; sie verriet durchaus die Logik utopischen und radikalrevolutionären Denkens inmitten eines Bürgerkriegs.

Die bewaffnete Staatskollaboration und die daraus resultierende "weiße Gewalt" ab Herbst 1943 waren hauptsächlich die dynamische Antwort der Regierung Rallis und von Teilen der griechischen Gesellschaft auf die Extremismen der ELAS und den Gegenstaat der EAM in den Gebirgsregionen, der sich nach und nach seinen Weg in die städtischen Provinzzentren bahnte und letztlich die Vororte von Athen und Thessaloniki erreichte. Das "Freie Griechenland", so lautete seine offizielle Bezeichnung, war eine im Entstehen begriffene totalitär ausgerichtete "Volksdemokratie" – ähnlich der Partisanenherrschaft in Jugoslawien und Albanien –, in der die KKE das Gewalt- und Informationsmonopol besaß und einzigartige Institutionen wie die "Volksjustiz" und die "Selbstverwaltung" schuf. Repräsentanten des griechischen Kollaborationsregimes wie Gemeindevorsteher und Lehrer wurden vertrieben und durch EAM-freundliche ersetzt; die Gendarmerie wurde aufgelöst. Nicht-EAM-Parteien sowie unabhängige Zeitungen waren im "Freien Griechenland" nicht zugelassen.[3] Eine "Nationale Zivilwehr" (EP) übernahm gegen Ende der Besatzung Polizeifunktionen, während die streng geheime "Organisation zum Schutze des Volkskampfes" (OPLA) "Kollaborateure" und "Reaktionäre" im Auftrag kommunistischer Ortsgruppen verfolgte und hinrichtete.[4] Mit ihr verfügte die KKE über die eigene *Tscheka*.

Die Gründung der OPLA in Athen und anderswo erfolgte im Rahmen der Bekämpfung der "Sicherheitsbataillone". Außer den Angehörigen der "Sicherheitsbataillone" und der Kollaborationsverwaltung zählten einflussreiche Persönlichkeiten in der Provinz, Mitglieder bürgerlicher Widerstandsgruppen sowie "Archäomarxisten" und EAM-"Abtrünnige" zu ihren Opfern.[5] Die Hinrichtung beispielsweise von Kitsos Maltezos, einer charismatischen intellektuellen Führungsgestalt der bürgerlich ausgerichteten Athener Studentenbewegung, am 1. Februar 1944 spricht Bände.[6]

---

1 Markezini, *op. cit.*, p. 290. "I tromokratia ton Germanorallidon", *Rizospastis* v. 10.12.1943.
2 Stathis N. Kalyvas, Nikos Marantzidis, *Emfylia Pathi. 23 Erotiseis kai apantiseis gia ton Emfylio* (Athen: Metaichmio, 2015), pp. 250f.
3 Kalyvas, Marantzidis, *op. cit.*, pp. 271-274.
4 *Ibidem*, pp. 144, 158.
5 Sofia Iliadou-Tachou, *«Meres» tis OPLA sti Thessaloniki. Ta chromata tis vias (1941-1945)* (Thessaloniki: Epikentro: 2013), pp. 105-109. Zur Geschichte der OPLA in Athen s. Iasonas Chandrinos, *To timoro cheri tou laou. I drasi tou ELAS kai tis OPLA stin katechomeni protevousa 1942-1944* (Athen: Themelio, 2012). Zum Thema der "roten Gewalt" im Allgemeinen s. Sakis Moumtzis, *I kokkini via 1943-1944. I mnimi kai I lithi tis Aristeras*, 3. Aufl. (Thessaloniki: Epikentro, 2016).
6 Maltezos hatte zuvor der kommunistischen Parteijugend (OKNE) angehört. Zur Biographie Maltezos' s. Petros St. Makris-Staikos, *Kitsos Maltezos. O agapimenos ton Theon* (Athen: Okeanida, 2000).

Wohl die Gewalttätigkeit der ELAS und der OPLA veranlasste am 8. Januar 1944 den Chef der "Demokratischen Sozialisten" und der späteren "Regierung der Nationalen Einheit" Georgios Papandreou von einer "harten Okkupation der KKE in den ländlichen Gegenden" zu sprechen.[1] In ähnlichem Sinn äußerte sich der Chef der "Liberalen Partei" Themistoklis Sophoulis in einem Brief an die griechische Exilregierung in Kairo zehn Tage später. Darin war die Rede von einer "Doppelbesatzung" Griechenlands durch die Okkupanten und die EAM.[2] Sehr zum Ärger der KKE verurteilte die königliche Exilregierung die Gewalttaten der OPLA.[3] Dasselbe tat übrigens die Kollaborationsregierung. In diesem Punkt also, wie die OPLA zu beurteilen war, herrschte Einigkeit zwischen Athen und Kairo.

Um auf das "Freie Griechenland" zurückzukommen: Der "Bergstaat" der EAM bedeutete nicht nur Repression. Dies war die eine Seite der Medaille. Die andere Seite offenbarte ein relativ freies – allerdings streng geregeltes – Leben für die Bauern außerhalb der deutschen Besatzungsordnung. Die EAM verbesserte die Infrastruktur, setzte ein neues Steuersystem durch und druckte neue Bücher für den Schulunterricht. Die Jugend entfaltete kulturelle Aktivitäten wie Theateraufführungen, und viele Frauen engagierten sich politisch wie kulturell. In ihrer Propaganda bediente sich die EAM einer nationalpatriotischen Rhetorik, die bei nichtkommunistisch orientierten Bevölkerungsteilen gut ankam. Zugleich profitierte sie von der allgemeinen antiroyalistischen Stimmung im Land. Der Exilkönig Georg II. galt nach wie vor als Symbolfigur der unbeliebten Metaxas-Diktatur.[4]

Die Schaffung einer provisorischen "Bergregierung" im März 1944 – wohl nach dem Vorbild des "Antifaschistischen Rates der Nationalen Befreiung Jugoslawiens" (AVNOJ) und unter der gemäßigten Bezeichnung "Politisches Komitee der Nationalen Befreiung" (PEEA) – war daher der "vernünftige" Abschluss eines im Gang befindlichen Prozesses. Die Teilnahme linksbürgerlicher Persönlichkeiten wie des Obersts Evripidis Bakirtzis und des Professors für Verfassungsrecht Alexandros Svolos an der "Bergregierung" verlieh ihr "repräsentativen Charakter". Das PEEA war eine große Herausforderung für die Autorität der Athener Kollaborations- und der Kairoer Exilregierung.[5] Folglich war seine Gründung eine bedeutsame Zäsur in der Geschichte der Résistance. Trotz aller Unterschiede hatten alle drei erwähnten "Regierungen" eins gemeinsam: Ihre Bildung war nicht das Ergebnis freier Wahlen.

Die ELAS garantierte die Souveränität des "Freien Griechenlands". Sie nahm ferner die Zusammenarbeit mit den kommunistischen Partisanenbewegungen in Jugoslawien und Albanien auf und schränkte die Herrschaft der Besatzungsmächte erheblich ein. Doch die Eventualität einer kommunistischen Machtergreifung kurz vor oder nach der Befreiung alarmierte viele Griechen. Vor allem die Gefahr eines "Ausverkaufs Makedoniens an die Slawen"[6] führte zum Erstarken des Kollaborationslagers besonders in Nordgriechenland. Bis zum Beginn der Besatzungszeit war der Antikommunismus eher theoretisch angelegt. Politiker, Armeeoffiziere und Intellektuelle hatten vor der durch die KKE ausgehende "Doppelgefahr" gewarnt: zum einen vor einem gewaltsamen Umsturz der bürgerlichen Gesellschaftsordnung und zum anderen vor einem Verlust griechischen Territoriums zugun-

---

1 Kalyvas, Marantzidis, *op. cit.*, p. 204.
2 Dreidoppel, *op. cit.*, p. 387.
3 "Tsouderos kai OPLA", *Rizospastis* v. 29.02.1944.
4 Für eine positive Bewertung der "Volksherrschaft" s. Richter, *op. cit.*, pp. 248-258. Für die ideologischen Grundzüge des "Freien Griechenlands" s. Mazower, *op. cit.*, pp. 277-286.
5 Kalyvas, Marantzidis, *op. cit.*, p. 206. Für eine Einschätzung des PEEA durch die deutschen Besatzungsbehörden s. Wende, *op. cit.*, p. 356.
6 Zur Entwicklung der Makedonischen Frage in der Besatzungszeit s. Evangelos Kofos, *Nationalism and Communism in Macedonia. Civil Conflict, Politics of Mutation, National Identity* (New York: Aristide D. Caratzas, 1993), pp. 253-290.

sten eines unabhängigen großmakedonischen Staates unter sowjetischer Kontrolle. Gefühle der Angst und Bedrohung hatten so dem Antikommunismus sein theoretisches Gerüst geliefert. Davon profitierten nationalistische Organisationen und Gruppen.[1]

Die Metaxas-Diktatur (1936-1941) hatte in diese Gefühle politisch "investiert" und den Polizeiapparat entsprechend aufgebaut. Zwar war der Antikommunismus älter als das Metaxas-Regime gewesen. Seine Wurzeln gingen auf die Zeit der Russischen Revolution zurück – wenn nicht sogar früher. Mit der Errichtung der Metaxas-Diktatur aber wurde der Antikommunismus offizielle Staatsideologie, und die Kommunisten waren systematischen Verfolgungen ausgesetzt. General Ioannis Metaxas selbst sah im nationalsozialistischen Deutschland "das festeste Bollwerk der Ordnung gegen kommunistische Umsturzversuche".[2]

Doch erst in der Besatzungszeit und aufgrund des durch den staatlichen Zerfall, das wirtschaftliche Elend und die soziale Not entstehenden Machtvakuums wurde aus der "Doppelgefahr" harte Realität: Die KKE verfügte nun über eine Privatarmee und kooperierte mit den kommunistischen Partisanenbewegungen in Jugoslawien, Albanien und Bulgarien. Verschiedene Gerüchte machten die Runde, wonach die KKE politische Abkommen mit den bulgarischen Kommunisten über eine neue Grenzziehung in Makedonien geschlossen hätte. Ihre politische und militärische Zusammenarbeit mit Teilen der slawischsprachigen Minderheit in Westmakedonien, die im Herbst 1943 zur Bildung der "Slawomakedonischen Volksbefreiungsfront" (SNOF) führte, vertiefte das "nationale Misstrauen" der Bürgerlichen.[3] Hinzu kam die bereits erwähnte Verfolgung politisch Andersdenkender durch die ELAS, die sich keineswegs auf die Bestrafung ausschließlich von Kollaborateuren beschränkte, sondern sich auf die Eliminierung der gesamten "Reaktion" ausweitete. Obwohl "Reaktion" und Kollaboration nicht immer identisch waren, stellte die KKE beides auf die gleiche Stufe. So konnte die KKE jedwede Opposition gegen die EAM/ELAS diffamieren und politisch ausschalten. Im *Rizospastis* finden sich zahlreiche Beispiele für die polemische Verwendung beider Begriffe.

Somit war die Besatzungszeit, in der die "kommunistische Gefahr" aus unmittelbarer Nähe erlebt wurde, eine Zäsur in der Geschichte des griechischen Antikommunismus. Zum nationalgesinnten Armeeoffizier und bürgerlich-konservativen Intellektuellen der Stadt gesellte sich in vielen ländlichen Gegenden der Bauer als "dritte Säule" der antikommunistischen Opposition. Der "erlebte Antikommunismus" der Besatzungszeit, so der treffende Ausdruck von Sakis Moumtzis, eines sehr guten Kenners der Geschichte der KKE, war insofern kein theoretisches Konzept mehr und beruhte auf den negativen Erfahrungen vieler Menschen mit der Herrschaft der EAM/ELAS in der Provinz oder mit der revolutionären Tätigkeit der kommunistischen Organisationen in den Städten. Die antikommunistische Propaganda der deutschen Besatzungsmacht trug ihren Teil dazu bei, die bestehenden Ängste der "konservativen Elemente" vor dem Kommunismus zu schüren. Nach der Niederlage in Stalingrad im Januar 1943 konzentrierte sich auch die griechische Kollabora-

---

1   Zu dieser Thematik s. Stratos N. Dordanas, "Der unerklärte Krieg der nationalistischen Organisationen in der griechischen Gesellschaft der Zwischenkiegszeit: Ideologie, Rhetorik und Ausgrenzungen", *Thetis* 20 (2013), pp. 303-306. Für eine Gesamtschau rechtsextremistischer Gruppierungen s. Despoina Papadimitriou, "To akrodexio kinima stin Ellada, 1936-1949 – Katavoles, synecheies kai asynecheies", in: Hagen Fleischer (Bearb.), *I Ellada '36-'49. Apo ti diktatoria ston Emfylio. Tomes kai synecheies*, 2. Aufl. (Athen: Kastaniotis, 2003), pp. 138-149.

2   Politisches Archiv des Auswärtigen Amtes [PA AA], R 103291: Deutsche Gesandtschaft, II GJ 1, Politischer Bericht an das Auswärtige Amt, "Die Errichtung der Diktatur Metaxas zur Rettung Griechenlands vor dem sozialen Umsturz", Athen, 5. August 1936.

3   Die Besatzungspropaganda griff dieses Thema mittels der Kollaborationspresse bereitwillig auf. "O Panslavistis", in: *Nea Evropi* v. 18.09.1943. "I Moscha sxediazei na egathidrysei sovietikas dimokratias eis tas valkanikas choras", in: *Nea Evropi* v. 02.10.1943.

tionspresse auf die Darstellung des "Kampfes gegen den Bolschewismus" als eine grenz-übergreifende "europäische Aufgabe".[1]

Der Protagonist der indigenen bewaffneten Kollaboration gegen die ELAS in West- und Zentralmakedonien war die "Nationale Griechische Armee" (EES),[2] ein loser Zusammenschluss bewaffneter Einwohnerwehren, geführt von türkischsprachigen Pontos-Kapetanen. Diese kamen aus den Guerillaeinheiten der PAO, die im Juli 1943 aufgrund der Ausdehnung der bulgarischen Besatzungszone in Zentralmakedonien gebildet worden waren. Im Herbst waren die PAO-Einheiten von der ELAS aufgelöst worden. Anstatt sich der ELAS anzuschließen oder unterzutauchen, traten die Pontos-Kapetane aus Angst vor ELAS-Repressalien für eine Zusammenarbeit mit der deutschen Besatzungsmacht ein. Sie erhielten Waffen und Munition – allerdings in begrenztem Umfang –, um ihre Dörfer gegen Angriffe der ELAS zu beschützen. Überdies unterstützten sie militärische Antipartisanenoperationen der Wehrmacht und säuberten das "befreite Territorium" von EAM-Anhängern. Im Gegensatz zu den "Sicherheitsbataillonen" in Südgriechenland unterstand die EES nicht der nominellen Befehlsgewalt der Kollaborationsregierung. Ihre Troika-Führung (Michail, Kyriakos und Kostas Papadopoulos) war ausschließlich dem deutschen Einfluss ausgesetzt.[3] Nur sehr wenige Offiziere waren in der EES vertreten.

Zwar waren die Motive der EES defensiver Natur. Doch veränderten sich diese nicht im Laufe des letzten Besatzungsjahres? Blieb ihre Führung immun gegen das nationalsozialistische Gedankengut und die Interessenpolitik der deutschen Besatzungsmacht? Diese Frage ist nicht einfach mit einem Ja oder einem Nein zu beantworten. Jedenfalls haben der Kontakt und die Kooperation mit den Besatzungsstellen die bereits vorhandene antikommunistische Einstellung der EES stärker geprägt. Die Gründung einer politischen Regionalabteilung der EES in Kozani unter der Bezeichnung "Nationale Sozialistische Organisation" (ESO) ist vermutlich ein Indikator des erhöhten deutschen Einflusses beziehungsweise Drucks.[4] Doch die Zeit, die bis zur Befreiung blieb, war für beide Seiten zu kurz, um eine echte antikommunistische "Waffenbrüderschaft" zu schließen.

Gegen Ende der Besatzungszeit traten die drei EES-Anführer in Verhandlungen mit der EDES, um die Organisationsinitialen auf ihrer Kappe um ein "D" zu ergänzen und den Übertritt vom Kollaborations- zum Widerstandslager zu vollziehen. Doch am Veto der britischen Verbindungsoffiziere beim EDES-Chef, General Napoleon Zervas, scheiterte die Metamorphose der EES in EDES.[5] Dies hinderte die Pontos-Kapetane aber nicht daran, sich als EDES-Anführer zu bezeichnen, um sich als Widerstandskämpfer zu profilieren. Zervas war seinerseits an einer "Fusion" beider Organisationen weiterhin interessiert, um sein Einfluss-

1   S. beispielsweise "I amyna tis Evropis enantion tou bolsevikismou", in: *Nea Evropi* v. 17.04.1943 und "I Evropi den tha metavlithei eis aperanton tafon", in: *Nea Evropi* v. 03.05.1943.

2   Hinzu kamen die slawophonen Milizen der "Ochrana" in Westmakedonien, die allerdings separatistische Ziele verfolgten. Weitere autonomistisch agierende Milizen gab es in Thesprotia (Epirus). Ihre Träger und Mitglieder waren albanischsprachige Muslime. In Thessalien traten vlachischsprachige "Legionäre" auf. In der Umgebung von Thessaloniki wiederum operierte das "Freiwilligen-Bataillon" des nationalsozialistisch eingestellten Oberstleutnants Georgios Poulos. Zur Topographie der "Sicherheitsbataillone" s. Polymeris Voglis, *I adynati epanastasi. I koinoniki dynamiki tou emfyliou polemou* (Athen: Alexandreia, 2014), pp. 52-55. Zur besonderen Lage der "Sicherheitsbataillone" in Thessaloniki s. Dordanas, *op. cit.*

3   Auf Veranlassung der deutschen Besatzungsmacht besuchten sie sogar im Juli 1944 zu Propagandazwecken Wien. Vaios Kalogrias, *Okkupation, Widerstand und Kollaboration in Makedonien 1941-1944* (Mainz-Ruhpolding: Franz Philipp Rutzen, 2008), p. 291.

4   Thanasis Kallianiotis, "Oi antikommounistikes organoseis EKA kai ESO tis Kozanis, 1942-1944", Vortrag auf der Tagung *«Echthros» entos ton teichon: Opseis tou Dosilogismou stin Ellada tis Katochis kai tou Emfyliou Polemou*, Samothraki, 2.-4. Juli 2004.

5   C.M. Woodhouse, *Apple of Discord. A Survey of Recent Greek Politics in their International Setting* (London-New York, 1948), p. 95.

gebiet bis Makedonien zu erweitern. Die geplante "Fusion" blieb zwar aus, doch das beiderseitige Interesse zeigte, dass der Antikommunismus zum gemeinsamen Nenner eines Teils des bürgerlichen Widerstandslagers und antikommunistischer Kollaborateure wurde. So ging in Athen das keineswegs unbegründete Gerücht um, dass die Untergrundorganisation Chi mit der griechischen Administration kollaborierte. Mit Ausnahme der "Sicherheitsbataillone" war die Chi einer der gefährlichsten Gegner der EAM in der Athener Hauptstadt. Ihr Gründer und Leiter, Oberst Georgios Grivas, war der spätere Anführer des Befreiungskampfes gegen die britische Kolonialherrschaft auf Zypern (1955-1959). Die in seiner Chi-Zeit gesammelten Erfahrungen erwiesen sich auf Zypern als äußerst wertvoll.[1]

Auf dem Peloponnes entstanden neben den "Evzonen-Bataillonen" der Regierung Rallis auch nichtstaatliche Antipartisaneneinheiten unter der Bezeichnung "Gendarmerie-Abteilungen", unter anderem in Tripolis, Sparti und Gytheio. Viele Offiziere und einfache Mitglieder kamen aus den ehemaligen Guerillaformationen der ES. Unter der Führung des royalistisch eingestellten Oberstleutnants Dionysios Papadongonas, der ebenfalls einer nationalistischen Guerillaeinheit angehört hatte und mit etlichen lokalen politischen und militärischen Akteuren in Verbindung stand, entwickelten sich diese zu einem ernstzunehmenden Bollwerk gegen die ELAS. Sie zählten circa 10.000 Mitglieder, ihr Verbindungsmann mit den deutschen Besatzungsstellen war der später bekannte Südosteuropa-Historiker Georg Stadtmüller.[2] Im Gegensatz zu den Milizen der makedonischen EES aber wurden sie von Rallis als bewaffnete Kräfte des Kollaborationsstaates anerkannt.[3] Peloponnes und Makedonien waren somit die beiden Epizentren der "reaktionären Revolte" in der griechischen Peripherie.[4] "Reaktionär", weil die bewaffnete Kollaborationsbewegung im Gegensatz zur bürgerlichen Résistance, die sich nach politischen Reformen in der Nachkriegszeit sehnte, auf die Wiederherstellung des *Status quo ante* abzielte, und "Revolte", weil sie sich gegen die inzwischen in vielen Orten etablierte Herrschaft der EAM richtete.[5] In ihren Erinnerungsschriften sprachen Ortskommandeure der antikommunistischen Einheiten nicht ohne Grund von einer "Revolution gegen die ELAS".

Im letzten Besatzungsjahr ging es nicht mehr um den Gegensatz zwischen Résistance und Kollaboration, sondern um den Todeskampf zwischen Kommunismus und Antikommunismus. Beide Lager befanden sich bereits im Kalten-Kriegs-Denken. Ihnen war klar, dass der Abzug der deutschen und bulgarischen Besatzungstruppen nur noch eine Frage der Zeit sein konnte. Die Machtfrage hatte absolute Priorität. Sehr treffend schrieb der bürgerlich-liberale Literat Georgios Theotokas in seinem Tagebuch am 19. März 1944: "*Im Grunde ist Griechenland heute in zwei Lager gespalten, zwischen denen es keinen Kompromiss gibt; das eine ist kommunismus- und russlandfreundlich, das andere antikommunistisch, antislawisch und in gewissem Maße anglophil. Das erste glaubt leidenschaftlich an Russland, das andere glaubt (mit wenigen Ausnahmen) ohne Leidenschaft an England, zweifelt oft an der Durchsetzungsfähigkeit und Aufrichtigkeit der angelsächsischen Politik. [...] Die Vendetta*

---

1   Zur Tätigkeit der Chi s. G. Grivas, "Ekthesis epi tou tropou organoseos kai draseos tis Ethnikis Organoseos X", 24.05.1950, in: Geniko Epiteleio Stratou/Diefthynsis Istorias Stratou (Hrsg.), *Archeia Ethnikis Antistasis (1941-1944)*, Bd. 7, Dok. 37 (Athen 1998).

2   Hermann Frank Meyer, *Von Wien nach Kalavryta. Die blutige Spur der 117. Jäger-Division durch Serbien und Griechenland* (Mannheim-Möhnesee: Bibliopolis, 2002), p. 148.

3   Richter, *op. cit.*, p. 389. Grigoriadi, *Istoria tis Sygchronou Ellados*, Bd. 2, pp. 304f.

4   Zum Begriff der "reaktionären Revolte" s. Albert Camus, *Der Mensch in der Revolte. Essays* (Reinbek bei Hamburg: Rowohlt Taschenbuchverlag, 2011), p. 48.

5   Zur literarischen Aufarbeitung des Bürgerkriegsgeschehens aus der Sicht der Opfer der ELAS auf dem Peloponnes s. den Roman von Thanasis Valtinos, *Orthokosta* (Athen: Agra, 1994).

zwischen Venizelismus und Antivenizelismus mit ihren wenigen Toten brauchte zwanzig Jahre und einen neuen Krieg, um abzuflauen. Was soll nun werden?"[1]

Der Vormarsch der Roten Armee in Osteuropa im Spätsommer 1944 und die ausgebliebene britische Invasion auf dem Balkan vermittelten den unter dem Einfluss der deutschen Spaltpropaganda verstärkten Eindruck, dass Griechenland Stalin überlassen worden sei – ein Horrorszenario für griechische Antikommunisten jeglicher politischen Couleur.[2] Ohne die Gewalttaten der ELAS und der OPLA aber wäre die deutsche Spaltpropaganda nicht so erfolgreich gewesen. Der Eindruck, dass Griechenland dem sowjetischen Machtbereich zugesprochen worden sei, hatte zur Folge, dass die Bereitschaft im "nationalen Lager" zunahm, der ELAS mit der Waffe in der Hand zu begegnen. In Thessaloniki beispielsweise wollte der Generalinspektor der Präfekturen von Makedonien, der Kavallerieoberst Athanasios Chrysochoou, den Aufbau einer bewaffneten Antipartisanenorganisation initiieren, scheiterte aber an widerstreitenden Meinungen und Interessen.[3] In Athen und anderen Städten wurde die bereits im März 1943 von sechs Generälen gegründete und von der Kollaborationsregierung unabhängige "Militärische Hierarchie" aktiv, um das Offizierskorps für die "Wahrung der gesellschaftlichen Ordnung" zu mobilisieren.[4] Als ihr führender Kopf, General Alexandros Papagos, später Befehlshaber der griechischen Armee und Ministerpräsident, sowie vier weitere Generäle von den deutschen Militärstellen festgenommen und nach Deutschland deportiert wurden, brach die "Hierarchie" organisatorisch zusammen. Im bürgerlichen Exillager hingegen setzte man weiterhin auf die britische Karte und eine schnelle Rückkehr der "Regierung der Nationalen Einheit". Premierminister Georgios Papandreou bat die Briten wiederholt um rasche Entsendung von Truppen nach Athen – was letztlich geschah.[5]

Für die KKE wären die in Osteuropa vorrückenden sowjetischen Truppen in Griechenland gerne willkommen gewesen. Eine KKE-Delegation aus der bulgarischen Besatzungszone in Ostmakedonien bat – allerdings vergeblich – den sowjetischen Marschall Tolbuchin in Sofia um den Einmarsch von Einheiten der Roten Armee nach Ostmakedonien.[6] Zur bitteren Enttäuschung der griechischen Kommunisten respektierte Moskau die britische Vormachtstellung in Griechenland. Der sowjetische Vorstoß wurde nicht gen Süden in Richtung Ägäis fortgesetzt; stattdessen kämpfte die Rote Armee auf jugoslawischem Boden. Und auf britischen Druck hin evakuierte das bulgarische – seit dem September-Machtwechsel in Sofia kommunistische – Besatzungsheer Ostmakedonien und Westthrakien im November 1944. Zwei Monate zuvor hatten die bulgarischen Truppen der ELAS jedoch geholfen, Teile der einheimischen nationalgriechischen Opposition zu liquidieren. Um der "kommunistischen griechisch-bulgarischen Doppelgefahr" entgegenzutreten, waren Grup-

---

1   Zitiert nach: Dreidoppel, *op. cit.*, p. 388.
2   Richter, *op. cit.*, p. 467. Ab 1943 konzentrierte sich die deutsche Propaganda in den besetzten und verbündeten Ländern auf die "Rettung der europäischen Zivilisation" vor dem Bolschewismus. Heinrich August Winkler, *Geschichte des Westens. Die Zeit der Weltkriege 1914-1945* (München: C.H. Beck, 2011), p. 1001.
3   Kalogrias, *Makedonien*, p. 293.
4   Zu den Zielen der "Militärischen Hierarchie" s. Solonos Neok. Grigoriadi, *Istoria tis Sygchronou Ellados 1941-1974. Katochi,* Bd. 1 (Athen: K. Kapopoulos, 1974), pp. 390-392. Ausführlicher bei Konstantinou Th. Bakopoulou, *I omiria ton pente Antistratigon* (Athen 1948), pp. 34-36. Nach Kriegsende verfasste Papagos ein Büchlein über seine Haftzeit in nationalsozialistischen Konzentrationslagern. 1949 war er Oberbefehlshaber der griechischen Armee im Kampf gegen die kommunistischen Aufständischen. Als Ministerpräsident (1952-1955) setzte er sich für die Wiederherstellung der westdeutsch-griechischen Beziehungen ein. Vaios Kalogrias, "I apokatastasi ton ellino-dytikogermanikon scheseon kata ti diakyvernisi Papagou, 1952-1955", in: Konstantina E. Botsiou, Giannis Sakkas (Hrsg.), *I Ellada, i Dysi kai i Mesogeios 1945-62. Nees erevnitikes prosegiseis* (Thessaloniki: Panepistimio Makedonias, 2015), pp. 95-108.
5   Gonata, *op. cit.*, p. 418.
6   Kalogrias, *Makedonien*, p. 278.

pen antikommunistischer Armeeoffiziere aus der deutschen Besatzungszone in Zentral-
nach Ostmakedonien entsandt worden. Einige Offiziere aber – darunter das führende PAO-
Mitglied in Westmakedonien Oberst Ioannis Papapetrou – waren von bulgarischen Einheiten verhaftet, der ELAS übergeben und anschließend in einer Massenaktion in Ano Vrontou
Serron hingerichtet worden.[1]

Alle drei Formen der Bürgerkriegsauseinandersetzung – Résistance (EAM-ELAS) versus Résistance (EDES, EKKA, PAO, ES), Résistance versus Kollaboration, Kommunismus
versus Antikommunismus (ab Herbst 1943) – fanden in der Besatzungszeit statt und über-
schnitten sich. Der Bürgerkrieg begann als multipolare Auseinandersetzung zwischen der
EAM/ELAS und den übrigen Widerstandsorganisationen, um als bipolare Auseinandersetzung zwischen der EAM/ELAS und dem heterogenen antikommunistischen Lager zu enden.[2] Bis zum endgültigen Abzug der deutschen Truppen aus Griechenland im Oktober
1944 löste die ELAS viele Einheiten der "Sicherheitsbataillone" gewaltsam auf, nach den
Kämpfen kam es in einigen Orten zu Massenhinrichtungen von gefangenen *Tagmatasfalites*
(beispielsweise in Meligalas, Kalamata Pylos und Pyrgos auf dem Peloponnes). Auch nach
der Befreiung setzte die ELAS ihre Angriffe gegen die Reste der "Freiwilligenverbände"
(vor allem in den Regionen von Kozani, Kilkis und Triada Serron) fort. Der "rote Dezember" in Athen war der Höhepunkt der Bürgerkriegsauseinandersetzung aus der Besatzungszeit und schien die existentielle Angst der bürgerlichen Kräfte vor einer bolschewistischen
Revolution zu bestätigen.[3] Für die Offiziere und Mitglieder der "Sicherheitsbataillone" legi-
timierte der "rote Dezember" ihre Kollaborationstätigkeit während der Besatzung. Ihrem
Selbstverständnis nach standen sie auf der "richtigen Seite" der Geschichte.

---

1   *Ibidem*, pp. 306-307.
2   Kalyvas, Marantzidis, *op. cit.*, pp. 191f.
3   *Ibidem*, p. 212. Ein für viele Angehörige der Athener bürgerlichen Welt traumatisches Erlebnis stellte ihre
    Geiselnahme durch die ELAS während der *Dekemvriana* dar. Unter den Geiseln befand sich auch die Witwe des
    verstorbenen Generals und Ex-Diktators Ioannis Metaxas. Dazu s. Lela Ioannou Metaxa, *To Imerologio tis
    Omirias mou 1944-1945*, 2. Aufl. (Athen 1989).

BRIEFMARKEN ERZÄHLEN DIE GESCHICHTE ZYPERNS

Ferdinand Krudewig und Wolf-Dieter Gerl

– Arbeitsgemeinschaft Griechenland/Zypern.

Bereits der erste Tag unter britischer Flagge, das heißt der Tag, an dem der britische Gouverneur Sir Garnet Wolseley (24.Juli 1878), in Zypern erschien, verhieß nichts Gutes (Abb. 1):

Abb. 1 Erste Marken von 1880

Auf die hoffnungsgetränkte Frage von Bischof Kyprianos von Kition nach einer baldigen Angliederung an Griechenland (Vorbild: die Ionischen Inseln, die 1859 unabhängig und 1864 griechisch wurden) konnte keine grüngefärbte Antwort erfolgen. (Abb. 2) In typisch britischer Manier sorgte die Vierfach-Verriegelung (Premierminister, Außenminister, Kolonialminister, Kriegsminister) für damals und alle Zeiten für ein sicheres „Niemals". Kein Kitchener, kein Churchill, kein Hopkinson oder Eden wurden auch nur eine Sekunde schwach, auch wenn es ab und zu weichere Momente im und nach dem Großen Krieg oder dem 2. Weltkrieg gab.

Abb. 2: Ionische Inseln 1859

Abb. 3a Ein Trauerspiel von Unabhängigkeit 1960

Als Notpflaster erhielt Zypern am 16. August 1960 (Abb. 3a, 3b) eine lange Zeit ungeliebte „Fettered Independence", eine von Großbritannien, Griechenland, der Türkei und Vertretern der beiden Haupt-Volksgruppen auf Zypern ausgehandelte „Unabhängigkeit" und wohl die komplizierteste Verfassung der Welt. Das „FETTERED" bedeutete keine ENOSIS (Angliederung an Griechenland), keine Teilung der Insel (TAKSIM), und zwei Militärbasen der Briten verbleiben auf der Insel. Neben Großbritannien existieren zwei Garantiemächte mit Militärpräsenz auf Zypern: Griechenland und Türkei.

Abb. 3b Nicht einmal eine eigene Dauerserie 1960 – 62

Doch zurück zur griechischen Verweigerungspolitik auf Zypern. Seit dem Philhellenismus des 19. und 20. Jahrhunderts gab es nur ein Ziel für die zyperngriechische Volksgruppe: ENOSIS.

Großbritannien und seine Vertreter auf Zypern haben sich mit halbherzigen Scheinversprechen mehrfach am Willen der zyperngriechischen Bevölkerung vergangen. Einige Beispiele: de facto war Zypern bis 1914 weiterhin Teil des Osmanischen Reiches, doch Britannien nahm den Kriegseintritt der Türkei an der Seite des Deutschen Reiches als Anlass, Zypern zu annektieren und machte es im Anschluss an die Verträge von Sèvres (1920) und Lausanne (1923) zur Kronkolonie (Abb. 4).

Abb. 4 Der Vertrag von Lausanne 1923, Marken der Türkei 1924, Zypern 2010

Zeitgleich endeten auch alle Großmachtphantasien Griechenlands, die in manchen griechisch-zypriotischen Köpfen im Zu-

sammenspiel mit klassisch nationalistischer Bildung und philhel-
lenische Bewegung des 19. und 20. Jahrhunderts noch bis 1974
nachkeimten (Abb. 5a, 5b).

Mit Elefterios Venizelos hatte Griechenland einen zeitlebens
englisch-affinen Politiker, der die Karte Zyperns in jenen Jahren
(1914 – 1930) nicht spielen konnte und wollte (Abb. 6).

Auf Zypern selber machte Großbritannien wieder einmal seinen prinzipientreuen Fehler i.S. des „teile und herrsche" und
nahm der griechischen Oberschicht auf Zypern und dem Klerus
seine noch im Toleranz-Edikt von 1865 (Sultan Abdul Aziz) be-
stätigten Privilegien. (Abb. 7)

Abb. 5a Panzyprisches Gymnasium: Stätte des griechischen Nationalstolzes, Nikosia

So trieb es die Zyperntürken in die Arme der britischen Verwaltung, will sagen: sie wurden die loyalen Zuarbeiter für die
Briten, was sich 1964 als Segen bei der Enklavisierung / Aufbau einer eigenen Verwaltung erweisen sollte.

Auch hatte Zypern immer wieder das Pech, dass die weltpolitischen Konstellationen oder die Situation im Nahen Osten /
im östlichen Mittelmeer für ein frei bewegliches Zypern seit
den Tagen des Großen Krieges (1914 – 1918) so gut wie nie
günstig standen. So kam die Niederlage von Gallipoli 1915 zur
Unzeit, ebenso wie die Suez-Krise 1955/56.

Abb. 5b Lord Byron, 1788 – 1824, Sinnbild für Philhellenismus

Auch spielten die halbherzigen Herzschrittmacher für eine
dosierte Selbstverwaltung allein den Briten in die Karten. Zypern war bis 1960 mehr oder weniger nur permanentes Militär-
camp und exotische Urlaubs- und Ruhestands-Insel für alternde
Offiziere der Royal Air Force.

Abb. 6 Eleftherios Venizelos 1864 - 1936

Die schäbige Behandlung zyprischer Freiwilliger im Großen
Krieg und vor allem im 2.Weltkrieg (bzgl. Ehrung/ Erwähnung
und Entlohnung) und das Verstreichen-Lassen günstiger ENO-
SIS-Umstände ließen langsam den Stachel im patriotischen Zyperngriechen schmerzhafter wirken. Auch der Titel „Kronkolonie" (Abb.8) führte nicht dazu, dass Britannien Entscheidendes
an Infrastruktur, gegen Überschuldung in der Landwirtschaft, der
Bildung in Sachen Schule oder politischer Verantwortung unter-
nahm. In den 20er- und 30er-Jahren nahm daraufhin die Zahl der
Petitionen und Delegationsbesuche in London zu, doch immer
war es eine klare Ablehnung der ENOSIS.

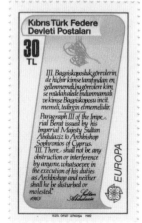

1931 brannte zwar das Haus des Gouverneurs Ronald Storrs,
doch das wurde allein mit einer „law and order" - Reaktion i.S.
des „Order-in-Council" (Pressezensur, Verbote, Deportationen,
Stillstand des politischen Lebens) beantwortet, einschließlich
solcher Absonderlichkeiten wie Glockenläuteverbot (Abb. 9).

Abb. 7 Toleranz-Edikt von 1865

Aber die Rufe nach ENOSIS, vor allem der griechischen Oberschicht und des Klerus (z.B. Nikodimos) wurden lauter. Wie bereits erwähnt machten 4.670 Zyprer im 2.Weltkrieg Kampferfahrung (36 kamen ums Leben), 3.806 gerieten in Gefangenschaft. Ein Teil des „Cyprus-Regiment." wurde 1944 nach Italien verlegt, ein anderer Teil kämpfte in Nordafrika. Einige waren in der Royal Air Force wie z.B. Glafkos Klirides, der besonnene Zyperngrieche und spätere Staatspräsident.

Abb. 8 50 Jahre Kronkolonie

Ab Mai 1946 (bis Ende 1948) nahm die Zahl jüdischer Einwanderer dermaßen zu, dass in Zypern ein Aufnahmelager für ca. 50 000 Menschen errichtet wurde. (Abb. 10)

Eine nette typisch britische Idee war dabei, dass deutsche Kriegsgefangene aus Ägypten die Camps in der Nähe Famagustas bauen mussten.

Am 9. Juli 1948 nahm die nächste Politkatastrophe ihren Anfang: Anstatt die „consultative assembly" sorgfältig und mit Fingerspitzengefühl vorzubereiten, wurden die verschiedenen Organisationen aufgefordert, Kandidaten für die Verfassungsgebende Versammlung, einer Art von Selbstverwaltung, zu benennen. Drei Tage später ließ Erzbischof Leontios von den Kanzeln eine Enzyklika verlesen, die zum Boykott aufrief (Tenor: die Aufforderung verstieße gegen den Geist von ENOSIS). Geplant waren 40 Mitglieder, doch schließlich wurden es nie mehr als 18. Letztendlich wurde dieser Versuch, Zyperns politischen Gestaltungswillen in britisch akzeptierte Formen zu gießen, am 12. August 1948 begraben. So wurde Zypern bis 1960 per Dekret regiert. Entsprechend war die Stimmung vor allem bei den Zyperngriechen. Malta nahm dagegen zur gleichen Zeit, allerdings unter günstigeren Umständen, das Angebot der Briten zur Selbstverwaltung wahr.

Abb. 9 1931: Das Haus des Gouverneurs Ronald Storrs brennt

Abb. 10 Durchgangslager Camp 65 Xylotymbou

Nachdem auch die AKEL (Zyperns kommunistische Partei mit mediterraner Note) 1949 auf den ENOSIS-Zug aufgesprungen war, witterte die Ethnarchie Morgenluft, will sagen: die Grundstimmung der Zyperngriechen für ENOSIS nutzen für eine Volksabstimmung, wobei sachlogisch die Zyperntürken dazu kaum eingeladen waren. Am 12. Dezember 1949 fand eine große Kundgebung der türkischen Zyprer statt, auf der eine Resolution gegen ENOSIS verabschiedet wurde, und zwar in dem Sinne: Wenn Britannien Zypern aufgäbe, solle es an die Türkei zurück gegeben werden. Um dieses Anliegen zu unterstützen, erschienen Zeitungsartikel in der Türkei, in denen von Schlechterbehandlung der Zyperntürken durch Zyperngriechen berichtet wurde (z.B. Hürriyet, Vatan, Tasvir).

Das Plebiszit fand zwischen dem 15. Januar und 22. Januar 1950 in den orthodoxen Kirchen statt, mit dem erwarteten Ergebnis von 95,7 % ENOSIS-Zustimmung.

Abb. 11a,b,c Südosteuropa fest in amerikanischer Hand: ERP-Programm 1951 und NATO-Beitritt von Griechenland und Türkei 1952

Am 20. Mai 1950 besuchte eine zyperngriechische Delegation Griechenland. Das Resultat war – wieder einmal – von „zeitgemäßer" Zurückhaltung geprägt (Griechenland war inzwischen in den Klauen amerikanischer Interessen, versüßt durch ein großzügiges ERP-Programm, einschließlich der Erwähnung zahlreicher Hindernisse für den Fall einer beabsichtigten Antragstellung für eine UNO-Ansetzung der Zypernfrage. (Abb. 11a, b, c)

Abb. 12 Ethnarch Makarios III: 1950 Bischofswahl, 1956/57 Exil, 1960 Präsident, 1974: UNO-Auftritt

Am 28.Juni 1950 starb Erzbischof Makarios II. Als Nachfolger wurde Makarios III, ein Mann mit Charisma, der zeitweise wegen seiner Zickzack-Kurse zum Albtraum der Verhandelnden von Zürich und London (1959/60) wurde (Abb. 12).

Bereits zu Beginn der Partisanenkämpfe der EOKA 1955 fiel er den Briten wegen seiner Pro-ENOSIS-Haltung auf und wurde von 9. März 1956 bis zum 28. März 1957 auf die Seychellen ins Exil geschickt. Ihm war klar, dass „ENOSIS" nur mit langem Kampf erreichbar sein würde.

Abb. 13 Unterhausrede vom 15.3.1954 von Lena Jeger (Labour), in Griechisch, Englisch und Französisch

1954 fanden im britischen Ober- und Unterhaus Debatten wegen der Zypernfrage statt, so auch am 15. März 1954, in der sich eine Unterhausabgeordnete der Labour-Party, Lena Jeger, erstmals als Fürsprecherin von Zyperns „ENOSIS"-Wunsch profilierte. (Abb. 13)

Doch außenpolitisch tat sich einiges: so wurde der Nahe Osten zwar notdürftig durch den Bagdad-Pakt von 1955 stabilisiert, doch 1954 kündigte Ägypten den Suez-Kanal-Kontrakt mit Britannien für 1956 auf. So musste das britische Nahost-Hauptquartier verlegt werden. Die Wahl fiel auf Zypern – für viele rational denkende Menschen auf Zypern war dies das Ende der ENOSIS-Träume. Doch mit der USA-Türkei-Achse kam ein neuer Global-Player ins Spiel, zumal auch die USA mit Großbritannien interessiert waren, die Zypernfrage nicht vor die UNO zu bringen. Griechenland war ohnehin, seit es 1952 NATO-Mitglied wurde und großzügige Finanzhilfen erhielt, im Fahrwasser amerikanischer Interessen unterwegs.

Abb. 14a Von wegen still und heimlich

Am 26. Juli 1956 diskutierte das britische Kabinett die Zypernfrage und wieder ergab sich das Bekannte NEIN zu ENOSIS, jedoch in der verschärften Form des NEVER durch den Kolonialminister Hopkinson. Darauf gab es in Zypern am 12. August 1954 einen Generalstreik.

Abb. 14b Immerwährende Erinnerung an die EOKA-Zeiten

Bedingt durch die insgesamt genauso verfahrene wie auch hochemotionale Situation musste ein gangbarer Weg gefunden werden. Und es wurde einer gefunden, der genau den Kräfte- und Interessenverhältnissen von 1954 entsprach. Die Zypernfrage kam zwar vor die 9. Vollversammlung der UNO, aber im Hintergrund spielte die Musik der großen Diplomatie, um das Gesamtgefüge USA – Großbritannien – Griechenland – Türkei – Naher Osten nicht in Schieflage zu bringen. Als dann der türki-

Abb. 15a Ab 1985 offizielles EOKA-Gedenken

sche UNO-Diplomat Sarper mehr oder weniger bewusst geografisch-historische Herleitungen zur „Abhängigkeit" Zyperns von der anatolischen Halbinsel als Argument für die Unmöglichkeit von ENOSIS anführte und auch erwähnte, dass der Vertrag von Lausanne nicht aufkündbar sei, führte diese Argumentationskette zum endgültigen Aus von diplomatischen ENOSIS-Bestrebungen.

Abb. 15c TMT- das Gegenstück zur EOKA, gegründet 1958 zu den ersten interkommunalen Zusammenstößen 1958

Am Ende gab es eine wachsweiche Kompromiss-Resolution (17. Dezember 1954), in der es hieß, dass es zur Zeit nicht möglich sei, eine substantielle Resolution zur Zypernfrage zu verabschieden. Die Folge: Empörung in Griechenland (nicht so ganz echt) und große Enttäuschung in Zypern. Die weiteren Folgen waren allerdings gravierend: ein Partisanenkrieg für ENOSIS - und kein sogenannter „Befreiungskampf" für die Unabhängigkeit, wie die spätere, bis heute gültige Falschbenennung uns weismachen will.

Für den Fall der UNO-Zurückweisung hatten nationalistische griechische Aktivisten bereits seit Herbst 1953 vorgesorgt. Am 17. Februar 1953 beschloss Makarios II und der berühmt-berüchtigte General Grivas am 1. März 1954 mit dem Waffentransport nach Zypern zu beginnen. Am 1. April 1954 begann der Untergrundkampf, der bis 1958 vor allem britische Soldaten/ Polizisten traf (116), aber auch etliche britische Zivilisten (26) (Abb. 14a, 14b)..

Abb. 16 Republik Zypern: blockfrei, aber nicht waffenfrei

Es mussten wegen angeblichen „Verrats" aber vor allem viele Zyperngriechen dran glauben (218). Erst ab 1958 starben auch 55 zyperntürkische Bürger und 16 Zyperngriechen bei interkommunalen Zusammenstößen. Am 9. März 1959 wurde die endgültige Waffenruhe verkündigt.

Am 50. Jahrestag des Beginns der EOKA-Kämpfe im Frühjahr 2005 wurden 22.000 ehemalige EOKA-Kämpfer (obwohl es wohl nur etwa 1.000 gab) mit Ehrenmedaillen ausgezeichnet (Abb. 15a, b, c).

2015 gab es von der zyprischen Post (Republik) die erste, nur leicht retuschierte Erinnerungsausgabe. Die ganze Wahrheit wird immer noch hinter dem Mythos des Befreiungskampfes versteckt. Eine juristische Aufarbeitung ist unter diesen Umständen wohl nicht zu erwarten.

Abb. 17 a ... und eine Provokation aus dem besetzten Norden

Das Ergebnis des EOKA-Kampfes: Die Verhandlungen von Zürich und London. Doch auch hier: kein glänzendes Ruhmesblatt! Denn Großbritannien behielt weiterhin ein Stück Zypern in Form von zwei Militärbasen (Akrotiri und Dhekelia), womit auch die NATO Einzug auf Zypern hielt, obwohl der Traum von Makarios III ein entmilitarisiertes und blockfreies Zypern war (Abb. 16).

Abb. 17 b Erst nach 20 Jahren ein bisschen Seelenfrieden ...

Eine gewisse Dankbarkeit und die Tradition türkisch-britischer Freundschaftsdienste sorgten dafür, dass auch die Verhandlung über den zyprischen Status nach 1959/60 im Endeffekt eher

Abb. 18a Nur der türkische Norden mag sich erinnern – nebst Buchpamphlet „Genocide Files" von 1997

im britisch-türkischen Farben gemalt war. So konnten sich der zyperngriechische Unterhändler Makarios III und sein griechischer Kollege in der Frage Volksgruppe versus Mehrheit/Minderheit nicht durchsetzen. Auch blieben alle ENOSIS- und TAXIM-Prozeduren außen vor. Dafür gab es eine hochkomplizierte Verfassung und einen Garantievertrag, der das militärische Eingreifen von Griechenland und oder der Türkei und/oder Großbritannien ermöglichte, um den verfassungskonformen Status Quo wiederherzustellen.

Dies für Makarios III unerfreuliche Ergebnis dieser „fettered independence" spiegelt sich aussagekräftig im Umgang mit dieser Art von Unabhängigkeit in ihrer Kompromiss-Flagge und nicht-existierenden Nationalhymne wider. Das fehlende Nationalbewusstsein zeigen die Festtage, wenn oftmals mehr griechische als zyprische Flaggen an den Masten wehen. Erst 1980 konnte sich die Postverwaltung der Republik Zypern durchringen, eine Briefmarkengedenkserie zur 20-Jahrfreier der Unabhängigkeit aufzulegen (Abb. 17a, b).

Abb. 18b Gesetz über getrennte Stadtverwaltung (1958) wird fortgeschrieben. Fiskalmarken von 1962 getrennt für beide Volksgruppen.

Amüsant: der damalige separate föderative Staat Nordzypern gab ebenfalls eine – provokative – Erinnerungsmarke heraus.

Das Nebeneinander-Herleben ohne jegliche vertrauensbildende Maßnahmen (im Gegenteil: häufige Veto-Patt-Situationen im Parlament) forderten ihren Wegezoll: nicht selten musste der oberste Verfassungsrichter (der deutsche Professor Ernst Forsthoff) für Makarios III unliebsame Urteile fällen. So auch im April 1963. Schließlich führten größere atmosphärische Störungen zwischen Forsthoff/Heinz (seinem Assistenten) zur freiwilligen Kündigung beider (im Mai bzw. August 1963). Nun war der Weg frei für die berühmt-berüchtigten 13 Vorschläge zur Verfassungsänderung. - ohne vorhergehende Beratung mit den Repräsentanten der türkischzyprischen Volksgruppe. Das endgültige Ende der gemeinsamen parlamentarischen Arbeit war damit gekommen.

Abb. 18c Bereits 1964 eigener provisorischer Postdienst

Das waffenstarrende Land „wartete" auf einen Zwischenfall, damit dieses Pulverfass die Katharsis einläuten konnte. Und am 21. Dezember 1963 war es soweit: ein Grenzzwischenfall der nichtigen Sorte und der Bürgerkrieg zwischen beiden Volksgruppen mit teilweisen schlimmsten Ereignissen (wie z.B. dem Kokkina/Erenkoy-Drama von 1964) „kam zur Aufführung" (Dezember 1963 bis 1966/67) (Abb. 18a)

Das Beiwerk waren wirtschaftliche Blockaden, schleichende Enklavisierung und die zweite Emigrationswelle der Zyperntürken. UNFICYP installierte Truppen in den Pufferzonen. Zudem Etablierung einer eigenen türkischzyprischen Verwaltung – nicht nur in den größeren Städten - die erleichtert wurde durch die frühere gute Zusammenarbeit zwischen Zyperntürken und britischer Kolonialverwaltung. Bis

Abb. 19, 20 Die Republik wagt sich nur bis zu den UNO-Resolutionen 1963/1965

heute wird der Zeitraum von 1963 bis 1967 von zyperngriechischer Seite totgeschwiegen. (Abb. 18b-c)

Nur zwei UNO-Resolutionen zum Verbleib der UNFICYP-
Soldaten passierten die Bewusstseinsgrenzen (Abb. 19, 20).

Damals konnte niemand ahnen, dass dieser Zeitraum die
wohl entscheidende Phase des Vertrauensverlustes zwischen
den zwei größten Volksgruppen war. In der Türkei wurden nach
dem Kokkino/Erenkoy-Desaster Pläne für eine Invasion erstellt,
die seitdem permanent auf den neusten Stand gebracht wurden!
Doch die Republik Zypern spielte wie so oft das Spiel des politischen Ignorierens.

Abb. 21 a, b Anfang (1967) und
Ende (1974) der Junta

Und auf Zypern entstanden im Fahrwasser der Installierung
der Militärjunta in Griechenland (Abb. 21a,b) auch auf Zypern
nationalistische paramilitärische Gruppierungen (ab 1968/1969)
z.B. EOKA-B (Grivas war wieder präsent) und die „Nationale
Front". Politische Morde wurden zum Teil Tagesgeschäft, wie
z.B. an Innenminister Polykarpos Georgatzis.

Als es am 15. Juli 1974 zum Putsch gegen den politisch
schwächelnden Makarios III kam, war das endgültige Aus einer
geeinten Republik eingeläutet (Abb.22)..

Abb. 22 Der Anfang vom Ende:
Die Föderative Republik
Nordzypern

Und die türkischen Invasionspläne durften ihr Funktio-
nieren zum Teil eindrücklich unter Beweis stellen. (Abb.
23a,b,c,d)

Mit ATTILA I (20. bis 22. Juli 1974), was noch gerade dem
Geiste des Garantievertrags von 1960 entsprach, und dem ille-
galen, aber nachvollziehbaren „ATTILA II" (15. bis 17. August
1974) war die endgültige Teilung durch erzwungene „Völ-
kerwanderung" zur Tatsache geworden.

Abb. 23 a aus türkischer
Sicht

Die Anfrage von Premier Ecevit an Großbritannien vom 18.
Juli 1974 hätte bei positivem Bescheid eventuell eine andere
Problemlösung ermöglicht. Doch Großbritannien hatte schließ-
lich ja seine zwei exterritorialen Militärbasen. Dies genügte
dieser ehemaligen Weltmacht, um weiterhin den britischen
Tugenden von „splendid isolation" und ergebnisbewährtem
Egoismus die Treue zu halten.

Bis auf die Tatsache, dass Makarios III mithilfe eines RAF-
Hubschraubers gerettet werden konnte, hat Großbritannien wenig Vorzeigbares auf die internationale politische Bühne gebracht.

Abb. 23 b aus griechischer
/ zyperngriechischer Sicht

Im November 1983 wird einseitig die Türkische Republik
Nordzypern ausgerufen. (Abb. 24)

Seit 1978 ist die türkische Lira Zahlungsmittel (Abb. 25).

Das Land hängt an der finanziellen Einwegspritze der Türkei
und seit 2004 auch des EU-Sonderfonds!

Abb. 23 c Die blutleere UNO-
Resolution

Literatur:

Denktaş, Rauf R. *UN-speeches on Cyprus,* (TRNC, Lefkosa 1986)

Durrell, Lawrence *Bitter Lemons Of Cyrus*, (London: Faber & Faber, 1957

Gibbons, Harry Scott *The Genocide Files,* (London: Charles Bravos, 1997)

Karamitsos, A. *Hellas 2012, Stamp Katalogue and Postal History*, Vol. I, II, III, (Thessaloniki, 2012)

Karamitsos, A. Cyprus Edition 2017, *Stamp Catalogue and Postal History* (Thessaloniki, 2017)

Krudewig, Ferdinand *Republic Of Cyprus, Stamps and History 1960 – 2018*, Manuskript 2018

Krudewig, Ferdinand "Zypern, das unbekannte Wesen", in Rundbrief 127, 08/18, Arbeitsgemeinschaft Griechenland e.V., Druckfrei, Wiernsheim

Michel, Südosteuropa 2016/2017 (Unterschleißheim: Schwanenberger Verlag 2016)

Papucuoglu, M. Gülent   ISFILA, *Turkish Stamps and Postal Stationary*, Catalogue 1863- 2010, Vol. I, Vol. II, (Istanbul, 2010)

Republic of Cyprus, *Official Announcememts of „Cyprus Post"* , Ministrey of Communication and Works, Departement of Postal Servic (Nikosia, 1971 – 2018)

Richter, Heinz A. *Geschichte der Insel Zypern 1878 – 1977,* Peleus Bände 29, 35, 37 und Band 41 (Bibliopolis 2004 und 2006), (Rutzen 2007 und 2009)

Tzermias, Pavlos *Geschichte der Republik Zypern*, (Tübingen: Franke, 3. Auflage,1998)

Abb. 23 d Seit 1988 das alljährliche Blutlecken – jeder Brief erinnert daran!

Abb. 24 Ein neuer Staat, eigenständig aber eher nicht

Abb. 25 ... auch das Geld wird türkisch

Zum 50. Unabhängigkeitstag der Republik Zypern erschienen 4 Kleinbogen (2007 – 2010), die die Geschichte der Insel von 10.000 v. Chr. bis 2004 in 32 Stationen abbilden.

Tafel I (2007)
Zwergflusspferd (10.000 v. Chr.) - Steingefäß (7.000 v. Chr.) - Chirokitia-Siedlung (7.000 v. Chr.) - weibliche Statue (3.000 v. Chr.) - Tongefäß (2.000 v.Chr.) - griech. Inschrift auf Bronzespeer 1.000 v. Chr.) - Gefäß in Vogelgestalt (800 v. Chr.) - die antiken Königreiche

Tafel II (2008)
die archaische Periode 750 – 480 v. Chr.) (1. und 2. Marke) - die klassische Periode (480 – 310 v. Chr.) (3. Marke) - die hellenistische Periode (310 . 30 v. Chr.) (4. und 5. Marke) - die römische Periode (30 v. Chr. - 324 n. Chr.) (6. und 7. Marke) - die frühbyzantinische Periode (324 – 841 n. Chr.) (8. Marken)

Tafel III (2009)
Paraskevi-Kirche/Yeroskipou (4. Jhd.) - Kloster des Hl. Johannes Chrysostomos, Koutsoventis (1090 – 1100) - Wappen der Lusignans (1393 1489) - Chroniken des Leontios Machäras (15. Jhd.) - Caterina Cornaro: Übergabe der Krone an Venedig (1889) - Venezianische Mauer (1567 1570) - Eroberung Zyperns durch die Osmanen (1570 – 1571) - Aquädukt von Larnaka (18. Jhd.)

Tafel IV (2010)
Verträge von Sèvres (1920) und Lausanne (1923) - Haus des Gouverneurs (1931) - die „Imprisoned Graves" (1955 – 1959/1962) - Gregoris Afxentiou (1928 – 1957) - der neue Präsidentenpalast (1960) - Türkische Invasion (Juli/August 1974) - EU-Beitritt (2004) - 50 Jahre Republik Zypern

ZUSAMMENARBEIT ZWISCHEN CDU UND NEA DIMOKRATIA
NACH DER OBRISTEN-DIKTATUR

Nikos Papanastasiou

In den sechziger Jahren wurde Griechenland von schweren politischen Unruhen zerrissen. Nach Spannungen zwischen dem langjährigen Premier Konstantinos Karamanlis und dem Palast, ging dieser Ende 1963 nach der Wahlniederlage für seine „National-Radikale-Union" (ERE) für elf Jahre ins Pariser Exil. In der achtjährigen Karamanlis-Ära (1955-1963) wurden zwar die antideutschen Ressentiments wegen der nationalsozialistischen Besatzungszeit (1941-1944) schnell überwunden und die Beziehungen zur Bundesrepublik intensiviert.[1] Doch die ideologische „Verwandtschaft" zwischen dem konservativen, Karamanlis-nahen Lager und den (deutschen) christlich-demokratischen Parteien reichte nicht aus, um eine erfolgreiche organisatorische Kooperation in die Wege zu leiten, die erst nach dem Ende der Obristen-Diktatur in Griechenland (1967-1974) einen offiziellen Charakter annahm.[2] Die Schwierigkeiten einer transnationalen Zusammenarbeit gingen nicht etwa auf eine Abneigung Karamanlis' gegen konfessionelle Parteien zurück, sondern auf die mangelnde Kooperationsbereitschaft der damaligen griechischen Parteien, die sich sowohl im Inneren als auch international niederschlug.

Gestützt auf dem Archiv der Konrad-Adenauer-Stiftung (KAS) werde ich die Beziehungen zwischen der CDU und der Nea Dimokratia nach 1974 beleuchten aber auch der Frage der Kooperation zwischen griechischen Exilanten und deutschen politischen Persönlichkeiten während der Obristen-Diktatur nachgehen, auch im Vergleich zur offiziellen Bonner Politik gegenüber Athen. Den Kern dieser partnerschaftlichen, produktiven parteilichen Verbindung zu ergründen, wird das zentrale Anliegen meines Beitrags sein.[3]

Während der Obristen-Diktatur in Griechenland (1967-1974) gingen führende Persönlichkeiten der seit April 1967 verbotenen politischen Parteien ins Exil, etwa nach Großbritannien, Frankreich und in die Bundesrepublik. Ihr oberstes Ziel war die Wiederherstellung von Parlamentarismus und Demokratie. Insbesondere die Bundesrepublik, wo viele griechische Gastarbeiter lebten, entwickelte sich zum Brennpunkt antidiktatorischer Agitation gegen das Athener Militärregime: Unter anderem wurden öffentliche Veranstaltungen organisiert, in denen sich griechische Exilpolitiker aller politischer Couleur – entweder sozialistisch geprägt (wie A. Papandreou und Melina Merkouri) oder auch liberal ausgerichtet

---

1   Dimitrios K. Apostolopoulos, *Die griechisch-deutschen Nachkriegsbeziehungen. Historische Hypothek und moralischer Kredit. Die bilateralen politischen und ökonomischen Beziehungen unter besonderer Berücksichtigung des Zeitraums 1958-1967* (Frankfurt/M.: Peter Lang Verlag, 2004), pp. 235-246 und Katerina Králová, *Das Vermächtnis der Besatzung* (Köln: Böhlau Verlag, 2016).

2   Die Basis hierfür lieferte Karamanlis' europäische Vision der westlichen Integration Griechenlands, die schließlich über die Assoziierung mit der Europäischen Wirtschaftsgemeinschaft (1961) zur Vollmitgliedschaft (1981) führte. S. Evanthis Chatzivasileiou, "Security and the European Option: Greek Foreign Policy, 1952-1962", *Journal of History* 30/1 (1995), pp. 187-202 und Konstantina Botsiou, *Griechenlands Weg nach Europa: Von der Truman-Doktrin bis zur Assoziierung mit der Europäischen Wirtschaftsgemeinschaft, 1947-1961* (Frankfurt/M.: Peter Lang Verlag, 1999). Außerdem Eirini Karamouzi, *Greece, the EEC and the Cold War 1974-1979. The Second Enlargement* (New York: Palgrave Macmillan 2014).

3   Bedanken möchte ich mich ganz besonders bei Dr. Vaios Kalogrias (Universität Mainz) der mir Materialien aus dem „Archiv für Christlich-Demokratische Politik" (CDP) der Konrad-Adenauer-Stiftung (KAS) zur Verfügung gestellt hat. Sehr wertvoll zu dieser Thematik ist außerdem folgender Beitrag von Vaios Kalogrias, "Ta germanika kommata kai i elliniki metapolitevsi: oi scheseis tis SPD kai tis CDU me to PASOK kai ti Nea Dimokratia (1974-1981)", in: Nikos Marantzidis, Iakovos Michailidis, Evanthis Hatzivassiliou (Hrsg.), *I Ellada kai o Psichros Polemos. Epekteinontas tis ermeinies* (Thessaloniki: Epikentro Verlag, 2018), pp. 237-244.

(wie Konstantinos Mitsotakis) – auftraten und sich um eine Zusammenarbeit mit den politischen Kräften des jeweiligen Gastlandes bemühten.[1]

Mit großem persönlichem Ehrgeiz verfolgte auch der Journalist und spätere Politiker Pavlos Bakojannis die Entwicklung und den Sturz der Militärdiktatur, ohne jedoch die Auseinandersetzung mit den Obristen als Sprungbrett für eine schnelle politische Karriere auszunutzen. Als Chefredakteur des griechischen Programms im Bayerischen Rundfunk (BR) machte er sich international einen Namen mit seiner kritischen Berichterstattung über die Militärdiktatur. Er nahm alle verfügbaren Nachrichten aus Griechenland ins Programm auf und baute nicht nur ein enges Verhältnis zu griechischen Exilpolitikern in ganz Europa auf, sondern auch zur griechischsprachigen Redaktion der Deutschen Welle, in der sich u.a. der Doktorand Karolos Papoulias, der spätere griechische Staatspräsident, als politischer Kommentator betätigte. Während der Junta lernte Bakojannis in Paris seine spätere Frau Dora Mitsotakis, die Tochter des späteren Vorsitzenden der konservativen Nea Dimokratia, Konstantinos Mitsotakis, kennen, der ihn gegen Ende der achtziger Jahre dazu überredete, in die Politik einzusteigen.[2]

Exemplarisch für die Haltung der westdeutschen Politik – vor allem während der Großen Koalition unter Kiesinger – ist der sehr starke Gegenwind, den Bakojannis vom konservativen Flügel der CDU und der CSU erfuhr, die sich in ihrer Kompromissbereitschaft gegenüber der Obristen-Diktatur auf das sogenannte „Ausnahme-Argument" (Alexander Clarkson) beriefen. Demzufolge waren spezifische kulturelle Faktoren im Mittelmeerraum und auf dem Balkan für die Etablierung einer "stabilen" (also antikommunistischen) Demokratie hinderlich gewesen;[3] daher würde die autoritäre Regierungsform einen Ausweg bieten. Gleichzeitig wurden der Bundesregierung seitens der griechischen Junta drakonische politische und wirtschaftliche Maßnahmen angedroht, falls sie jegliche Kritik vom griechischen Ausländerprogramm des "kommunistisch infiltrierten" Bayerischen Rundfunks nicht zum Schweigen bringen würde.[4]

Doch auch nach dem Antritt Willy Brandts als Außenminister und dann als Bundeskanzler musste die Bundesregierung einerseits den Beschwerden der westdeutschen Wirtschaft über eventuelle harte Maßnahmen gegen die Athener Junta Rechnung tragen und andererseits der eigenen Position zugunsten Südosteuropas mit der Staatsräson vereinbaren.[5]

Trotz der Ressentiments gegen die gegenüber der Militärdiktatur neutral gebliebenen USA und mancher westlicher Regierungen konnte Karamanlis, der nach dem Zusammenbruch des Obristen-Regimes im Sommer 1974 nach Griechenland zurückberufen wurde, eine antiwestliche Stoßrichtung griechischer Politik verhindern und das parlamentarische System stabilisieren. Zeitgleich fanden die ersten Kontakte zwischen griechischen und christlich-demokratischen Politikern statt, die auf eine Initiative der "Europäischen Union Christlicher Demokraten" (EUCD) zurückgingen, mit dem Ziel, sie bei der sich bereits An-

---

1   S. Apostolopoulos, Nachkriegsbeziehungen und Ders., "Oi oikonomikes scheseis Elladas-Germanias. Meta to B' Pagkosmio Polemo", in: Evangelos Chrysos, Wolfgang Schultheiß (Hrsg.), *Orosima ellino-germanikon scheseon* (Athen, 2010), pp. 277-292. Ferner Ilias Katsoulis, "Dimokrates kata Syntagmatarchon: Ellines sti Germania apo to 1967 eos to 1974", in: Chrysos, Schultheiß, *op. cit.*, pp. 293-300.

2   Nikos Papanastasiou, "To Elliniko Programma tis Bavarikis Radiofonias kai i exelixi ton ellino-germanikon scheseon (1967-1974)", in: Stratos N. Dordanas, Nikos Papanastasiou (Hrsg.), *O "makrys" ellinogermanikos eikostos aionas. Oi mavres skies stin istoria ton dimeron scheseon* (Thessaloniki: Epikentro Verlag, 2018), pp. 381-390. Außerdem Roberto Sala, *Fremde Worte. Medien für „Gastarbeiter" in der Bundesrepublik im Spannungsfeld von Außen- und Sozialpolitik* (Paderborn, 2011), p. 105ff. und Alexis Papachelas, *O Konstantinos Mitsotakis me ta dika tou logia, 1942-1974*, Bd. 1 (Athen: Papadopoulos, 2017).

3   Alexander Clarkson, *Fragmented Fatherland. Immigration and Cold War Conflict in the Federal Republic of Germany 1945-1980* (New York-Oxford: Berghahn Books, 2013), p. 124.

4   Sala, *op.cit.*, p. 157

5   *Ibidem.*

fang 1974 abzeichnenden Rückkehr Griechenlands zur Demokratie zu unterstützen. Konkrete Informationen zu den Möglichkeiten einer Zusammenarbeit der CDU mit griechischen Politikern ergaben sich aus der Fühlungnahme des langjährigen Adenauer-Sekretärs und Diplomaten, Dr. Heinrich Böx, mit führenden Vertretern des bürgerlichen Lagers wie Außenminister G. Mavros und Verteidigungsminister E. Averoff. Kurz nach dem Fall der siebenjährigen Junta, also im August 1974, äußerte sich Böx in seinen Berichten vorsichtig pessimistisch über die Entschlossenheit der führenden griechischen Politiker, den Aufbau von Parteien im "westeuropäischen Sinne - mit einer demokratischen Struktur und einem verbindlichen Programm" zu unterstützen beziehungsweise sich von der Tradition der Klientelparteien ("Gruppierungen, die sich um führende Persönlichkeiten bildeten") zu distanzieren. Bei der Zusammenkunft mit Böx gaben die engen Vertrauten von Karamanlis auch erste Informationen über die Planungen zur Umstrukturierung des konservativen Lagers preis. [1]

Karamanlis' Ansehen spielte eine wichtige Rolle für die Gründung der Partei "Nea Dimokratia" im September 1974. Der Name steht für "Neue Demokratie". Wie der CDU-Repräsentant zu hören bekam, war das nicht einfach. Karamanlis hatte nicht vor, die Reste der ehemaligen konservativen Partei "National-Radikale Union" (ERE) zusammenzutragen, sondern eine große Sammlungsbewegung der Mitte samt einem linken Flügel – "der sich weiter links als irgendeine Richtung in der CDU placieren würde" – zu gründen. Obwohl diese Aussage eigentlich nur den Versuch reflektierte, dem Linksruck in Griechenland – infolge eines ständig anschwellenden Antiamerikanismus wegen der Haltung Washingtons gegenüber der Junta und der Zypern-Krise – bei den anstehenden Wahlen im November 1974 Rechnung zu tragen, dürfte sie bei Böx für kurzzeitige Verwirrung gesorgt haben. Erst auf seine Nachfrage, welche Partei oder Gruppierung mit den christdemokratischen Parteien Europas beziehungsweise der CDU zusammenarbeiten würde, antworteten Karamanlis enge Mitarbeiter (Mavros, Averoff), dass diese Partei die Nea Dimokratia sei. [2]

Böx lag in seiner Prognose kurz vor den ersten Wahlen nach dem Fall der Junta im November 1974, bei denen die Nea Dimokratia mit 55 Prozent der Stimmen triumphierte, dass die CDU nicht nur für den demokratischen Aufbau im Nachkriegsdeutschland, sondern für ihre Rolle in Europa, "eine besondere Möglichkeit des Mitwirkens am politischen Prozeß in Griechenland" hatte, richtig. Doch wegen des Abbruchs der Kontakte der CDU zum konservativen Lager in Griechenland während der Junta konnte sich die deutsche Seite nur schwer ein Bild von der neuen griechischen Parteienlandschaft machen, denn man brauchte Zeit, um gegenseitiges Vertrauen aufzubauen. Nach den ersten freien Parlamentswahlen zögerten sich zunächst sowohl die Europäische Union Christlicher Demokraten als auch die CDU mit der Nea Dimokratia zusammenzuarbeiten. Böx gab zu diesem Zeitpunkt noch an, dass die "Neue Demokratie" noch wenige Konturen habe und dass "das Programm der Neuen Demokratie Karamanlis heißt". Außerdem stellte er fest, dass "die Neue Demokratie in der CDU/CSU eine Partei sieht, die ihr nahe steht [...]", doch "den Griechen sind konfessionelle Parteien fremd. Doch die CDU/CSU steht im Geruch, ausschließlich katholisch zu sein". [3]

Da nur Verteidigungsminister Averoff "über alte Beziehungen zur CDU verfügte und ihr in wesentlichen politischen Themen nahe stand"[4], hat die Konrad-Adenauer-Stiftung eine Delegation der griechischen Regierungspartei, angeführt von Präsidialminister G. Ral-

---

1 KAS, ACDP, Bd. 07-0116017, Dr. Heinrich Böx, Zur Lage in Griechenland. Bericht über eine Reise im Auftrag der UEDC, Bonn, September 1974.

2 *Ibidem.*

3 KAS, ACDP, Bd. 07-0116017, Dr. Heinrich Böx, Zur Lage in Griechenland. Bericht über eine Reise im Auftrag der UEDC, Bonn, 3.2.1975,

4 *Ibidem.*

lis (unter Beteiligung von vier Abgeordneten: George J. Asteriades, Zacharias G. Kratsas, John V. Fikioris, Anna Synodinou Marinakis,) im Februar 1975 nach Bonn eingeladen, was als erster offizieller Annäherungsversuch der CDU eingestuft werden kann.[1] Auf der Tages-ordnung stand offiziell – außer die Möglichkeit eines deutschen Beitrages zur Lösung des Zypernkonflikts auszuloten – das Problem der deutschen Waffenlieferungen an unterein-ander verfeindete NATO-Partner. Doch als wichtiges Anliegen galt zumindest für das Büro für Auswärtige Beziehungen der CDU "die Erarbeitung eines CDU-Hilfsprogramms für die Nea Democratia (sic)", zieht man die Defizite in der Parteistruktur beziehungsweise Par-teiorganisation der griechischen Schwesterpartei in Betracht, die unumwunden beschrieben werden: *"Die Partei Nea Democratia besteht vor allem aus Karamanlis, dann aus ihren Abgeordneten im Parlament und dann - vielleicht aus den Wählern"*. Dies obwohl die grie-chische Seite stets ihr Interesse bekundet hatte, die Hilfe der Konrad Adenauer beziehungs-weise der Hanns-Seidel-Stiftung "hinsichtlich Parteiorganisation, Kaderschulung, allgemei-ner politischer Bildung und Mobilisierung, vor allem der Jugendlichen" in Anspruch zu nehmen. Doch obwohl man feststellte, dass durch den Besuch "Ansatzpunkte für einen Be-such zwischen den beiden Parteien geschaffen wurden"[2] und man sich auf griechischer Sei-te Unterstützung seitens der CDU bei den Bemühungen Griechenlands EG-Mitglied zu wer-den erhoffte, ging "die Nea Dimokratia in eine längere Phase selbstgewählter Isolation", die eine internationale Parteienzusammenarbeit ausschloss.

Die Gründe hierfür lagen in der Tatsache, dass die Nea Dimokratia sehr stark auf die Persönlichkeit von Karamanlis zugeschnitten war und sich zumindest über die ersten Jahre hinweg als Sammelpartei definierte und sich deshalb einer bestimmten Parteienfamilie, konservativen oder christlich-demokratischen, anzuschließen weigert. Außerdem wusste der deutsche Botschafter Dr. Dirk Oncken im Oktober 1975 zu berichten, dass "die CDU hier ungerechtfertigterweise den Ruf einer Rechtspartei genießt […]. Deshalb befürchtet man, dass der organisatorische Zusammenhang den Eindruck einer Rechtsorientierung der Nea Dimokratia hervorrufen würde".[3]

Außerdem fürchtete Karamanlis, dass "eine klare Zuordnung zu einer politischen Partei-engruppe in Europa Griechenlands Chancen in den Beitrittsverhandlungen beeinträchtigen" würde, da man "auf das Wohlwollen aller Parteienformationen im Verhandlungsprozeß an-gewiesen sei". Hier dürfte das gute Verhältnis zum damaligen Kanzler Helmut Schmidt ei-ne Rolle gespielt haben, der sein Vertrauen auf die "Ehrlichkeit" und "Offenheit" Karaman-lis' innerhalb der EG mit seinem Einsatz für die baldige Aufnahme Griechenlands belohnte und Ende 1975 sogar Athen besuchte.[4]

Doch obwohl Botschafter Oncken Heinrich Böx Ende 1975 dazu ermutigte, Athen er-neut zu besuchen, um "auf die Beteiligten direkt einzuwirken", sollte es drei weitere Jahre dauern, bis im Anschluss an die Sitzung des parlamentarischen Assoziationsausschusses EWG-Griechenland, der Vorsitzende der CDU-Fraktion Dr. Egon A. Klepsch, der Vizeprä-

---

1   KAS, ACDP, Bd. 07-0116079, Büro für Auswärtige Beziehungen CDU, Bericht über den Besuch einer griechischen Delegation vom 23.bis 28. Februar 1975.
2   *Ibidem.*
3   KAS, ACDP, Bd. 07-0116073, Dr. Dirk Oncken an CDU-Büro für Auswärtige Beziehungen – Herrn Botschafter a. D. Dr. Heinrich Böx, 27.10.1975, Obwohl Dr. Oncken seit 1970 Leiter des AA-Planungsstabes im Range eines Ministerialdirektors beziehungsweise Generalstabschef von Außenminister Walter Scheel war, wurde er im Juli 1972 als Nachfolger des kurz zuvor auf Wunsch der griechischen Regierung abberufenen Botschafters Peter Limbourg zum Botschafter der Bundesrepublik Deutschland in Griechenland ernannt, da bekannt war, das er die Ostpolitik ablehnte und "die völkerrechtliche Anerkennung der DDR für undenkbar" hielt. "Der Grad von Opportunismus ist ungeheuer", in: *Der Spiegel* 15 (1972), p. 30.
4   Griechenland erhielt die gewünschten U-Boote. Helmut Schmidt, *Die Deutschen und ihre Nachbarn*, Bd. II (Hamburg: Siedler Verlag, 1999), p. 406.

sident des Assoziationsausschusses EG-Griechenland Ferruccio Pisoni und der Vizepräsident des Europäischen Parlaments, Dr. Hans A. Lücker, auf die Bereitschaft der ND stießen, sich mit führenden Persönlichkeiten aus der griechischen Politik und Wirtschaft ausgiebig auszutauschen.[1]

Das Timing für ein Treffen der CD-Fraktion konnte nicht besser sein, denn durch die Schlusserklärung sowohl des griechischen als auch des europäischen Parlaments wurde Athen ein Betritt zur Europäischen Gemeinschaft bereits am 1. Mai 1980 angeboten, was Karamanlis nunmehr erlaubte, sich mit der Umstrukturierung seiner Partei zu beschäftigen und mit den konservativen europäischen Parlamentsfraktionen und Parteien zusammenzuarbeiten. Besonders gewürdigt wurde von deutscher Seite Karamanlis' Versuch – trotz der 12%igen Einbußen in den Wahlen im November 1977 (54,37%, 1974 gegenüber 41,84, 1977) –, seine Partei neuen Kräften zu öffnen. Begrüßt wurde die Erweiterung der Nea Dimokratia – die in deutschen Berichten immer noch als Karamanlis-Partei bezeichnet wurde – Richtung liberales Zentrum mit der Aufnahme der von Konstantinos Mitsotakis neugegründeten "Neo-Liberaler Partei", um auf die sich abzeichnende Polarisierung der politischen Szenerie in Griechenland wegen dem stetigen Zuwachs der "Panhellenischen Sozialistischen Bewegung" (PASOK) gewappnet zu sein. Die innenpolitische Konsolidierung der Nea Dimokratia erlaubte es Karamanlis, eine positivere Haltung gegenüber einer internationalen Zusammenarbeit einzunehmen, wie die Gründung einer internationalen Kommission der Nea Dimokratia im Februar 1978 – unter dem Vorsitz von Louys, Generalsekretär der Kommission war Professor Stratigis – zeigte. Obwohl Karamanlis aus Angst vor einer Beeinträchtigung der Beitrittsverhandlungen Bedenken gegen eine "einseitige" internationale Verankerung der ND hatte, ergab sich nun die Möglichkeit, die "Belebungsmöglichkeiten" zwischen der CDU und der ND "behutsam" zu sondieren. Als ein wichtiger Schritt in diese Richtung wurde deutscherseits eine für den Herbst 1978 anberaumte "Zusammenkunft von Bevollmächtigten beider Parteien" eingeleitet, die "Umfang" und "Einzelheiten" festlegen würde. Das Organisieren dieser "Zusammenkunft" wäre leichter gewesen, wenn Dr. Helmut Kohl die Einladung von Ministerpräsident Karamanlis zu einem Besuch in Athen wahrgenommen hätte.[2]

Obwohl die positiven Ausgangsbedingungen für eine bilaterale Zusammenarbeit zwischen der Nea Dimokratia und der CDU überwogen und gleichzeitig eine multilaterale Anbindung der griechischen Partei an EVP und EDU (Europäische Demokratische Union) vorsahen, gab es aufgrund von Kontakten der CDU mit "rechts von der Nea Dimokratia stehenden Politikern" einige Verstimmungen bei Kreisen der Nea Dimokratia. Obwohl die Zusammenarbeit zwischen der Nea Dimokratia und der CDU offiziell "besiegelt" wurde, wollte man seitens der CDU und der EVP der griechischen Schwesterpartei noch etwas Zeit gewähren, um "intern Überzeugungsarbeit zu leisten", und im Rahmen des Möglichen "die Nea Demokratia vorerst nicht öffentlich als ihren Partner in Anspruch nehmen". Gleichzeitig sollte auf Wunsch des griechischen Partners die CDU Überlegungen anstellen, wie man die rücksichtslose antieuropäische Demagogie der PASOK als Lehrbeispiel der "rücksichtslosen Haltung des europäischen Sozialismus" einer breiteren europäischen Öffentlichkeit zugänglich machen konnte. Anlass für eine publizistische Aktion in Form von Zeitungsartikeln bot die Teilnahme des griechischen Sozialistischen-Führers an einer "anti-imperialistischen Veranstaltung" in Bremen.[3]

---

1 KAS, ACDP, Bd. 07-0116073, Hans Lücker, CD-Fraktion zu politischen Gesprächen in Athen.

2 KAS, ACDP, Bd. 07-001 16650, Büro für Auswärtige Beziehungen, Dr. Henning Wegener, Zusammenarbeit mit der Neuen Dimokratia. Besuch einer CDU-Delegation in Athen (20.-23.11.78), Bonn 24.11.1978.

3 *Ibidem.*

Im Anschluss an die Offerte der CDU zu einer engeren "Parteizusammenarbeit" fand zwischen dem 20.-23. November 1978 der erste Delegationsbesuch von CDU-Abgeordneten (Dr. Lenz, Dr. Stercken, Klinker und Alber) und des Leiters des CDU-Büros für Auswärtige Beziehungen (Dr. Henning Wegener) nach einer offiziellen Einladung der Nea Dimokratia. Mit der Ausnahme von Karamanlis, der noch der "gaullistischen Konzeption des von populärer Akklamation getragenen Volksführers" anhing, war die übrige Parteiführung der Nea Dimokratia bereit, sich nicht nur der europäischen Parteienwelt zu öffnen, sondern sich auch den organisatorischen Aufgaben einer modernen Volkspartei zu stellen.[1]

Das Hauptziel der ND war es, durch den Kontakt mit der CDU "ihren ideologischen Ansatz zu verfeinern", um der Tätigkeit der PASOK Paroli zu bieten und Hilfe von der CDU in Sachen Öffentlichkeitsarbeit zu erhalten, damit Karamanlis' Beitrittspolitik der griechischen Bevölkerung verständlich gemacht werden würde. Die CDU versprach unter anderem die "Entsendung eines europakundigen Experten, der an der Zusammenstellung entsprechender Argumente und an der Erarbeitung entsprechender Broschüren und Faltblätter" helfen und gemeinsame Seminarveranstaltungen mit Programmdiskussion organisieren würde. Ebenso geplant wurden die Beobachtung des Europa-Wahlkampfes der CDU durch Vertreter der ND und die Entsendung eines Vertreters der Konrad-Adenauer-Stiftung nach Athen.[2]

Ein Jahr vor den griechischen Parlamentswahlen im Oktober 1981, die das Ende der Karamanlis-Ära einläuteten, zeichnete sich der griechische Ministerpräsident durch die weiterhin fehlende Bereitschaft zur internationalen Parteienzusammenarbeit, für die man deutscherseits dessen "plebiszitär-nationalistische Staatsauffassung" verantwortlich machte. Als sich die konservative, liberale und christlich-demokratische Parteienfamilie um eine künftige Zugehörigkeit der Nea Demokratia zu ihrer Fraktion im europäischen Parlament bemüht hatte, hatte es von der ND zunächst hinhaltende Antworten gegeben, vor allem aus Angst vor Einbußen bei den anstehenden Europa- und Parlamentswahlen im Herbst 1981. Die CDU-Repräsentanten (unter anderem Dr. Klepsch), die sich erneut in Athen aufhielten, plädierten aus diesem Grund für eine "geduldige und taktvolle Behandlung" der Nea Dimokratia in den nächsten Monaten, zumal sich ein Betritt der ND zur EVP-Fraktion abzeichnete, was einen jahrelang geplanten Durchbruch in Richtung Aufnahme der ND ins europäische Parteiensystem bedeuten würde.[3]

Die Erneuerung des griechischen politischen Systems nach dem Fall der Junta bedeutete nicht, dass die Führung der konservativen Nea Dimokratia von der Notwendigkeit eines Kurswechsels in Richtung einer modernen Massenpartei mit einer funktionsfähigen Parteiorganisation als unabdingbare Voraussetzung für politische Dominanz und ideologische Klarheit überzeugt war. Die Schwierigkeiten und Unzulänglichkeiten in der Zusammenarbeit zwischen der ND und der CDU gingen auf diese Ambivalenz Karamanlis' zurück, der glaubte, dass sich fehlende innenpolitische Reformen durch außenpolitische Erfolge (EG-Beitritt seines Landes) und seinen politischen Nimbus überdecken ließen – anstatt mit Hilfe europäischer Schwesterparteien einen organisatorischen und ideologischen Neuanfang in die Wege zu leiten. Eine Beteiligung an europäischen Zusammenschlüssen und eine enge Zusammenarbeit der Nea Dimokratia mit christlich-demokratischen Parteien ergaben sich in den achtziger Jahren, als K. Mitsotakis versuchte, die Dominanz der 1981 an die Macht ge-

---

1 KAS, ACDP, Archiv für Christlich-Demokratische Politik (ACDP) Sankt Augustin, Bd. 07-001 160607, Dr. Henning Wegener, Zusammenarbeit mit der Nea Dimokratia. Besuch einer CDU-Delegation in Athen (20.-23.11.1970).

2 *Ibidem.*

3 KAS, ACDP, Bd. 07-00116183, Dr. Henning Wegener, Büro für Auswärtige Beziehungen. Besprechungen mit Herrn Dr. Mock am 21.10.1980, 17. Oktober 1980.

langte PASOK zu brechen und dabei auch von seinem engen Verhältnis zu Helmut Kohl profitierte.[1]

---

1 Nikos Papanastasiou, "I germaniki epanenosi ston evropaiko kai elliniko Typo", in: Marantzidis, Michailidis, Chatzivasileiou, *op. cit.*, pp. 248-250. S. noch Kalogrias, *op. cit.*, p. 244.

THE FAILED FORCING OF THE DARDANELLES ON 18 MARCH 1915 AND ITS CONSEQUENCES[1]

Heinz A. Richter

The Dardanelles or the Straights are one of the two narrow passages of the waterway from the Aegean Sea to the Black Sea. The other is the Bosporus in Istanbul which was called Constantinople still then, in WWI. The Dardanelles are 65 kms long shaped like a funnel. The entrance of the Dardanelles in the West is 6 kms wide but the narrowest part at Canakale measures only 1,3 kms. The average water depth is 50 metres. At the surface there is a strong current from the Black Sea towards the Aegean which reaches 8 kilometres per hour at the narrower areas. As the Mediterranean level of salinity is higher than that of the Black Sea there is a strong undercurrent in the opposite direction. The surface current is the reason why from antiquity until the invention of the steamships sailing ships had to wait for a strong southwestern wind to be able to pass the straits. Ancient Troy was the most famous place where these ships were waiting. But even steamships needed a strong engine to cope with the strong current. Many of the fishing trawlers which during the operations in the Dardanelles were used to sweep the mines did not have strong enough engines and could not breast the current. The current was so strong that it even dislocated big warships which would have been obliged to anchor so as to precisely aim and hit with their artillery. But anchoring was impossible because of the Turkish artillery on shore.

The first effort to force the Dardanelles by a purely naval operation was made on 19 February 1807. As there are astounding parallels with the operation on 18 March 1915 we will first have a look at the operation of 1807. Exactly as a hundred years later the Russians asked the British for help. In 1807 the British were to keep the Turks from entering the war on the side of Napoleon. The British minister demanded that the Ottoman Government should expel the French envoy who was pressing the Turks to enter the war on the French side and threatened that otherwise the British Mediterranean fleet would attack. The Sultan was not impressed by this threat and declared war on Russia on 30 December 1806.

London reacted by assigning the command of the fleet, which consisted out of 8 warships and 4 frigates, to Admiral Duckworth. The Admiral was to force the Dardanelles, bombard Constantinople and capture the Turkish fleet.

On 10 February 1807 the English fleet was at the island of Tenedos waiting for a strong southwesterly wind. When this came on 19 February Duckworth sailed with his ships into the Straits. The forts at the entrance fired at the ships but did not cause any damage because the Ottoman defence fortifications were in a desolate state. Additionally the forts were under-staffed because of Ramadan. Among the guns which were firing was even a bronze gun which had been used in 1450 during the siege of Constantinople. The fleet entered the sea of Mamara where it had a short encounter with a part of the Ottoman fleet. Some small ships were sunk but most of them managed to escape towards Constantinople. Because the English ships were fired at from newer forts Duckworth sent a landing party of Marines ashore to destroy the guns. The marines succeeded in a rather limited way but captured two guns. The battle of the Marmara Sea cost the British 10 dead and 77 wounded.

Duckworth continued his sail towards Constantinople and cruised the Eastern Marmara Sea waiting for a showdown with the Turkish fleet which did not appear, however. Thus he refrained from bombarding Constantinople and on 2 March he turned back. As he was sai-

---
1 This study is based on Heinz A. Richter, *Der Krieg im Südosten. Bd. 1 Gallipoli 1915* (Ruhpolding: Rutzen, 2013).

ling through the Dardanelles the forts now fully manned fired at the passing ships. The fleet had 29 dead and 138 wounded. On 3 March Duckworth arrived atTenedos again.

The whole operation was a failure. Since this was never openly discussed and admitted the impression remained in the heads of the planners of the British admiralty that one could force the Dardanelles by a purely naval operation. In 1836, however, the "older Moltke" wrote clear sightedly: *"The moment when the artillery will be put in order no inimical fleet can risk to sail up the Straits; one would be obliged to debark troops and attack the batteries at their throat."[1]* This meant clearly an amphibious operation.

But let us have a look now at the second attempt to force the Dardanelles on 18 March 1915.

If the attack had been a surprise attack prepared in full secrecy there might have been a vague chance for success but the British warned the Turks in early November 1914. Towards the end of October the two former German war ships *Goeben* and *Breslau* had bombarded Russian Black Sea harbours and thus forced Turkey into the war on 1 October 1914.

This infuriated the First Lord of the Admiralty, Winston Churchill, so much that on this very day he ordered the Commander-in-Chief of the Eastern Mediterranean Fleet, Admiral Carden, to bombard the forts at the entrance to the Dardanelles but advised him to take no risk and remain outside the range of the Turkish artillery.

On 3 November British and French warships shelled the forts. Seventy-six shells of the heavy ship artillery were fired. Accidentally a shell hit an old powder magazine which blew up and killed 65 soldiers. One Turkish gun was destroyed by chance in one fort; the other five of the battery remained intact. The Allies believed that this fort had been destroyed and its artillery destroyed. In the Navy they became convinced that they could destroy the forts with the modern long range artillery of the war ships. They forgot the fact that in the history of war it had always been the other way round, i.e., land artillery was more precise than ship artillery.

They believed that they could destroy fortifications by ship artillery. This belief was increased by the fact that the Germans had succeeded in destroying modern concrete fortifications in Belgium by artillery fire. Nobody understood the fact that these destructions had been achieved by the steep angle fire of howitzers. But shells of the naval artillery follow a flat trajectory. Only if they hit a vertical obstacle, e.g., a ship's side did they develop their full power. Naval artillery has by far a greater range than land artillery but it does not have the necessary accuracy to destroy fortifications and the striking angle of shells fired by a naval gun was simply wrong and thus inefficient. But these wrong suppositions were the cause of failure when Churchill tried to force the Dardanelles by a purely naval breakthrough.

The military leaders of the Admiralty were horrified. The Commander-in-Chief of the Royal Navy spoke of an unforgivable error. Others used the expressions lunacy and irresponsible because the bombardment had alarmed the Germans and the Turks and had caused them to strengthen the fortifications of the Dardanelles. In reality Admiral Souchon had begun this strengthening much earlier because he had expected such an attack there.

In December 1914 the Russians suffered badly under the Turkish attacks in the Caucasus and asked London whether the British could not start a diversionary attack in the Aegean. Churchill and Secretary of State for War Kitchener discussed the possibilities. An occupation of Constantinople would certainly be helpful but troops would be needed for this enterprise which were not available. A demonstration of the fleet in front of the Dardanelles would provoke the Turks even more. The answer to the Russians was dilatory.

Though Churchill knew that an operation against the Dardanelles was reasonable as an amphibious operation he wanted to know from Admiral Carden whether it would be

---

1   Helmuth von Moltke, *Briefe über Zustände und Begebenheiten in der Türkei aus den Jahren 1835 bis 1839* (Berlin: Mittler, 1911), p. 100.

possible to force the Dardanelles with the old warships if the mines were swept. On 5 January Carden answered: *"I do not consider Dardanelles can be rushed. They might be forced by extended operation with large number of ships."*[1] Obviously Carden excluded a quick breakthrough but he did not specify what he meant with an "extended operation.." At the meeting of the Highest War Council nobody was for an attack on the Dardanelles, but the staff of the Royal Navy was for an extended operation provided army units participated in it. The fortifications of the Dardanelles were to be destroyed by gunfire piece by piece. Obviously the wrong conclusion had been drawn from the bombardment of 3 November.

On 6 January Churchill encouraged Carden in a diligently worded telegram to state more clearly his ideas: *"Your views* are *agreed with high authority here. Please telegraph in detail what you think could be done by extended operation."*[2] Churchill let it be understood that London agreed with Carden's plans but wanted details and explanations about Carden's "extended operation" but he had no concern.

Kitchener made it clear once more that the Dardanelles could only be conquered by an amphibious operation for which one needed 150,000 men which were not available. But in the meantime Churchill was ready to consider a purely naval operation provided Carden submitted a plan which could be realized.

On 12 January Carden's answer arrived which did not contain one critical elements. He suggested a four- stages plan which described how the forts were to be overpowered, the mobile artillery destroyed, the minefields swept, the breakthrough into the Marmara Sea achieved and the advance towards Constantinople begun. Three battle cruisers, 12 battle ships, 3 light cruisers, 16 destroyers and 3 submarines as well as some supply ships were necessary for the operation. The operation could begin in one month.

Carden's plan triggered euphoric storms of enthusiasm in London. The Navy would conduct the decisive stroke against the Turks. No British troops would be withdrawn from France. All the capital ships which Carden wanted to use stemmed from the pre-dreadnought time and were scheduled for scrapping. But in this operation they would render a last good service. On 12 January the Admiralty agreed to the plan and decided that Britain's most modern battleship of the dreadnought class, *Queen Elizabeth*, should participate in the operation in order to adjust her guns. French warships would join in the operation.

Churchill was jubilant. *"The forcing of the Dardanelles as proposed, and the arrival of a squadron strong enough to defeat the Turkish fleet in the Sea of Marmara , would be a victory of first importance, and change to our advantage the whole situation in the East."*[3] Detailed plans should be worked out. Nobody objected - except the second man in the Navy, Admiral Fisher who wrote on 25 January that he did not agree with the operation: *"Even older ships should not be risked for they cannot be lost without losing men."*[4] On 28 January he wrote to Prime Minister Asquith that a purely naval operation would lead to senselss losses. The Dardanelles could only be conquered by an amphibious operation by the Army and Navy. Then he declared his resignation as First Sea Lord. But Churchill persuaded him to stay at his post.

Fisher described how Churchill managed to keep him in his post: *"He always out-argues me. I am sure that I am right, but he is always convincing me against my will. I hear him talk and he seems to make difficulties vanish, and when he is gone I sit down and write him a letter and say I agree. [Later I] write him another letter and say I don't agree, and so it goes on."*[5]

---

1   Winston Churchill, *The World Crisis 1911-1918* Vol.I (London: Odhams Press, 1938) p. 533.
2   *Ibidem*, I, p. 534.
3   *Ibidem*, p. 541f.
4   *Ibidem.* pp. 581-584.
5   Robert Rhodes James, *Gallipoli* (London: Batsford, 1965), p. 37.

Later there were more and more critical voices which rejected a purely naval operation, and Kitchener refused to send even one division to the Dardanelles.

The Dardanelles themselves were rather packed with fortifications. At the entrance there were several forts on the European as well as the Asiatic shore. The forts had four batteries with 20 guns of different caliber from 13 to 20 centimetres. They were old guns without rapid fire equipment and only little range. Only four guns had a range of 15 kilometres. Further down the funnel were more fortifications on both shores. At the narrowest point there were even more forts and barrage batteries. The fortifications stemmed from the time of the Russian-Turkish war of 1877-78 and were built out of masonry and earth walls. The gun stood in the open air and there was no concrete surrounding it. Even the ammunition was scarce.

When the war broke out the fortifications were in deplorable condition. Admiral Souchon and General Liman von Sanders insisted that they were whipped into shape. Admiral Usedom controlled the reconstruction. In September a heavy howitzer regiment arrived under the command of colonel Wehrle. It became the mobile defence of the minefields before the narrowest point. The minefields were increased and mines of all warring nations were used which had been fished up. There was no Turkish mine production. The warships *Goeben* and *Breslau* released some 15 cm rapid fire guns for the use in the fortifications. German sailors and officers trained the Turkish crews of the forts. There was even an anti-submarine net out of steel cables which had been fetched from Turkish mines. Improvisation was everywhere. At the same time Souchon and Liman von Sanders were convinced that in view of the minefields and the artillery a forcing of the narrows was impossible. In their opinion only an amphibian operation with a lot of troops might break through.

On 19 February Admiral Carden began with the first phase of the forcing, i.e., the bombarding of the outer forts at the entrance of the Dardanelles. As the current impeded the precision of the bombardment he ordered the ships to anchor outside the entrance of the Dardanelles. Luckily this took place outside the range of the Turkish guns and the few far reaching guns were not precise enough.

The shelling of the outer forts began on 19 February at 8 o'clock and lasted all day long but showed little effect. Carden interpreted the weak defence firing totally wrong. He believed that the bombardment had silenced the guns. In reality the Turkish gunners were waiting for the ships coming into the range of their guns. The explosions of the shells of the battleship looked impressive but they destroyed only the earth walls but not the guns.

On 20 and 21 February such a strong southern wind blew that the bombardment had to be interrupted because of bad visibility. On 25 February the bombardment was resumed. Three English warships bombarded the forts from a distance of 10 kms; the Turkish artillery replied. When other warships moved closer and hit more precisely the Turkish gunner took cover and stopped answering the fire almost totally. Again Carden came to the wrong conclusions. He believed that the forts at the entrance of the Dardanelles were destroyed and that he could begin with the second phase, the bombardment of the forts further in the funnel and the sweeping of the minefields. But the forts had suffered only little damage. When the bombardment ended they were occupied again.

On 25 February minesweeping began in the outer part of the funnel where actually no mines were. Civilian wooden fishing trawlers moved forward dragging between them steel cables which should tear the mines from their anchorage. The trawlers were protected from the back by warships-. The trawlers had weak engines which proofed to be almost too weak for the current. The trawlers managed to control just four sea miles all day long. But their hard work was in vain because there were no mines in this area of the funnel. The deeper the trawlers and the warships moved into the funnel the more the fire of the Turkish guns increased. Even the forts at the entrance of the Dardanelles became alive again and shot at the fleet.

The commander of the local ships, Admiral de Robeck, sent demolition parties accompanied by marines ashore. They managed to destroy the guns of the outermost forts but when they tried to repeat this further into the funnel Turkish infantry repelled them. The Turks had learned their lesson.

The more the ships moved forward the more they were bombarded by the howitzers of Wehrle which were hidden in places where they could not be seen from the sea. The howitzer bombardment was so intensive and precise that the ships could only avoid hits by constantly moving. This movement and the current made the shelling increasingly imprecise. When the battleship *Majestic* was hit under the waterline de Robeck stopped the shelling for that day.

During the next days the weather was so bad that nothing could be ventured. On 1 March four battleships advanced into area which had been checked by the minesweepers, but got into a hail of shells of Wehrle's howitzers so that they were forced to withdraw. During the night they tried to sweep an area further north of mines. But the minesweepers were caught by the light of a floodlight and again shelled by Wehrle's howitzers from both shores so that the sailors cut the steel cable between the boats and fled. The accompanying destroyer could do nothing against the well hidden mobile batteries.

This exactly brought into being the situation of which the critics had been afraid. The commanding officer of the Moudros harbour on the island of Limnos, Admiral Rosslyn Wemyss saw this clearly: *"The battleships could not force the Straits until the minefield had been cleared - the minefields could not be cleared until the concealed guns which defended them were destroyed - they could not be destroyed until the peninsula was in our hands, hence we should have to seize it with the army."*[1] Thus it was obvious that Carden's plan to force the Dardanelles had failed. The breakthrough could only be achieved by an amphibious operation with a great number of troops. But Churchill and the Admiralty continued to have illusions. They continued to believe that the plan could succeed.

In early March Carden's force comprising 18 battleships was at its strongest. On 2 March the English battleship *Canopus* in vain tried to silence the fort Dardanos. Efforts to sweep the minefields during the nights failed again. Only 2 of the 387 mines placed in the narrows were removed. Endeavours to send demolition parties accompanied by marines ashore failed too when these met the reinforced Turkish infantry protection of the forts. Even the bombardment of the *Queen Elizabeth* had no result. Quite the contrary she had to move constantly in order not to be hit by Werle's howitzers. 18 days of bombarding by English and French warships had had no effect on the fortifications.

The minesweeping was not successful either. The method applied was totally obsolete. At a distance of about 50 metres two trawlers pulled a steel cable through the water. When a mine was torn from its anchor and swam up it was exploded by rifle fire. This technique might have been successful in quiet waters but not in Dardanelles with its currents and bombardment by Wehrle's howitzers. The contract between the Navy and the crew of the trawlers envisaged minesweeping free of shelling. Since the civilian crews refused to clear the narrows under bombardment members of the Royal Navy were ordered on board the trawlers. But the result was negligible: Of the 21 trawlers only 10 could cope with the strong current. When they tried to sweep the mines the other way round, i.e., from east to west, it was discovered that the trawler's flotation depths were too big and they might trigger the explosion of the mines.

The mine sweeping of the trawlers was protected by warships which made every efforts to silence the artillery of the forts, but they did not have any chance against Wehrle's howitzers which stood in ravines invisible to the look-outs of the warships. And these howitzers were the main danger for the wooden trawlers. Already on 7 March the battle

---

1   Dan Van der Vat, *The Dardanelles Disaster. Winston Churchill's Greatest Failure* (London: Duckworth, 2009),, p. 108

ships *Nelson* and *Agamemnon* criss-crossed at right-angles to the shipping channel in order not to be hit by the howitzer fire. The adversaries had watched this and drew the logical conclusions.

During the night of 8 March the Turkish minelayer *Nusrat* lay a mine barrier of 26 mines in the direction of the shipping channel. The distance between the mines was 90 metres and the barrier's length was 2,3 kms. The observers of the Allied reconnaissance planes did not discover this chain of mines despite the clear water probably because they did not expect mines parallel to the direction of the shipping channel.

During the night of 11 March the crews of the trawlers fled when Wehrle's batteries opened fire at them. Even when officers of the Royal Navy took command of the mine sweeping it did not get any better. Wehrle's guns fired accurately and the guns of theAllied warships did not achieve anything. Quite the opposite, the Allied convoying destroyers were constantly hit, and as their armour was not as strong as that of the battleships there were wounded. Until 17 March one fourth of the trawlers were sunk or so heavily damaged that they could not be used any more.

On 13 March a member of de Robeck's staff wrote: *"Everyone knew that it would be madness to try and rush the [Dardanelles]. The Narrows are sure to be mined. It has been proved that bombardment silences forts but does little material damage to guns and only silences because gunners take cover. Personally I feel sure that it is pressure from our cursed politicians and the Vice-Admiral [Carden]which is making him even consider such a thing."*[1] The officers close to Carden clearly understood that Churchill put pressure on their commander.

On 13 March Carden admitted to Churchill that the mine sweeping was more difficult than expected. This provoked Churchill who retorted angrily: *"I do not understand why minesweeping should be interferred with by fire which causes no casualties. Two or three hundred casualties would be a modest price to pay for sweeping up as far as the Narrows."*[2] The operation had to be pushed forward day and night and losses had to be accepted as inevitable. Churchill's constant pressure on Carden caused the latter to resigne from his post 16 March. Carden understood that he would be the scapegoat if the attack on 18 March failed.

Churchill appointed de Robeck as Carden's succesor and assured him that they should stick to the original plan. The artillery of the forts and the howitzers protecting the minefields would be silenced and then the minesweepers would clear the passage so that the fleet could proceed.

The attack of the Allied fleet began at 10:.45 h on 18 March 1915. The 18 battleships were grouped in three waves. The first wave with the *Queen Elizabeth* attacked first. From a distance of 12 kms from the actual Narrows at Chanak the ships bombarded the forts in front of the narrows constantly while they were sailing in a circle. The guns of the fortifications could not reach the ships of the first wave but Wehrle's howitzers did and caused some damage to the superstructure. The second wave consisting of older ships with guns of a smaller range moved forward at noon, passed the first wave and advanced to 8 kms before the Narrows and began to bombard the forts. The guns of the forts replied and damaged the French battleship *Gaulois* so heavily that it was forced to withdraw. *Suffren*, the flagship of the French Admiral was almost sunk.

At 13:.45 the minesweepers were removed from the first field of mines in front of the Kefes-bay. This field consisted of five chains, among them three big ones with 29, 40 and 16 mines. In order to execute this operation it was necessary that the second wave which had advanced farthest return and be replaced by the now again advancing first wave. The

1   Nigel Steel & Peter Hart, *Defeat at Gallipoli* (London: Macmillan, 1994), p. 22.
2   Martin Gilbert, *Winston Churchill*, III, *1914-1916* (London: Heineman, 1971), p. 343.

second wave was to leave the operational field and the third wave to take the place of the first wave and bombard the forts.

Shortly before 14 h the ships of the second wave did a right turn. The French battleship

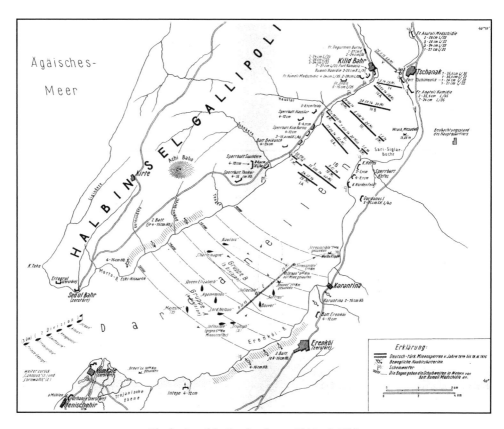

The forcing of the Dardanelles on 18 March 1915
Lorey, Krieg in den türkischen Gewässern. Band II

Bouvet moved into the chain of mines of 8 March, hit one, exploded and sank. De Robeck assumed that Bouvet had been hit by an artillery grenade and continued the operation. Until 16 h the ships of the second wave bombarded the forts and then they made the same manoeuvre as *Bouvet* before. At 16.07 h *Inflexible* hit a mine and was immobilized having been heavily damaged. Three minutes later *Irresistible* suffered a mine hit. When *Ocean* tried to save the crew of the sinking *Irresistible* she too was hit by a mine. During the night both ships sank. *Gaulois* was so damaged by Wehrle's howitzers that she had to be scuttled.

The balance of the day was catastrophic for the Allied Navies. Sixteen of the 18 battleships had participated in the bombardment. Three were sunk, 1 had to be scuttled. *Suffren* and *Charlemagne* were heavily damaged. *Irresistible* reached with great difficulty the island of Tenedos and needed many months of repairs in Malta until she was serviceable again.

The Allied bombardment had done little damage to the Turkish side. A few guns of the forts had been destroyed. Not one of Wehrle's howitzers was destroyed. The crew of the fortifications counted 200 losses. The French had over 600 dead. The 18 March 1815 was a clear defeat of the Allied Navies.

This day proved that old Moltke had been right. The Dardanelles could not be forced by a purely naval operation provided the artillery of the defenders functioned well.

When on 19 March Churchill was informed about the events of the previous days he did not understand the meaning of it and intended to continue the operation. In his eyes the losses were small. He had expected 10 to 12 destroyed ships.

General Hamilton who later commanded the amphibian operation wrote in a telegram to Kitchener: *"I am being most reluctantly driven to the conclusion that the Straits are not likely to be forced by battleships as at one time seemed probable and that, if my troops are to take part, it will not take the subsidiary form anticipated."*[1] The army should be deployed in full strength.

But in London nobody was ready to take over the responsibility for breaking off the operation. They were ready to send reinforcements. Only when de Robeck made it clear that a purely naval operation would never be successful and an amphibious operation was necessary did Churchill declare that he was ready to transfer the responsibility for the conquest of the Dardanelles to the Army. The only reasonable conclusion would have been to stop the whole enterprise but "fundamental folly" continued, as the official English historian characterized the whole campaign.

In April 1915 Allied forces landed on several beaches of the Gallipoli peninsula. As Liman von Sanders had expected these landings, he had taken the necessary precautions. Within days the amphibious operation degenerated into trench warfare as on the Western front. The British had totally underestimated the courage and the will to fight of the simple Turkish soldier. They fought for love of their country and out of religious motives. For them this war was a holy war. A djihad. They were led by Field Marshal Liman Von Sanders and his fellow officers. Mustafa Kemal proved to be a competent divisional commander with the courage to take decisions on his own, when he stopped the Allied advance from Suvla im August 1915. The final victory at this front was the product of an excellent cooperation of German and Turkish officers and simple soldiers. And it was a bitter defeat for the Allies. But it did not change the course of the war. The final defeat of the Central Powers took place in the West.

---

1   Tim Travers, *Gallipoli 1915* (Stroud: Tempus, 2002) p. 32.

DAS 4. GRIECHISCHE ARMEE-KORPS IN GÖRLITZ

Heinz A. Richter

Im Jahr 1916 kam es zu einem in der Kriegsgeschichte wohl noch nie dagewesenen Ereignis. Ein ganzes griechisches Armeekorps wurde unter Belassung seiner Waffen nach Deutschland gebracht, wo es als Gast des Deutschen Reiches in der Stadt Görlitz untergebracht wurde. Bis vor wenigen Jahren war die Tatsache, dass die Offiziere und Mannschaften dieses Korps weder Kriegsgefangene noch Internierte waren, sondern sich frei bewegen konnten, in Griechenland noch bekannt. Aber seit der Finanzkrise verändert sich die Sichtweise auch auf dieses Ereignis. In der griechischen "Facebook-Historiographie" wird behauptet, dass die Offiziere und Mannschaften dieses Korps Kriegsgefangene waren, denen es in der Gefangenschaft sehr schlecht ging. Sie hätten Hunger gelitten und seien misshandelt worden. An anderer Stelle des Internets ist sogar die Rede davon, dass sie in ein Konzentrationslager gesperrt worden seien. Das Schlimme ist, dass dies von vielen geglaubt und für wahr gehalten wird. Es wird als Bestätigung ihrer antideutschen Ressentiments empfunden, die seit dem Beginn der Finanzkrise immer stärker zunehmen.

Bei meinem letzten Athen-Aufenthalt im Frühsommer 2016 besuchte ich meinen alten Freund Georgios Theofylidis, der früher in der deutschen Botschaft in Athen tätig gewesen war. Bei unserem Gespräch kamen wir auch auf Görlitz zu sprechen und er erzählte mir, dass sein Vater dort gewesen war. Er holte ein altes Album mit Familienfotos, worin sich auch eine große Zahl von Fotos aus Görlitz befanden. Die Fotos sind so aussagekräftig, dass ich ihm vorschlug, sie in THETIS zu veröffentlichen. Er war einverstanden und erlaubte mir, die Fotos einzuscannen. In diesem Beitrag werden die wichtigsten Fotos dieser Sammlung veröffentlicht. Da aber nicht jeder die historischen Hintergründe der Vorgänge vor und während des Aufenthaltes in Görlitz kennt, soll zunächst die Geschichte des 4. Armee-Korps in diesem Zusammenhang erzählt werden.

Seit Oktober 1915 befanden sich auf Einladung von Venizelos gegen den Willen König Konstantins alliierte Truppen in Makedonien. Konstantin wollte Griechenland neutral halten. Ihm war klar, dass ein Kriegseintritt, egal auf welcher Seite dem Land unendlichen Schaden zufügen würde. Im Mai 1916 besetzen deutsche und bulgarische Truppen die Roupel-Enge, um einen Vorstoß der Alliierten nach Bulgarien zu verhindern. Der Kriegseintritt Rumäniens im August 1916 auf der Seite der Entente brachte Bewegung in die Südostfront. In unserem Zusammenhang ist die Besetzung Ostmakedoniens durch bulgarische und deutsche Truppen das auslösende Moment.[1]

In Kavalla lag das 4. Armeekorps. Aufgrund der Demobilisierung zählte das Korps noch 600 Offiziere und 8.500 Mann. Viele der Offiziere waren im Zwangsurlaub, darunter der Korpskommandeur. Der Kommandeur der 7. Division Oberst Ioannis Chatzopoulos führte das Korps. Die Telefon- und Telegrafenverbindungen mit der Hauptstadt waren von den Franzosen unterbrochen worden. Man konnte nur noch über Radio Kavalla mit Athen kommunizieren. Die Befestigungen um Kavalla waren nicht fertig und selbst die wenigen fertiggestellten waren unzureichend bewaffnet. Die Besatzung der Forts betrug gerade mal 35 Offiziere und 250 Soldaten.[2]

Als sich Mitte August ein bulgarischer Vorstoß gegen Ostmakedonien abzeichnete, befahl Athen dem 4. Korps, keinen Widerstand zu leisten, sondern sich nach Kavalla zurückzuziehen. Anfang September 1916 bestand in und bei Kavalla folgende Lage: Die 5. Divisi-

---

1 Dazu Heinz A. Richter, *Der Krieg im Südosten. II, Makedonien 1915-1918* (Mainz: Rutzen, 2014), *passim.*

2 Geniko Epiteleio Stratou - Hellenic Army General Staff, *A Concise History of the Participation of the Hellenic Army in the First World War 1914-1918* (Athens: Army History Directorate, 1999), p. 80.

on in Drama sowie das 16. Infanterie-Regiment der 6. Division und das 20. Infanterie-Regiment der 7. Division in Eleftheroupolis waren von bulgarischen Truppen eingeschlossen. Die Reste der 6. Division bewegten sich auf Kavalla zu, das sie am 4. September erreichten. Die Forts nördlich von Kavalla befanden sich inzwischen in bulgarischem Besitz. Der Kommandeur des 4. Korps hatte Athen mehrfach aufgefordert, die militärische Ausrüstung nach Alt-Griechenland zu transportieren und die durch die britische Seeblockade hungernde Bevölkerung zu versorgen. Die 15 venizelistischen Offiziere des Korps begaben sich von Saloniki nach Thasos, um die Angehörigen der 6. Division auf die Seite der venizelistischen Meuterer in Saloniki zu ziehen. Aus Athen kam der Befehl, dass sich die 5. und 6. Division nach Kavalla zurückziehen sollten, was jedoch nicht möglich war, da beide Einheiten von bulgarischen Truppen umzingelt waren.[1]

Am 6. September erschien der Kommandeur der 10. bulgarischen Division in Begleitung eines deutschen Leutnants beim Kommandeur des 4. Korps und verlangte, dass sie die Höhen nördlich von Kavalla besetzen könnten, um so einen alliierten Angriff abwehren zu können. Eine Weigerung werde als unfreundlicher Akt betrachtet. Der Korps-Kommandeur wusste zwar, dass kein Angriff bevorstand, aber da er aus Athen Anweisungen hatte, Zusammenstöße zu vermeiden, gab er nach und räumte die Höhen. Die Garnison von Kavalla war damit auf das Stadtgebiet konzentriert, ohne Möglichkeit, sich zu verteidigen.

Am Tag zuvor hatten sich der Kommandeur der 6. Division Oberst Ioannis Chatzopoulos in Vertretung des erkrankten Kommandierenden Generals und einige andere Offiziere geheim mit dem britischen Vizekonsul von Kavalla außerhalb der Stadt getroffen. Man einigte sich darauf, dass die Truppen der 6. Division auf alliierten Schiffen nach Saloniki gebracht werden und sich dort den Meuterern anschließen sollten. So würden sie nicht in bulgarisch/deutsche Kriegsgefangenschaft geraten.[2]

Am 9. September traf Chatzopoulos Major Wolfgang von Schweinitz, den Verbindungsoffizier zu den Bulgaren. Dieser wollte bewaffnete Zusammenstöße zwischen Griechen und Bulgaren verhindern. Man vereinbarte, sich am nächsten Tag erneut zu treffen, dann werde Schweinitz ihm die Vorschläge des deutschen Oberkommandos übermitteln. Am Nachmittag desselben Tages landete eine britische Marine-Einheit und zerstörte das Funkgerät des 4. Korps. Damit war die Besatzung völlig isoliert. In der Nacht erschienen einige englische Schiffe im Hafen von Kavalla, um die Truppen der 6. Division abzuholen und nach Saloniki zu bringen. Als Chatzopoulos jedoch erfuhr, dass nur Truppen mitgenommen würden, die bereit waren, sich den Meuterern in Saloniki anzuschließen, unterband er die Einschiffung mit Gewalt. Nur 15 Offiziere und weniger als einhundert Soldaten schafften es, sich mit kleinen Booten zur Insel Thasos abzusetzen.[3]

Am Morgen des 10. September trafen sich von Schweinitz und Chatzopoulos erneut. Ersterer sagte, dass Hindenburg verlange, dass sich das 4. Korps bei Drama sammle. Zerstreut im Ostmakedonien behindere es die bulgarischen Operationen. Wenn die Forderung nicht akzeptiert werde, werde es zur Gewaltanwendung kommen. Chatzopoulos wollte Rücksprache mit Athen nehmen, was der Major ablehnte, weil es zu lange dauern werde. Chatzopoulos solle ad hoc entscheiden. Dieser wollte jedoch Rücksprache mit seinen Kommandeuren nehmen. Er schlug von Schweinitz vor, er solle bei Hindenburg nachfragen, welche Garantien die deutsche Seite bei einem Transfer des Korps und seiner Waffen nach Deutschland bieten könne. Der Major versprach, sich zu erkundigen und man vereinbarte, sich am folgenden Tag erneut zu treffen.[4]

---

1   GES, *Concise History*, p. 86.
2   *Ibidem*, p. 87.
3   *Ibidem*; George B. Leon, *Greece and the Great Powers 1914-1917* (Thessaloniki: IMXA, 1974), p. 399.
4   GES, *Concise History*, p. 87.

Nach seiner Rückkehr ins Hauptquartier rief Chatzopoulos einen Kriegsrat ein, an dem die Divisionskommandeure der 6. und 7. Division teilnahmen. Man entschied, in Kooperation mit den Alliierten zu versuchen, die Truppen nach Alt-Griechenland zu schaffen. Anschließend nahm der Stabschef des Korps über das Funkgerät eines im Hafen von Kavalla liegenden britischen Kriegsschiffes mit der Führung der britischen Flotte im Mittelmeer Verbindung auf und trug ihr die Bitte vor, die Truppen nach Volos, Chalkis oder Piräus zu transportieren, sodass sie der griechischen Regierung zur Verfügung stünden. Der Admiral versprach zu antworten. Inzwischen ließ Chatzopoulos die Truppen in der Nacht des 9. September mit ihrer Ausrüstung zum Einschiffen antreten. Um 21.30 Uhr fuhren Chatzopoulos und sein Stabschef zu einem britischen Transportschiff, um die Evakuierung einzuleiten. Doch an Bord dieses Schiffes befand sich der Kommandeur der Division von Serres, ein venizelistischer Offizier, der erklärte, es würden nur Anhänger der Nationalen Verteidigung (*Ethniki Amyna*) an Bord genommen. Chatzopoulos gab auf. Es folgte eine Panik unter den Truppen, denen nun bulgarische Kriegsgefangenschaft drohte. Es kam zu Ausschreitungen, Gefangene wurden befreit und viele versuchten, auf Fischerbooten der Gefangenschaft zu entgehen.[1]

Verzweifelt bat Chatzopoulos die Briten, für ihn in Athen anzufragen, ob er sich den Briten ergeben dürfe, um auf der Insel Thasos interniert zu werden. Aus Athen kam die Aufforderung sich auf griechischen oder britischen Schiffen einzuschiffen und sich nach Volos zu begeben. Doch dieser Befehl scheint Chatzopoulos nicht erreicht zu haben. Die Briten andererseits waren nur bereit, Anhänger von Venizelos nach Saloniki zu transportieren.[2] Am Morgen des 11. September traf Chatzopoulos erneut Major von Schweinitz. Dieser informierte ihn, dass Hindenburg bereit sei, das 4. Korps mit seinen Waffen nach Deutschland bringen zu lassen. Die Männer des Korps würden nicht als Kriegsgefangene, sondern als Gäste Deutschlands behandelt werden. Details sollten in Kooperation mit der griechischen Gesandtschaft in Berlin festgelegt werden. Mit dem Abtransport könne man sich Zeit lassen.[3]

Inzwischen hatte man in Athen von den Vorgängen in Kavalla erfahren und wandte sich an die Briten. Diese waren nun bereit, die Truppen aus Kavalla über See zu evakuieren. Das Armeeministerium instruierte Chatzopoulos über den britischen Vizekonsul in Thasos darüber. Die entsprechende Nachricht erreichte Chatzopoulos gegen 21 Uhr. Doch dieser Befehl kam zu spät, denn schon um 18 Uhr hatte von Schweinitz, zu dem wohl etwas von der möglichen Evakuierung durchgedrungen war, angeordnet, dass die Truppen des 4. Korps sich noch am Abend in Richtung Drama in Bewegung setzen sollten, was auch geschah.[4]

Am Abend des 11. September 1916 brach eine Marschkolonne bestehend aus 400 Offizieren und 6.000 Mann nach Norden auf. 2.000 Mann der 6. Division einschließlich ihres Kommandeurs Oberst Nikolaos Christodoulou schafften es, sich nach Thasos abzusetzen. Dort teilten sich die Truppen: Ein Teil ließ sich nach Alt-Griechenland und ein anderer Teil nach Saloniki bringen. Unter den Truppen auf Thasos war auch ein Artillerie-Regiment. Seine Ausrüstung wurde mit Zustimmung der Alliierten auf ein Schiff geladen, um nach Volos transportiert zu werden. Unterwegs wurde das Schiff von einem französischen Zerstörer angehalten und nach Saloniki umdirigiert. Die Waffen und Fahrzeuge wurde den dortigen venizelistischen Streitkräften übergeben.

1   *Ibidem*, p. 88; George Frederick Abbott, *Greece and the Allies* (Hamburg: Tredition, 2008) reprint von (London: Methuen, 1920)., p. 130f.
2   Abbott, *op. cit.*, p. 131.
3   GES, *Concise History*, p. 88; Abbott, *op. cit.*, p. 131.
4   GES, *Concise History*, p. 89; Abbott, *op. cit.*, p. 131.

Die Garnison von Kavalla erreichte Drama am 12. September. Zwei Tage später wurden die Soldaten auf die Bahn verladen. An 13. September folgte die Division von Serres, die ebenfalls nach Drama verlegt worden war. Am 27. September ging der letzte Transport ab. Das Ziel war Görlitz in Schlesien.[1] Insgesamt fuhren 10 Transportzüge.[2]

Über die Auswirkungen dieser Evakuierung schreibt Abbott: *"Nothing that had hitherto happened served so well to blacken the rulers of Greece to the eyes of the Entente publics, and the mystery which enveloped the affair facilitated the propagation of fiction. It was asserted that the surrendered troops amounted to 25,000 - even to 40,000: figures which were presently reduced to 'some 8,000: three divisions, each composed of three regiments of 800 each.' The surrender was represented as made by order of the Athens Government: King Constantine, out of affection for Germany and Bulgaria, and hate of France and England, had given up, not only rich territories he himself had conquered, but also the soldiers he had twice led to victory."*[3]

Die Propagandamaschinen der Alliierten und von Venizelos gaben sich die größte Mühe, die Evakuierungen als ein perfides Zusammenspiel der Regierungen der Mittelmächte und der Griechenlands darzustellen. Dabei wusste die griechische Regierung zunächst gar nichts von den Vorgängen im Zusammenhang mit der Kapitulation des 4. Korps, denn es gab gar keine direkte Verbindung mehr zwischen Athen und Kavalla. Chatzopoulos hatte sich für diese Lösung selbstständig entschieden, da er nicht wollte, dass seine Truppen Kriegsgefangene der Bulgaren wurden. Wie Abbott berichtet, erfuhr man in Athen von der ganzen Angelegenheit erst nach dem Eintreffen der ersten griechischen Einheiten in Deutschland. Man protestierte heftig: Die griechischen Truppen seien weder Kriegsgefangene noch Internierte, denn nur neutrale Länder könnten Truppen kriegsführender Staaten internieren und Griechenland sei kein kriegsführender Staat. Man forderte von Deutschland die Rücksendung der Truppen über die Schweiz. Berlin antwortete, dass man dazu gerne bereit sei, aber man wolle Garantien, dass die griechischen Truppen nicht von den Alliierten für ihre loyale Haltung gegenüber ihrem König bestraft würden. Dies war eine vernünftige Forderung, da in der alliierten Presse von "schändlicher Desertion, Meuterei, Meineid und Verrat" die Rede war, die hart bestraft gehörten.[4] Es war allerdings grotesk, dass die alliierte Presse von Verrat usw. sprach, denn darüber hätte sich allenfalls König Konstantin beschweren können.[5]

Aber die griechische Regierung beschwerte sich noch aus einem anderen Grund bei den Deutschen. Ursprünglich hatten diese versichert, dass sich die Bulgaren korrekt verhalten würden. Aber die bulgarischen Truppen waren von Komitatschis begleitet, die sich nicht an die Versprechen hielten und nur das Ziel hatten, die griechische Bevölkerung zu vertreiben und Ostmakedonien Bulgarien einzuverleiben. Das Ergebnis waren üble Ausschreitungen. Athen beschwerte sich bei der deutschen Seite, die am 23. August die Bulgaren drängte, sich korrekt zu verhalten. Doch inzwischen hatten die Komitatschis auch die Armee unter ihre Kontrolle gebracht und so gingen die Ausschreitungen auch im September weiter. Nach dem Krieg legte eine griechische Universitätskommission einen ausführlichen Bericht vor, der haarsträubende Einzelheiten enthält.[6]

---

1   GES, *Concise History*, p. 89f.
2   Klaus-Dieter Tietz, "Griechen in Görlitz" *Hellenika* N. F. 5 (2010), p. 60.
3   Abbott, *op. cit.*, p. 131f; S. P. P. Cosmetatos, *The Tragedy of Greece* (London: Kegan, 1928), p. 204 berichtet, dass in der französischen Presse die Zahl 40.000 erschien und der Abtransport nach Görlitz als neuer Verrat Griechenlands dargestellt wurde.
4   Abbot, *op. cit.*, p. 132.
5   Leon, *op. cit.*, p. 401.
6   American Hellenic Society, *Report of the Greek University Commission upon the Atrocities and Devastations Committed by the Bulgarians in Eastern Macedonia* (New York: Oxford UP, 1919)

Während auf der Seite der Entente und der neutralen Staaten der Transport eines Teils der Streitkräfte eines neutralen Landes mit Empörung aufgenommen wurde, war die deutsche Seite begeistert. So schrieben die *"Görlitzer Nachrichten"* am 28.September 1916: *"Der erste Transport der griechischen Gäste ist gestern Nachmittag 3 Uhr 27 auf dem hiesigen Hauptbahnhof eingetroffen. Er bestand aus 22 Offizieren, 427 Mann und 15 Gebirgskanonen, welch letztere an der sogenannten Blockhausrampe ausgeladen und direkt nach den hierfür bestimmten Schuppen überführt wurden. In Begleitung der Offiziere befanden sich einige Frauen und Kinder.[...] Zum Empfang hatten sich eingefunden: [Der ...] Flügeladjutant des Kaisers, [...] der Vertreter des Garnisonkommandos, [... der] Oberbürgermeister, [...] der Bahnhofskommandant [...] und die Offiziere der Garnison. Beim Einlaufen des Zuges spielte die Kapelle des Ersatzbataillons [...]die griechische Nationalhymne ..."* Die griechischen Soldaten marschierten zu ihrem neuen Standort, dessen Eingang mit dem Schriftzug Χαίρετε und Girlanden geschmückt war. Der Görlitzer Oberbürgermeister sagte: *"Wir reichen Ihnen in deutscher Treu und Gemütlichkeit die Hand zum gastlichen Empfange und versprechen Ihnen, alles zu tun, um Ihnen den Aufenthalt bei uns so angenehm wie möglich zu gestalten. Uns allen sind Sie herzlich willkommen .... und wenn Sie dereinst frohen Mutes in Ihr Vaterland zurückkehren, dann mögen Sie gern der Zeiten gedenken, die Sie bei uns verlebt haben, gleich wie wir dies tun werden..."*[1]
Die Griechen integrierten sich in das Leben der damals 90.000 Einwohner zählenden Stadt. Die täglich erscheinende Zeitung NEA TOY GÖRLITZ informierte über lokale und internationale Ereignisse. Die Läden der Stadt warben um die griechischen Offiziere, die nach wie vor vollen Friedenssold erhielten, bezahlt von Deutschland. Es gab sogar ein Lokal namens *Drei Raben,* das griechische Weine ausschenkte. Die Offiziere lebten in möblierten Wohnungen in der Stadt. Die jüngere Damenwelt von Görlitz, deren Männer im Krieg waren, war natürlich von den temperamentvollen Südländern angetan.[2]
Es kam zu einer großen Zahl von Heiraten und als nach dem Kriegsende die griechischen Ehemänner repatriiert wurden, ging eine große Zahl ihrer deutschen Frauen mit. Allerdings ergaben sich in Griechenland bald große Spannungen, denn in der damaligen griechischen Welt spielten die Frauen eine völlig untergeordnete Rolle, was den aus Deutschland mitgebrachten Frauen verständlicherweise nicht passte. Es kam zu Trennungen und Scheidungen. Viele der Frauen kehrten später nach Deutschland zurück. Um die Frauen in Griechenland kümmerte sich die ganze Zeit über Elisabeth Logothetopoulou, geb. Hell, die mit dem Medizinprofessor Konstantinos Logothetopoulos verheiratet war. Er wurde später der zweite Ministerpräsident während der deutschen Okkupation im Zweiten Weltkrieg.[3]
Anfangs durften die griechischen Soldaten keine Arbeit annehmen, aber als durch den Müßiggang die Disziplin nachließ, erlaubte die griechische Führung, dass die Soldaten eine Arbeit aufnehmen durften. Anfang 1918 waren ca. 4.000 Mann in der Landwirtschaft und Industrie tätig, und dies nicht nur in Görlitz, sondern im ganzen Reichsgebiet. Ihre Löhne hatten die gleiche Höhe wie die ihrer deutschen Kollegen.[4]
Daneben gab es Sprachkurse und Kurse zur Berufsausbildung. Leiter des Unterrichts war Prof. August Heisenberg, der damals den einzigen Lehrstuhl für mittel- und neugriechische Philologie in München innehatte. Heisenberg wurde ab Dezember 1916 als Verbindungsoffizier im Rang eines Hauptmanns zum 4. Korps abkommandiert. Er trieb vor allem Studien zu griechischen Dialekten. Mit Unterstützung der Kgl. Preußischen Phonographi-

---

1   Tietz, *op. cit.*, p. 63f.
2   *Ibidem*, p. 64f
3   So Elisabeth Logothetopoulou in Gesprächen mit dem Verfasser. Der Verfasser lernte 1967/68 in Athen noch einige dieser Frauen kennen, die in Griechenland geblieben waren.
4   *Ibidem*, p. 65f.

schen Kommission machte er erste Tonaufnahmen von Dialekten und von Musik. Im Juli 1917 entstanden so neben Aufnahmen von Gedichten, Erzählungen und Liedern auch die ersten Aufnahmen eines Rebetiko-Liedes mit Bouzouki-Begleitung überhaupt, Jahre bevor so etwas in Griechenland realisiert wurde. In den letzten Jahren wurden diese "Schätze" wiederentdeckt und der Wissenschaft zugeführt.[1]

Mit der Abdankung König Konstantins im Juni 1917 und dem Kriegseintritt Griechenlands änderte sich die Lage. Die wenigen Venizelisten unter den Görlitzer Griechen führten nun das große Wort. Es kam zu Unruhen. Schließlich griffen die deutschen Behörden ein und verhafteten 36 Offiziere, die als "venizelistische Hetzer" gebrandmarkt und in ein Kriegsgefangenenlager bei Werl in Westfahlen gesteckt wurden. Die einfachen Soldaten wurden nun zum Arbeitsdienst verpflichtet.[2]

Als im November 1918 die deutsche Revolution ausbrach, kam es auch in Görlitz zur Bildung von Arbeiter- und Soldatenräten. Die Bewegung sprang auch auf die Griechen über, die Offiziere wurden verjagt, der royalistisch gesinnte Kommandant abgesetzt. An die Spitze der Griechen trat ein "Görlitzer Sowjet", wie er später in Griechenland genannt wurde. Als dann die Rede davon war, die Griechen zu repatriieren, setzte eine wilde Flucht in Richtung auf die böhmische Grenze ein. Am 21. Februar 1919 verließen die ersten Heimkehrwilligen Görlitz in Richtung Italien. Einen Tag später fuhr ein Lazerettzug mit den Kranken in Richtung Griechenland ab.[3]

In Griechenland wurden die Rückkehrer unfreundlich empfangen. Die herrschenden Venizelisten stellten sie unter Generalverdacht des Landesverrates und sperrten die Heimkehrer in Lager. Von dort wurden sie Untersuchungsrichtern vorgeführt. Vom 22. Mai bis 13. Juli 1920 wurde vielen der Prozess gemacht. Offiziere wurden entlassen, deportiert und verbannt. Acht Offiziere wurden zum Tod verurteilt, aber nicht hingerichtet, Die Prozesse vertieften die nationale Spaltung und die Legende vom "Görlitzer Verrat" wirkte noch Jahrzehnte weiter fort.

Etwa 200 Griechen blieben in Görlitz, und viele davon gründeten Familien. Auf dem städtischen "Neuen Friedhof" stehen noch heute die restaurierten sieben Grabstelen der in Görlitz verstorbenen Offiziere, darunter Chatzopoulos. Die Aufenthalt der Griechen in Görlitz kostete die deutsche Heeresleitung und die Regierung exakt 10.869.400,99 Mark aus dem eigens dafür geschaffenen Griechenfonds. Dreißig Jahre später trafen übrigens wieder Griechen in Görlitz ein. Es waren politisch linksorientierte Flüchtlinge, die nach dem Ende des Bürgerkriegs 1949 auf die Volksdemokratien verteilt wurden. Etwa 14.000 kamen nach Polen, von denen ein Teil im östlichen Stadtteil von Görlitz, der nun Zgorzelec hieß, untergebracht wurde. Anfangs soll es dort mehr Griechen als Polen gegeben haben. Diese Griechen durften erst nach 1974 in ihre Heimat zurückkehren.[4]

---

1   *Ibidem*, p. 66.
2   Gerassimos Alexatos, "Xairete: Ein griechisches Armeekorps in Görlitz." in: Wolfgang Schultheiß (ed.), *Meilensteine deutsch-griechischer Beziehungen* (Athen: Stiftung für Parlamentarismus und Demokratie des Hellenischen Parlamentes, 2010), p. 192.
3   Tietz, *op. cit.*, p. 67.
4   *Ibidem*, p. 68f.

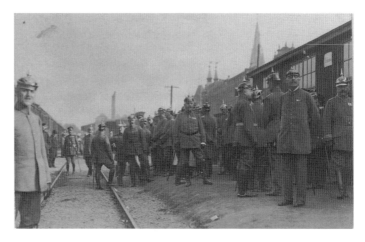

In Erwartung der Ankunft der Griechen in Görlitz

Sie sind eingetroffen

Marsch in die Stadt

Marsch in die Stadt mit Musik und geschultertem Gewehr

Willkommen

Die Kapelle

Feierlicher Empfang

Lagerleben

Der Trauerzug von
Oberst Ioannis
Chatzopoulos

Beerdigung von Oberst Ioannis Chatzopoulos

Griechische und deutsche Trauergemeinde

Pantelis Oikonomou - Unbekannter - Christos Theofilidis

GENERAL HELLMUTH FELMY UND DIE RETTUNG ATHENS

Heinz A. Richter

Im April 1941 besetzte die deutsche Wehrmacht Griechenland. Nach dem Ende der Besetzung Kretas (Operation *Merkur*), am 9. Juni erließ Hitler die Weisung Nr. 31, die die Befehlsverhältnisse im Balkanraum erneut regelte. Generalfeldmarschall Wilhelm List wurde "Wehrmachtsbefehlshaber im Südosten" (W.B. Südost) mit Sitz in Saloniki. Der W.B. Südost unterstand Hitler direkt und war der oberste Vertreter der Wehrmacht auf dem Balkan und Inhaber der Exekutivgewalt in den von den Deutschen besetzten Gebieten. Ihm unterstanden der "Befehlshaber Serbien", der "Befehlshaber Saloniki-Ägäis" (ab 1. Juli Generalleutnant Curt v. Krenzki), für den Bereich Saloniki und die Inseln Limnos, Mytilini, Chios und Skyros, und der "Befehlshaber Südgriechenland" (ab Ende Juni General d. Flieger Hellmuth Felmy) für den Bereich Athen, Kreta, Kythira, Antikythira und Milos.

In Attika unterstanden Felmy ein Gebiet bei Lavrion an der Ostküste und ein Teil des Hafens von Piräus. Attika war wie fast ganz Griechenland italienisches Besatzungsgebiet. Felmys eigentliche Aufgabe in jener Zeit war der Aufbau der deutsch-arabischen Lehrabteilung oder Sonderverband F, eine arabische Truppe, die später im Irak eingesetzt werden sollte. Befehlshaber Süd-Griechenland war Felmy nur in Personalunion.[1] Dennoch verdient es, festgehalten zu werden, dass Felmy, in dem kleinen Bereich, den er in Attika kontrollierte, sich größte Mühe gab, den Hunger im Winter 1941/42 zu bekämpfen und dies recht erfolgreich tat, denn es gab dort praktisch keine Hungertoten. Dasselbe galt im übrigen auch für die deutsche Besatzungszone um Saloniki.

Diese Feststellung ist auch deshalb wichtig, weil bis heute in Griechenland, aber auch in Deutschland die Rede davon ist, dass es im Winter 1941/42 in Attika 300.000 Hungertote gegeben habe. Dies ist ein Mythos, der auf einer Propaganda-Sendung der BBC aus der Kriegszeit beruht.[2] Nach verlässlichen Angaben des Internationalen Komitees vom Roten Kreuz waren es 35.000 Hungertote, schlimm genug, aber Übertreibungen schaden der Wahrheit. Zumeist wird die eigentliche Ursache der Hungersnot verschwiegen, nämlich die britische Blockade. Wie im Ersten Weltkrieg verhängte Großbritannien über Griechenland eine Blockade, die, wie damals, katastrophale Auswirkungen hatte, da sich Griechenland seit der Antike nie mit Brotgetreide hatte selbst versorgen können.

Berlin war der Meinung, dass die Hauptbesatzungsmacht Italien für die Versorgung der Bevölkerung zuständig sei. Rom wollte und konnte nichts unternehmen und so ereignete sich die Katastrophe. Bis 1943 war Italien die Hauptbesatzungsmacht. Nach dem Seitenwechsel Italiens übernahm Deutschland diese Rolle. Da es bis zum Abzug im Oktober 1944 dabei blieb, war in den Augen vieler Griechen, aber auch Deutschen, Deutschland für alles verantwortlich, was während der Besatzungszeit geschehen war. Dass auch die Italiener in Griechenland Kriegsverbrechen begingen, wurde vergessen.

Doch wenden wir uns den Ereignissen in Athen im Herbst 1944 zu. Am 1. August 1944 hatte in Warschau der Aufstand der polnischen Heimatarmee begonnen, der letztlich einer kommunistischen Machtübernahme nach dem Einmarsch der Roten Armee zuvorkommen

---

1   Gerhard Weber, *Hellmuth Felmy. Stationen einer militärischen Karriere. Suez Front - Reichswehr - Luftflotte II - Sonderverband F - LXVIII. Armeekorps in Griechenland - Nürnberger Prozess* (Ruhpolding, Mainz: Rutzen, 2010).

2   Heinz A. Richter, *Mythen und Legenden in der griechischen Zeitgeschichte* (Ruhpolding: Rutzen, 2016), pp. 32-45.

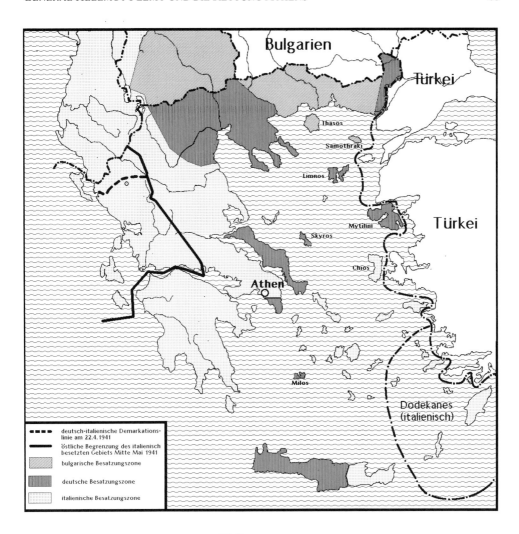

Die Besatzungszonen

wollte. Diesen Aufstand schlug die deutsche Seite brutal nieder, während Stalin zuschaute. In Athen gab es eine analoge Situation. Hier wollte allerdings die Linke eine Machtübernahme durch die von den Briten unterstützte Rechte verhindern. Sollte der Versuch einer Machtübernahme noch vor dem deutschen Abzug stattfinden, würde die deutsche Besatzungsmacht hineingezogen werden. [1]

Bei der Frühjahrsoffensive der Roten Armee 1944 zeigten sich zwei Hauptstoßrichtungen: Zentralpolen und Südosteuropa. Premierminister Churchill befürchtete, dass die Sowjets bei der Fortsetzung der Offensive im Sommer bis an die Adria vorstoßen und sogar Griechenland besetzen könnten. Da Griechenland für ihn ein unverzichtbares Glied der britischen *Life Line* durchs Mittelmeer nach Indien war, bemühte er sich darum, das Land in

---

1 Die Darstellung folgt, so nicht anders vermerkt, Heinz A. Richter, *Griechenland zwischen Revolution und Konterrevolution 1936 - 1946* (Frankfurt: Europäische Verlagsanstalt, 1973), *passim.*

der britischen Einflusssphäre zu halten. Als erstes veranlasste er Anfang Mai Außenminister Eden, gegenüber den Sowjets festzustellen, dass die britische Regierung Rumänien als in der sowjetischen *Sphere of Activity* liegend betrachte und erwarte, dass die sowjetische Regierung der britischen Seite bezüglich Griechenland dasselbe zugestehe. Man solle sich doch gegenseitig unterstützen. Churchill hatte sich vorsichtig ausgedrückt und das Wort "Interessensphären" vermieden, aber in Moskau begriff man sofort, dass solche gemeint waren.

Man gab der britischen Regierung zu verstehen, dass man mit diesem Vorschlag im Prinzip einverstanden sei, aber wissen wolle, ob die Amerikaner zustimmten. Churchill versprach, Präsident Roosevelt darüber zu informieren. Dies geschah und Außenminister Hull, der grundsätzlich gegen die Errichtung von Interessensphären war, leistete zunächst heftigen Widerstand. Als dieser überwunden war, erklärte sich Roosevelt damit einverstanden, dass Churchills Vorschlag einem dreimonatigen Versuch unterzogen werde. Er ermahnte ihn jedoch, dass daraus keine Nachkriegsinteressensphären entstehen dürften. Im Juli informierten die Amerikaner die Sowjets, dass sie mit der Drei-Monats-Regelung einverstanden seien, aber Interessensphären nach wie vor ablehnten. Es ist unklar, ob ein formelles Abkommen geschlossen wurde oder nicht, was letztlich jedoch unerheblich ist, denn beide Seiten hielten sich an die Absprache.

Die Briten schwiegen zum sowjetischen Vorgehen in Bulgarien und Rumänien in den folgenden Monaten und die Sowjets interessierten sich nicht für Griechenland und Jugoslawien. Sie begnügten sich aber nicht mit der Rolle des Zuschauers, sondern unterstützten sogar die Briten bei ihren Plänen, indem sie die griechische KP (KKE) und die jugoslawische KP zur Kooperation aufforderten. Erstere nahm daraufhin einen Kurswechsel zur Kooperation vor; Tito blieb jedoch bei seinem unabhängigen Kurs.

Am 20. August 1944 begann der Angriff der Roten Armee auf Rumänien. Die rumänische Armee brach auseinander und am 23. August erklärte König Carol den Krieg für beendet. Am 31. August marschierte die Rote Armee in Bukarest ein. Bei einem weiteren Vorstoß der Roten Armee in Richtung Adria drohten die Heeresgruppe E und die ihr unterstehenden Truppen in Griechenland abgeschnitten zu werden. Angesichts dieser Lage befahl der Wehrmachtsführungsstab dem OB Südost in Belgrad, alle Truppen und alles Material auf eine Linie Korfu-Ioannina-Kalambaka-Olymp zurückzunehmen, d.h. die Räumung Griechenlands und der Ägäis einzuleiten, indem man die Truppen sukzessive abzog.[1]

Der Rückzugsbefehl leitete eine höchst komplizierte Entwicklung auf mehreren Ebenen ein. Das Ziel der deutschen Militärführung war es, mit möglichst vielen Truppen und Material unter so geringen Verlusten wie nur möglich Griechenland zu verlassen, um weiter nördlich im Balkan eine Abwehrfront gegen die Rote Armee aufzubauen. Um ungehindert mit starken Kräften abziehen zu können, war es notwendig, nicht in neue Partisanenkämpfe verwickelt zu werden. Sämtliche schon vorbereiteten Operationen gegen die griechischen Partisanen in den griechischen Bergen wurden daher abgeblasen, und ein Teil der dafür vorgesehenen Truppen erhielt den Auftrag, die Rückzugswege offenzuhalten. Es war klar, dass die Räumung des Großraum Athen besonders heikel sein würde, denn dort konnte es zu Kämpfen kommen. Sollten solche ausbrechen, würde dies zu letzten sinnlosen Zerstörungen führen. Außerdem lag ein Befehl Hitlers vor, wichtige lebensnotwendige Einrichtungen wie z. B. das Elektrizitätswerk und den für die Wasserversorgung Athens unverzichtbare Marathon-Staudamm vor dem Abzug zu sprengen.[2]

---

1 Percy Ernst Schramm (ed.), *Kriegstagebuch des Oberkommandos der Wehrmacht (Wehrmachtführungsstab)*, IV, 1, *1. Januar 1944-22. Mai 1945* (Frankfurt: Bernard & Graefe, 1961), p. 714. Ab hier zitiert als KTB OKW.

2 Roland Hampe, *Die Rettung Athens im Oktober 1944* (Wiesbaden: Steiner, 1955), p. 23; Affidavit von Friedrich

Die Situation in Athen war in der Tat prekär, denn die linksorientierte griechische Widerstandsbewegung EAM mit ihrem bewaffneten Arm ELAS wartete nur auf den Abzug der Deutschen, um die Macht zu übernehmen. Ihr Ziel war die Errichtung einer eher linksorientierten griechischen Nachkriegsrepublik und eine Verhinderung der Rückkehr König Georgs II. Der Führung dieser Kräfte war klar, dass ihr nach dem Abzug der Deutschen eine Auseinandersetzung mit der griechischen Exilregierung und mit den diese unterstützenden Briten bevorstehen würde. Die Briten auf der anderen Seite wollten die Exilregierung zurückbringen, um so ihre Kontrolle über Griechenland wieder herzustellen. Dies konnte nur erreicht werden, wenn es im Raum Athen zu einer Art von Wachablösung zwischen den deutschen und den britischen Kräften kommen würde. Zugleich mussten die Briten versuchen, die EAM/ELAS kooperationsbereit zu halten, denn eine gewaltsame Rückkehr nach Griechenland gegen den Willen der Résistance wäre ausgeschlossen gewesen. Zwar hatte sich die Führung der Linken in den vergangenen Monaten kooperationswillig gezeigt, aber das Drei-Monats-Abkommen war am Auslaufen und man konnte nicht sicher sein, ob es auch nach Ablauf der drei Monate noch respektiert und ob nicht doch ein sowjetischer Vorstoß nach Griechenland erfolgen würde.

Auf der deutschen Seite erwartete man beträchtliche Schwierigkeiten besonders beim Rücktransport der Truppen von den Inseln. Der Gegner hatte die volle Luft- und Seeüberlegenheit.[1] Auf Kreta befanden sich im August 1944 60-70.000 Mann und auf Rhodos und den übrigen Inseln 23.000 Mann.[2] Von Mai bis Juli hatten britische See- und Luftstreitkräfte den deutschen Seetransport besonders nach Kreta praktisch zum Erliegen gebracht. Im Juli waren 5.364 t Schiffsraum verloren gegangen. Im August wurden jedoch nur 742 t versenkt. Nach Angaben des Seetransportchefs Ägäis wurden zwischen dem 25. August und dem 15. September 7.209 Soldaten, 1.282 Pferde und Esel, 93 Geschütze, 2 Panzer, 256 Motorfahrzeuge, 834 andere Fahrzeuge und 4.846 t Material per Schiff zum Festland gebracht.[4] Eine größere Zahl von Soldaten wurden von der Luftwaffe ausgeflogen, wobei anfangs 44, später über 100 Ju 52 zum Einsatz kamen. Innerhalb weniger Tage überführten die Transportstaffeln der Luftwaffe im rollenden Einsatz von Kreta etwa 60.000 Mann, von Rhodos und den anderen Inseln etwa 17.000. Bis zum 15. September 1944 wurde die Masse der Kampfverbände der 22. Infanteriedivision aus Kreta, der Sturmdivision Rhodos und der Festungsbrigade 967 von Leros nach Athen verbracht. Am 12. September waren Lesvos, Samos, Chios und Limnos sowie die ionischen Inseln geräumt. Die 22. Inf. Div. wurde sofort weiter nach Thessaloniki transportiert, damit sie dort in der Rupel-Enge eine Verteidigungsposition gegen mögliche Angriffe aus Bulgarien einnehmen konnte. Bulgarien war Anfang September aus dem Krieg ausgeschieden und trat am 8. September auf alliierter Seite erneut in den Krieg ein.[15] Am 21. September war auch die Peloponnes geräumt.

Der Archäologe Roland Hampe beobachtete den Rücktransport von den Inseln: *"Täglich trafen See- und Lufttransporte von den Inseln des Ägäischen Meeres ein. [...] Anfangs wurden diese Transporte von den Briten unbehelligt gelassen. Die Truppen legten den sonst so gefahrvollen Sprung übers Meer ohne Verluste und mit voller Ausrüstung zurück. Solda-*

Wilhelm Herzog, ehem. Feuilletonredakteur der "Deutschen Nachrichten" in Griechenland; Fall 7, *Dok. Buch* VI, Felmy, p. 49; Fall 7, *Sitzungsprotokoll*, p. 6983 Von Hampes Buch gibt es einen Nachdruck: Roland Hampe, *Die Rettung Athens im Oktober 1944* (Ruhpolding: Franz Philipp Rutzen Verlag, 2011).

1   Gerhard Hümmelchen, "Balkanräumung 1944" *Wehrwissenschaftliche Rundschau* 9 (1959), p. 573. Zur desolaten Lage der Kriegsmarine in der Ägäis auch Friedrich Karl Birnbaum & Carlheinz Vorsteher, *Auf verlorenem Posten. Die 9. Torpedoboot-Flotillen* (Stuttgart: Motorbuch Verlag, 1987), *passim*.

2   KTB OKW, p. 714.

4   Lars Baerentzen, "Anglo-German Negotiations during the German Retreat from Greece in 1944," *Scandinavian Studies in Modern Greek*, 4 (1980), p. 27.

5   Richter, *Revolution*, p. 465.

ten eines Seetransportes berichteten etwa, dass sie von britischen Jägern umflogen wurden, ohne beschossen zu werden. Luftkonvois, die aus Ju 52 bestanden und nur durch ein bis zwei Arado-Wasserflugzeuge ganz ungenügend gesichert waren, wurden von britischen Beaufightern umkreist, aber nicht angegriffen."[1]

Dies wird durch weitere Berichte bestätigt. Am 13. September stellte man beim OB Südost erfreut fest, dass *"das Verhalten der englischen See- und Luftstreitkräfte [...] als bewußte Zurückhaltung angesprochen werden muß."*[2] Im Kriegstagebuch des OKW hieß es, dass *"von einer engl. Einwirkung gegen die Rückführungen kaum etwas zu bemerken"* war.[3]

Am 15. September 1944 endete die britische Zurückhaltung, als die RAF bei einem Angriff auf die Flugplätze im Raum Athen etwa die Hälfte der Ju 52 zerstörte. In den folgenden Tagen nahmen auch die Angriffe der Royal Navy gegen die wenigen deutschen Seetransporte wieder stark zu. Die deutsche Seite schaffte neue Ju 52 Transportmaschinen nach Griechenland, die nun vermehrt in der Nacht flogen. Nach Angaben des Kriegstagebuchs des OKW sollen täglich wieder 100 Flüge stattgefunden haben. Die Verluste hätten sich trotz britischer Angriffe auch in der Nacht in tragbaren Grenzen gehalten.[4] Damit kann also festgestellt werden, dass während der entscheidenden Phase des deutschen Rückzugs die britische Seite sich passiv verhielt. Über die Gründe stellte Hampe Vermutungen an: *"Man hatte den Eindruck, den Briten sei daran gelegen, möglichst starke deutsche Kräfte nach dem Nordbalkan gelangen zu lassen, um dort den russischen Vorstoß aufzufangen und einen russischen Durchbruch nach der Adria möglichst zu verhindern."*[5] Hampes Vermutungen sind richtig, die tatsächlichen Hintergründe sind jedoch noch viel interessanter.

In seinen Memoiren berichtet Albert Speer, dass es eine deutsch-britische Vereinbarung über den Abzug gegeben habe: Die Briten hätten den Abtransport der deutschen Truppen von den Inseln gestattet, weil die deutsche Seite zugesagt habe, *"mit Hilfe dieser Truppen Saloniki so lange vor den Russen zu halten, bis es von britischen Kräften übernommen werden könne. Als diese Aktion, die Jodl vorgeschlagen hatte, beendet war, erklärte Hitler: 'Das war das einzige Mal, dass wir uns auf so etwas einließen.'"*[6] Speers Aussage ist zu großen Teilen äußerst unpräzise oder nicht zutreffend. Die Briten strebten nach einer Wachablösung in Athen aber nicht in Thessaloniki. Die nach Norden abziehenden Truppen sollten die Russen daran hindern, nach Griechenland einzudringen oder die Adria zu erreichen. Nirgendwo in den deutschen Quellen ist die Rede von einem Halten von Thessaloniki. Außerdem verbot Hitler Anfang September jeglichen Kontakt mit der anderen Seite, wie wir noch sehen werden. Speer scheint hier nicht genau informiert gewesen zu sein.

Am 2. September 1944 berichtete der OB Südost und Chef der Heeresgruppe F, Generalfeldmarschall v. Weichs, über die Lage in Griechenland: Die griechische Kommunistische Partei (KKE) bereite die Machtübernahme nach dem deutschen Abzug vor. *"Nach vorliegenden Meldungen und tatsächlichem engl. Verhalten gegenüber nationalistischen griechischen Kräften ist sicher, dass England diesem Machtkampf mit dem russischen Einfluß nicht ausweichen, sondern kommunistischen Absichten zuvorkommen will. In diesem Sinne ist es vitales engl. Interesse, die jetzt von Deutschland besetzten Schlüsselpositionen Griechenlands in die Hand zu bekommen, ohne dass ein zeitliches Vakuum entsteht, das*

---

1   Hampe, *op. cit.*, p. 17f.
2   OB Südost Ic/AO, 7356/44 gKdos zitiert nach Hagen Fleischer, *Im Kreuzschatten der Mächte. Griechenland 1941-1944*, Band 1 (Frankfurt, Bern, New York: Peter Lang, 1986), p. 525.
3   *KTB OKW*, p. 718.
4   *KTB OKW*, p. 719.
5   Hampe, *op. cit.*, p. 18.
6   Albert Speer, *Erinnerungen* (Frankfurt: Propyläen, 1969), p. 409.

kommun. Banden Möglichkeit zum Umsturz bestehender Ordnung und Besetzung <u>vor</u> den Engländern geben würde. Notwendigkeit, Griechenland im Fall deutscher Räumung <u>vor</u> griechischen Kommunisten oder auch Russen fest in die Hand zu bekommen, ist treibendes Moment für alliiertes Oberkommando Mittlerer Osten in Kairo und erklärt gemeldetes Gesprächsangebot des Obersten Tom bei Zervas und Fühler über griechische nationale Kanäle in Athen mit dem Ziel, kurzfristig eine Übereinkunft mit uns über eine Räumung Zug um Zug herbeizuführen. Nach Gesandten Neubacher vorliegenden politischen Meldungen hält dieser Möglichkeit eines zunächst informativen Gesprächs mit engl. Beauftragten für gegeben. Von rein militärischen Erwägungen möglichster Erhaltung von Menschen und Material im Hinblick auf Gesamtlage vordringlichem Einsatz in mazedonischem, serbischem und Donauraum ausgehend, würde ich derartiges Gespräch für nützlich halten und es begrüßen. Eine Abrede würde unsererseits zur Voraussetzung haben, dass Gegenseite sich mit planmäßiger Zerstörung aller Verkehrseinrichtungen als Sicherung gegen Nachstoß motorisierter Feindkräfte abfinden muß."[1]

Der Bericht beschreibt recht zutreffend die in Griechenland bestehende Lage und den britischen Wunsch nach einer "Wachablösung". Es werden zwei britische Gesprächsangebote erwähnt, nämlich eines von einem Oberst Tom und eines über griechische nationale Kanäle in Athen. Das erste Angebot wurde von mir an anderer Stelle ausführlich beschrieben, so dass ich mich hier auf eine Skizze beschränken kann.[2]

Als Anfang August 1944 die 1. Gebirgsdivision nach Norden verlegt wurde, interpretierte man das in den Reihen der britisches Verbindungsoffiziere bei den Partisanen in Epirus völlig richtig als den Beginn des deutschen Rückzugs.[3] Der im Hauptquartier der rechtsgerichteten EDES-Partisanen stationierte Oberstleutnant Tom Barnes und EDES-Chef Napoleon Zervas waren sich im Klaren darüber, dass die EDES nach einem Abzug der Deutschen gegen die ELAS kaum eine Überlebenschance haben würde. In der Tat war im Januar 1944 zwischen Zervas von der EDES und General Lanz ein Stillhalteabkommen geschlossen worden, das auch das Überleben der EDES gegenüber der ELAS sicherte. Es war ferner bekannt, dass der Kommandeur des XXII. (Geb.) Armeekorps, General Hubert Lanz, kein Nazifreund war. Es gab sogar Gerüchte, er sei in die Verschwörung vom 20. Juli verwickelt gewesen.[4]

Barnes und seine Vorgesetzten in Kairo hielten es sogar für möglich, dass er kapitulieren wollte und fragten daher in London an, wie man sich im Falle eines solchen Angebotes verhalten sollte. London antwortete am 2. August *that it was most desirable to obtain surrenders of senior German officers and their garrisons, provided no special provisions were made."*[5]

Diese Antwort löste nun eine erste Runde von Verhandlungen aus. Der damalige Ia des XXII (Geb.) A.K., Oberst Walter Klingsporn, berichtete, dass Anfang August ein Verbindungsoffizier von Zervas (vermutlich Hauptmann Asterios Michalakis) auf dem Korpskommando erschienen sei, der ihm in Anwesenheit des Ic, Gebhard v. Lenthe und des O3, Erdmann, angeblich im Auftrag von Tom Barnes vorschlug, dass die in Epirus befindlichen deutschen Truppen unter dem Befehl ihrer Führer und mit allen eigenen Waffen dort stehen

1   OB. Südost (Okdo. H. Gr. F)Ic/AO Nr. 56/44 g. K. Chefs. Aus 66.142. Unterstreichung im Original.
2   Heinz Richter, "General Lanz, Napoleon Zervas und die britischen Verbindungsoffiziere," *Militärgeschichtliche Mitteilungen*, 1 (1989), pp. 111-138
3   Nigel Clive, *A Greek Experience 1943-1948* (London: Michael Russell, 1985), p. 108.
4   Richter, *Lanz*, p. 122.
5   Force 133 Directives in Richter, *Lanz*, p. 120.

bleiben sollten, um dem Vordringen der kommunistischen Kräfte aus dem mazedonischen Raum Einhalt zu gebieten.[1]

Am 4. August tauchte derselbe Verbindungsoffizier bei Tom Barnes auf und unterbreitete nun diesem einen Vorschlag, der angeblich von Lanz stammte. Der Originalbericht von Barnes an seine vorgesetzte Dienststelle in Kairo fehlt, aber es existiert ein Dokument aus Kairo, in dem sein Bericht erörtert wird. Daraus geht hervor, dass Lanz ein inoffizielles Treffen mit Tom Barnes vorgeschlagen haben soll. Die einzelnen Formulierungen zeigen jedoch deutlich, dass dieser Vorschlag unmöglich von Lanz stammen konnte. Es dürfte sich mit großer Wahrscheinlichkeit um Erfindungen des Verbindungsoffiziers gehandelt haben. Barnes meldete die angeblichen deutschen Angebote nach Kairo und von dort kam die Instruktion, dass er sehr vorsichtig sein sollte. Man halte es für möglich, dass Lanz ein Mitglied der Verschwörung sei und sich herauswinden (extricate) wolle. Der SOE-Analytiker hielt es für möglich, dass Lanz auf die britische Seite übertreten wollte. Am 11. August meldete Barnes nach Kairo, dass Lanz ihm über den Verbindungsoffizier habe mitteilen lassen, dass er weiterhin an einem Treffen interessiert, aber im Augenblick verhindert sei. [2]

Mitte August lagen also sowohl der SOE in Kairo als auch dem XXII. (Geb.) Armeekorps "Angebote" vor. Jede Seite hatte den Eindruck, dass das ihr vorliegende "Angebot" von der anderen Seite stammte; d. h. die Briten glaubten, dass die Initiative von den Deutschen ausgegangen sei und umgekehrt. Aus Klingsporns Bericht geht der genaue Inhalt des angeblichen britischen Angebots hervor. Obwohl Tom Barnes' Originalbotschaft nicht vorliegt, erlaubt der Wortlaut des SOE-Dokuments die Rekonstruktion des angeblichen deutschen Angebots. Zwar unterscheiden sich die beiden angeblichen Angebote auf den ersten Blick - "verbleiben" gegenüber "übergehen" - aber die Analyse der implizierten Konsequenzen beider "Angebote" zeigt, dass sie mehr oder weniger identisch sind. Der beiderseitige Eindruck, dass die andere Seite Verhandlungen anbot, schuf nun eine recht seltsame Lage. Zwar lehnten beide Seiten Verhandlungen - und ganz besonders mit der Regierung der anderen Seite - kategorisch ab, aber wenige Tage später standen beide Seiten, ohne sich dessen bewusst zu sein, in Kontakt, und die übergeordneten Stellen beider Seiten diskutierten die angeblichen Vorschläge der anderen Seite. Beide entwickelten irreale illusorische Konzepte, die tatsächlich kaum mehr waren als die Projektionen ihrer eigenen Wunschträume: die Briten phantasierten über den Seitenwechsel des XXII. (Geb.) Armeekorps, und die Deutschen träumten von einem Abkommen über einen ungestörten Abzug, von einer Art Wachwechsel. Einige Tage lang entwickelten beide Seiten solch hektische unrealistische Aktivitäten, dass man geneigt ist, die ganze Angelegenheit als Schattentheater zu bezeichnen.

Mitte August wurden die von London gebilligten Vorstellungen in Kairo deutlich. Der Minister Resident Cairo, Lord Moyne, schrieb: *"We should [...] take advantage of any serious approaches from the Germans in Greece to bring about their surrender and handing over all of their arms and equipment. What would suit us best would be that, once British troops are ready to go into Greece, arrangements for surrender of Germans should be made providing for handing over of all German arms and supplies so they should not fall into the hands of EAM and so that there should be no hiatus of which EAM would take the full advantage."*[3] Die britische Seite hätte es also am liebsten gesehen, wenn die Deutschen in Griechenland geblieben wären und das Land gegen die linke Résistance gehalten hätten, bis sie selbst übernehmen konnten. Doch ein solches Arrangement hätte nicht geheim gehalten werden können, wie Lord Moyne selbst feststellte, und der politische Schaden bei

---

1   *Ibidem*, p. 123.
2   *Ibidem*, p. 120f.
3   *Ibidem*, p. 125.

Bekanntwerden wäre riesig gewesen. Deswegen begnügte man sich, mit dem Konzept Wachablösung.

Im XXII. (Geb.) A.K. diskutierten Lanz und seine Stabsoffiziere das britische "Angebot". Man war sich im Klaren, dass der bevorstehende Rückzug sehr schwierig sein würde, weil die reguläre Rückzugsstraße über Belgrad durch den sowjetischen Vorstoß gefährdet war. Die Alternative parallel zur Adriaküste war aufgrund der kaum vorhandenen Straßen und der alliierten Luftherrschaft von Italien aus auch nicht erfreulich, aber ein Verbleiben in Epirus wäre Meuterei gewesen und hätte üble Konsequenzen haben können. Da Lanz andererseits möglichst kampflos abziehen wollte, galt es Zeit zu gewinnen. Der Kontakt mit Barnes durfte nicht abreißen, denn solange "verhandelt" wurde, würde es ruhig sein. Um sich andererseits bezüglich der Kontakte abzusichern, meldete das Korps diese an die Heeresgruppe E in Thessaloniki, wobei man inhaltlich nur das Gesprächsangebot erwähnte.

Die Heeresgruppe E informierte erst am 13. August den OB Südost über das "Angebot" von Barnes, mit einer höheren deutschen Kommandostelle Kontakt aufzunehmen. Der OB Südost Weichs hielt dies für eine interessante Angelegenheit. Sofort nach Eingang der Botschaft der Heeresgruppe E nahm Weichs telephonisch Kontakt mit dem Oberkommando der Wehrmacht auf. Hitler selbst drückte die Ansicht aus, dass die guten Beziehungen zu Zervas aufrechterhalten werden sollten. Die Heeresgruppe E erhielt den Befehl, die Möglichkeiten der Geprächsaufnahme mit Tom Barnes offen zu lassen.

Am 19. August sandte der OB Südost ein Telegramm an den Sonderbevollmächtigten des Auswärtigen Amtes für den Südosten, Hermann Neubacher, in dem er diesen über einen weiteren Kontakt mit einem britischen Offizier (Lodwick[1]) informierte und ihn bat, Hitler darüber zu informieren. Offensichtlich wollte v. Weichs die ganze Angelegenheit nicht selbst Hitler vortragen und versuchte, Neubacher vorzuschieben. Neubachers Argumente würden weniger leicht von Hitler abgelehnt werden. Am 26. August ließ die Heeresgruppe E Lanz wissen, dass Hitler umgehend über die Besprechungspunkte mit Tom (Barnes) informiert werden wollte. Lanz antwortete, dass er Zervas' Verbindungsoffizier am 27. August erwarte.

Dieser erschien jedoch erst am 29. August und bot im Auftrag von Barnes erneut Verhandlungen über die Übergabe an. Wieder veränderte Lanz den Inhalt des "Angebots", indem er anstelle von Übergabe von Informationen über die Räumung sprach. Die Heeresgruppe E meldete dies und fügte hinzu, dass man die Verhandlungen hinziehen wolle. Verbindungsoffizier Michalakis wurde am 31. August oder 1. September vom XXII. Korps informiert, dass nur über den Abzug gesprochen werden könne. Dazu könne ein erstes Treffen am 3. September stattfinden, dem weitere folgen könnten. Als Barnes dies nach Kairo meldete, schloss man dort eine Kapitulation des XXII. (Geb.) A.K. immer noch nicht aus. Nur darüber könne man verhandeln.[2]

In den nächsten Wochen gingen die "Übergabeverhandlungen", wenn auch ergebnislos, weiter, während die Truppen des XXII. (Geb.) A.K. sukzessive nach Norden abzogen. Am 15. Oktober verließen Lanz und die letzte Einheit des Korps Ioannina. Er ließ eine völlig unbeschädigte Stadt zurück und ließ nicht einmal die großen Versorgungslager vernichten, obwohl dies befohlen worden war. Als dann im Dezember 1944 die angestauten politischen

---

1 Captain John (?) Lodwick war auf Kreta gefangen genommen worden. Er sagte aus, dass er den Auftrag habe, mit dem Kommandanten der Festung Kreta zwecks Entsendung eines deutschen Offiziers nach Kairo Kontakt aufzunehmen. Zweck der informalen Besprechung in Kairo sei es, eine Einigung über die Räumung Griechenlands, Kretas und aller Inseln zu erzielen. OB. Südost/Chef Generalstab Nr. 1947/44 g.K.Chefs. Vom 29. 8. 44 aus: Baerentzen, *Negotiations*, p. 57.
2 Richter, *Lanz*, p. 130.

Spannungen zur Explosion kamen, griff die ELAS die EDES an und zerschlug sie. Ohne die Anwesenheit des XXII. (Geb.) A.K. hatte Zervas keine Chance gegen die ELAS.

Im Bericht des OB Südost vom 2. September 1944 wurde außerdem erwähnt, dass auch dem Sonderbevollmächtigten, des AA, Neubacher, ein Gesprächsangebot vorlag. Schon im Juli und Anfang August hatte es Versuche von griechischer kollaborierender Seite gegeben, Kontakte zwischen Neubacher und den Briten herzustellen, die allerdings fehlschlugen.[1] Am 1. September 1944 erschien jedoch der stellvertretende Ministerpräsident und Finanzminister Ektoras Tsironikos bei Neubacher in Belgrad. Tsironikos informierte Neubacher über die Lage in Athen.

Neubacher fasste Tsironikos' Ausführungen in einem Telegramm an Ribbentrop zusammen, wobei er Tarnbegriffe verwendete: *"In Griechenland ist offenbar im Zusammenhang mit allgemeiner Lage Konkurrenzkampf der beiden grossen Firmen im Gange, wobei alte Firma [GB] [aus] unserer vermuteten Preisgabe des Marktes [Rückzug] Nutzen ziehen will. Tsironikos wurde von griechischen Freunden der alten Firma [GB] vor seiner Abreise darauf angesprochen, ob nicht Möglichkeit Fühlungsnahme alter Firma mit mir bestehe. Geschäftliche Angelegenheit sei wegen Konkurrenz [SU] ausserordentlich heikel, weshalb auf meine Person Wert gelegt wird. Griechische Vertrauensmänner der Firma glauben, dass durch eine solche Besprechung eine gegen den griechischen Markt für nahen Termin geplante Sonderaktion [Aufstand] verhindert werden könnte. Tsironikos ist der Meinung, dass gewünschte Unterhaltung über den unmittelbaren Marktbericht hinaus von Wichtigkeit sein könnte. Ich halte angesichts des offenkundigen ausserordentlichen Interesses der alten Firma, totalen Einbruch der Konkurrenz [SU] unter allen Umständen zu verhindern, geschäftliche Vorteile für uns, insbesondere in der Frage der Inseln und südlichen Filialen, für möglich, abgesehen von sonstiger Tragweite einer geschäftlichen Vereinbarung. Bitte um sofortige Vollmacht, diese Angelegenheit zu studieren, wobei meines Erachtenswegen Tempos politischer Entwicklung Eile geboten ist. Das Konkurrenzproblem beherrscht im Augenblick weitgehend den Südostraum, ganz besonders aber den griechischen Markt. Erbitte umgehende Weisung."*[2]

Am 2. September berichtete Neubacher, dass britische Agenten nun auch an Ministerpräsident Rallis herangetreten seien und eine Vereinbarung für den Fall eines deutschen Rückzugs anböten. Rallis sei der Meinung, dass die Initiative vom Hauptquartier Nahost in Kairo ausgehe. Er habe versprochen, in 4 bis 5 Tagen zu antworten. Er, Neubacher, halte eine *"Aufklärung dieses Fragenkomplexes durch mich persönlich an Ort und Stelle für notwendig."*[3] Der OB Südost v. Weichs unterstützte Neubachers Vorschlag in einem Fernschreiben an Keitel. Doch bevor Keitel das Fernschreiben Hitler vorlegen konnte, hatte dieser ebenfalls am 2. September schon beschlossen, dass die Militärs wie im Falle von Barnes nichts unternehmen sollten und am 5. September lehnte er auch Neubachers Antrag ab.[4] Die "Verhandlungen" mit Barnes bzw. Zervas waren die einzigen, über die Hitler informiert war; vermutlich sind dies auch jene, von denen Speer etwas erfuhr. Dazu würde auch der von Speer überlieferte Satz Hitlers passen. Hitler verbot aber nicht nur jeden Kontakt mit der anderen Seite, sondern erteilte auch den Kommandeuren in Griechenland Zerstörungsbefehle.

Hitlers Befehl, "Verhandlungen" jeder Art zu unterlassen, dürfte auch mit den Vorgängen in Paris zu tun gehabt haben. Anfang August hatte Hitler General Dietrich von Choltitz

---

1   Baerentzen, *Negotiations*, p. 40f.
2   Sonderbevollmächtigter Südost für Herrn Reichsaußenminister persönlich. Telegramm, Belgrad Nr, 1865 vom 1. 9. 1944. Aus Baerentzen, *Negotiations*, p. 42 Fußnote 1.
3   *Ibidem*, p. 43 Fußnote 1.
4   Richter, *Lanz*, p. 131.

zum Wehrmachtsbefehlshaber von Groß-Paris ernannt und ihn beauftragt, Paris gegen die anrückenden Alliierten zu verteidigen. Am 23. August erteilte Hitler den Befehl, dass Paris "nur als Trümmerfeld in die Hand des Feindes fallen" dürfe.[1] Choltitz hatte schon kurz nach seiner Ankunft in Paris am 9. August begonnen, sich den Befehlen Hitlers zu widersetzen, obwohl er wusste, dass seiner Familie Sippenhaft drohte, und hatte mit der anderen Seite, d.h. mit den Alliierten und der französischen Résistance Kontakt aufgenommen. Über den schwedischen Generalkonsul Raoul Nordling handelte er mit dem amerikanischen General Bradly die Kapitulationsbedingungen aus. Mit de Gaulles Hilfe gelang es, die Pariser Kommunisten von einem Aufstand im letzten Moment abzuhalten, der zweifellos zu großen Zerstörungen wie zuvor in Warschau geführt hätte.[2]

In Bezug auf Griechenland darf damit wohl festgestellt werden, dass es keine wie auch immer geartete offizielle Absprache zwischen der deutschen und der britischen Seite gab. Während es genügend Unterlagen über die Kontakte zwischen Barnes und der SOE Nahost gibt, ist man auf britischer Seite über die Tolerierung des deutschen Abzuges sehr schweigsam. Teilweise wird dies sogar heftig bestritten.[3] Der Abzug wurde stillschweigend gestattet, um die Sowjets aus Griechenland herauszuhalten.

Auch Rallis selbst mischte sich ein: Am 3. September meldete der Militärbefehlshaber Griechenland (Scheuerlen), Rallis habe bei ihm vorgefühlt, ob die deutsche Wehrmacht Interesse daran habe, in Verhandlungen einzutreten, welche Möglichkeit zur Schonung Griechenlands und Vermeidung kommunistischer Aufstände gefunden werden könne und, falls Deutschland überhaupt an eine Räumung des griechischen Raumes denke, wie dies ohne Blutvergießen durchzuführen sei. Diese Initiative gehe von militärischer Seite aus, und zwar nach Rallis' Vermutung von seiten des Hauptquartiers Nahost. Die Heeresgruppe E nahm dazu wie folgt Stellung: *"Alle politischen sich anbietenden Möglichkeiten, um die für den griechischen Raum befohlenen Maßnahmen und die Truppenbewegungen im Zuge der Schwerpunktverlagerung reibungsloser durchführen zu können, müssen weitgehend ausgenützt werden. Hierbei muß versucht werden, die feindlichen Parteien Griechenlands gegeneinander auszuspielen; darüber hinaus entspricht Fühlungsaufnahme und Aufrechterhaltung der Verbindung mit Engländern den mündlich bei Anwesenheit der Oberbefehlshaber gegebenen Weisungen des Führers."*[4]

Auf diese Weisung hin verfügte der OB Südost, dass die Militärs ihre Kontakte auf die bestehenden Verbindungen mit den Partisanen zu beschränken hätten. Alle weiter gehenden Kontakte mit den Briten seien eine Angelegenheit des Sonderbevollmächtigten des AA. Neubacher meldete am 14. September, dass er weisungsgemäß jede Fühlungnahme mit den Engländern verhindern werde. Am selben Tag informierte Jodl den OB Südost, dass Hitler den endgültigen Räumungsbefehl erteilt habe. *"Das passive Verhalten der Briten gegen unseren Abzug aus Griechenland und von den Inseln läßt auf Forderungen Rußlands nach dem gesamten Balkanraum schließen."* Nun folgten Instruktionen über das Verhalten im innergriechischen und interalliierten Konflikt: *"Es liegt nicht in deutschem Interesse, Konflikte und Zusammenstöße zwischen den kommunistischen und nationalen Kräften und damit auch zwischen Angelsachsen und Rußland zu verhindern. Im Einvernehmen mit dem Gesandten Neubacher sind daher aus dem Konflikt der beiden feindlichen Gruppen alle Vorteile für den eigenen Abzug zu ziehen, andererseits aber auch jede Auseinandersetzung beider Gruppen nach deutschem Abzug weitgehend zu fördern."*[5] Mit anderen Worten: Ver-

---

1   OKW/WFSt/Op. (H) Nr. 77 29 89/44 vom 23. 8. 1944.
2   http://www.choltitz.de
3   Fleischer, *op. cit.*, p. 525 Fußnote 21a.
4   Okdo H.Gr E Ic/Ia Nr. 0176/44 gKdos. Chefs. vom 2. 9. 1944 aus: Richter, *Revolution*, p. 488.
5   OB Südost Ic/AO Nr. 7422/44 gKdos vom 16. 9. 1944 aus: Richter, *Revolution*, p. 489.

handlungen mit der anderen Seite konnten fortgeführt werden, vorausgesetzt sie schadeten der anderen Seite und nützten der eigenen.

Wie diese Taktik angewendet wurde, geht aus einem Telegramm Neubachers vom selben Tag hervor: Rallis hatte dem deutschen Geschäftsträger in Athen die Entsendung von nationalen Einheiten nach Thrakien vorgeschlagen. Neubacher stimmte dieser Absicht zu und übertrug die Leitung dieser Subversionsaktion der Heeresgruppe E. Er fuhr fort: *"Zu Ihrer politischen Unterrichtung teile ich Ihnen mit, dass die von Rallis beantragte Aktion uns geeignet erscheint, die Gegensätze zwischen englischer und Sowjetpolitik im griechischen Raum zu verschärfen. Rallis gegenüber wollen Sie diese Aktion als ein freundschaftliches Zugeständnis an das nationale Griechenland darstellen, wobei uns die antikommunistische Bedeutung einer solchen nationalen Schutzmaßnahme gleichfalls interessiert."* Neubacher gab noch weitere Hinweise, wie eine größte politische Wirkung zu erzielen sei.[1] Aus deutschen Unterlagen geht hervor, dass der Versuch in Thrakien tatsächlich unternommen wurde.[2]

Ende September 1944 machte der Ic der Heeresgruppe E deren Haltung zu den Verhandlungsangeboten klar, die von allen Seiten eingingen. Auf sie dürfe nur in enger Zusammenarbeit mit Neubacher reagiert werden. Ausschlaggebend könne nur sein, was den eigenen operativen Maßnahmen den größten Vorteil biete. *"Das Okdo tritt allen Versuchen der gerade von nationalen Griechen gewünschten Wachablösung scharf entgegen und fordert im Gegenteil alle Möglichkeiten, die zum politischen Chaos führen, da auch politisch gesehen eigenen Absichten am meisten gedient ist, wenn ein wenigstens vorübergehend von Kommunisten beherrschtes Athen bei etwaiger Aufgabe durch uns entsteht."*[3]

Am 30. September machte Neubacher seine Politik noch deutlicher: *"Zur Vermeidung von Mißverständnissen [...] die Aufgabensteilung unserer Störpolitik in Griechenland [ist] eine rein negative [...]. Wir sollen jeden Gegensatz verschärfen und soviel Streitfälle und Zusammenstöße als möglich erzeugen. Von einer Parteinahme für die eine oder andere Gruppe kann keine Rede sein. Wir fördern die nationalistische Intervention in Thrazien, solange die Kommunisten die offenkundige Vorhand haben. Selbstverständlich bleibt die Sicherheit unserer Wehrmacht in ihren Absetzbewegungen die oberste Rücksicht. Es geht also nicht darum, Griechenland vor der Bolschewisierung zu retten, sondern ausschließlich darum, den englisch-russischen Gegensatz mit allen Mitteln zu verschärfen.[...] Wir können je nach Lage auch an Vereinbarungen mit nationalen Verbänden interessiert sein, welche die ausdrückliche Zustimmung der Engländer finden und daher geeignet sind, die Russen zu provozieren und die Gegensätze zu verschärfen. Fest steht als politische Richtlinie, dass wir in Griechenland Störungspolitik zu betreiben haben."*[4]

Ein Bericht des OB Südost vom 2. Oktober 1944 zeigt wie weit diese Politik in Athen gediehen war: *"Die Verhältnisse in Athen gehen also einer Entwicklung entgegen, die uns nicht unlieb sein kann. Es wird versucht, durch geeignete Maßnahmen (Niederhaltung des Bürgerkrieges in Athen, Propaganda) die feindlichen Parteien so gegenüberzustellen, dass sie mit der Räumung der Stadt aufeinanderprallen."*[5] Vor diesem düsteren Hintergrund müssen nun die Bemühungen von Hampe und Felmy um einen gewaltfreien Abzug interpretiert werden.

---

1   Chef Okdo H.Gr E Ic/AO Nr. 3126/44 gKdos vom 18. 9. 1944 aus: Richter, *Revolution*, p. 489.
2   *Ibidem*, p. 490. Dazu auch Vaios Kalogrias, *Makedonien 1941-1944. Okkupation, Widerstand und Kollaboration* (Ruhpolding: Rutzen, 2008) *passim*.
3   Chef Okdo H.Gr E Ic/AO Nr. 3257/44 gKdos vom 29. 9. 1944 aus: Richter, *Revolution*, p. 490.
4   Telegramm Neubachers an Höffinghoff vom 30.9.44, aus Richter, *Revolution*, p. 491.
5   OB Südost Ic/AO Nr. 3342/44 gKdos vom 2. 10. 1944 aus: Richter, *Revolution*, p. 491.

Hampe hatte 1937 zusammen mit Ulf Jantzen die von Hitler geförderte Grabung in Olympia geleitet. Im selben Jahr heiratete er Eleni Dragoumi aus der bekannten prominenten Politikerfamilie. 1938 kehrte er nach Deutschland zurück und wurde sofort nach Beginn des Zweiten Weltkriegs zur Wehrmacht eingezogen. Die Habilitationsprüfung fand während eines dreitägigen Urlaubs statt. Mit dem Hinweis auf seine Neugriechich-Kenntnisse verhinderte Hampe, dass er an die Ostfront versetzt wurde. Er wurde nach Griechenland kommandiert. Dort war er zunächst als Dolmetscher und Übersetzer tätig. 1942 war er für ein Jahr in Kreta, wo er sogar an einer Hochzeit teilnahm, bei der auch britische Offiziere anwesend waren. Später war er genau wie Jantzen im Kunstschutz tätig.[1]

Auch Ulf Jantzen, der 1940 zur Wehrmacht eingezogen wurde, wurde wegen seiner guten Griechischkenntnisse wieder nach Griechenland versetzt. Im Oktober 1941 wurde er für den Kunstschutz nach Kreta abgeordnet. Er stoppte einige wilde illegale Grabungen der Wehrmacht und riechtete das zerstörte Museum von Chania in der Moschee neu ein. Er erwischte General Müller dabei, als dieser eine Kiste mit einer Statue aus Samos nach Trier schicken wollte, und beschlagnahmte sie. Sie wurde im Athener Nationalmuseum deponiert und nach dem Krieg nach Samos zurückgebracht.[2]

1944 wurden Oberfähnrich (ROA) Hampe und Wachtmeister Jantzen nach Athen versetzt. In der Schlussphase der deutschen Besatzungszeit gehörten beide dem Frontaufklärungstrupp 376 an, Hampe als Zugführer, Dolmetscher und VM-Führer, Jantzen als Dolmetscher und gelegentlich als VM-Führer. Unmittelbar vor dem Abzug hatten beide eine Sonderaufgabe: Sie werteten die vom griechischen Untergrund veröffentlichte Zeitungen und Flugblätter aus. Diese Publikationen enthielten Kampfberichte der griechischen Widerstandsgruppen, Verlautbarungen der Exilregierung, Nachrichten über die Kriegslage von alliierten Rundfunksendern, Proklamationen usw. Hampe kannte daher die im Sommer 1944 bestehende politische Lage und die drohenden Gefahren weit besser als die meisten anderen Deutschen, die Offiziere und Diplomaten eingeschlossen.[3]

Angesichts dieser Situation verfasste Hampe eine Gefahrenanalyse, die er Mitte August 1944 dem Ic (Feindoffizier, heute G3) des 68. Armeekorps übergab. In diesem Bericht schlug Hampe vor, mit führenden Persönlichkeiten Griechenlands Kontakt aufzunehmen, um so die drohende Gefahr abzuwenden. Hampe hatte es offen gelassen, wen er damit meinte, aber es war klar, dass kaum die Kollaborationsregierung unter Ministerpräsident Ioannis Rallis gemeint sein konnte. Der Ic war von Hampes Vorschlägen so beeindruckt, dass er den Bericht dem kommandierenden General, Hellmuth Felmy, überreichte, der prompt Hampe zum Vortrag befahl.

Hampe schlug eine Fühlungsaufnahme mit Persönlichkeiten vor, die weder mit der Widerstandsbewegung noch mit der Kollaborationsregierung etwas zu tun hatten, aber einflußreich waren, also nicht so obskuren Figuren, mit denen die anderen verhandelt hatten. Hampes intime Kenntnis der griechischen politischen Welt kam hier zum Tragen. Er wusste, dass jeder Versuch, Kontakte über die Kollaborationsregierung, sei es Ministerpräsident Rallis oder Vizepremier Tsironikos, herzustellen, sinnlos war, denn die Résistance hätte jeden Kontakt mit ihr abgelehnt. Direkte Kontakte mit der Widerstandsbewegung oder der britischen Seite waren ebenfalls ausgeschlossen. Daher wollte Hampe Erzbischof Damaskinos und den Führer der Liberalen, Themistoklis Sofoulis, einschalten, die auf allen Seiten großes Ansehen genossen und Dinge bewegen konnten. An sie wiederum konnte nur er auf-

---

1 Zu Hampes und Jantzens Tätigkeit in Kreta Harald Gilbert, *Das besetzte Kreta* (Ruhpolding: Rutzen, 2014), *passim*.

2 Ulf Jantzen, *Anekdota* (Kiel: Freunde der Antike, 1990), pp. 16-18: K. Fittschen, *Athenische Mitteilungen* 115 (2000), p. 2f.

3 *Ibidem*, pp. 351-354.

grund der familiären Beziehungen seiner Frau herankommen. Felmys bisheriger Chefdol-
metscher Stadtmüller[1] verstand zwar viel von Griechenland, hatte aber keine persönlichen
Beziehungen. Daher war Hampe der einzige, der für Felmy verhandeln konnte. Felmy
selbst wollte den Zerstörungsbefehl Hitlers umgehen. Dies war nur möglich, wenn man
durch Verhandlungen die Voraussetzungen schuf, Athen zur "offenen Stadt" zu erklären.[2]
Daher erhielt Hampe von Felmy den Auftrag, Kontakte mit allen Seiten aufzunehmen, um
dies zu erreichen. Die Erinnerungen Hampes an diese Verhandlungen finden sich in Hampes "Die Rettung Athens im Oktober 1944". Gerhard Weber hat die Verhandlungen wissenschaftlich aufgearbeitet.[3]

In seinem Bericht über die Ereignisse in Athen schreibt Hampe: *"Dass die Erklärung
Athens zur Offenen Stadt gelang, obwohl sie von britischer Seite nicht gewünscht wurde,
dass dadurch die lebenswichtigen Anlagen von Athen, insbesondere der Stausee von Marathon, gerettet werden konnten, obwohl ihre Zerstörung von höchster deutscher Stelle ausdrücklich befohlen war, muß nachträglich wie ein Wunder erscheinen. Aber dieses Wunder
fiel nicht vom Himmel, war auch nicht der Laune des Zufalls zu verdanken, sondern ist
durch wochenlange mühsame und zum Teil gefahrvolle Verhandlungen innerhalb verworre-
ner, ja geradezu chaotischer Verhältnisse errungen worden. Dass diese friedliche Lösung
gelang, dass die Hauptstadt Griechenlands vor der Zerstörung bewahrt bleiben konnte, das
ist auf deutscher Seite dem hohen Verantwortungsgefühl von General Felmy zu danken, auf
griechischer Seite der weitblickenden Einsicht von Themistokles Sofoulis sowie - bis zu einem gewissen Zeitpunkt - der raschentschlossenen Tatkraft von Erzbischof Damaskinos."*[4]

Typisch für die Kalte Kriegszeit, in der Hampe diese Erinnerungen niederschrieb, ist,
dass sein Bericht die zurückhaltende Haltung der ELAS nicht erwähnt. So kurz nach dem
Ende Bürgerkriegs (1949, 1953) war dies ausgeschlossen.

Hampe erwähnte in seinen Erinnerungen an diese Zeit in Athen seinen Kollegen Ulf
Jantzen nicht ein einziges Mal, obwohl er dort mit ihm zusammen war. Auf Seite 98 spricht
er von einen Wachtmeister, *"der ihn in den letzten Wochen als Freund und ständiger Helfer
und zugleich als Fahrer unseres Wagen zur Seite stand."* In dem Exemplar von Hampes Erinnerungen, das Jantzen besaß, machte dieser ein Kreuzchen an den Wachtmeister und
schrieb unten an die Seite 98 quasi in einer handschriftlichen Fußnote: *"nämlich Ulf Jantzen. R. Hampe untertreibt die Rolle der Hilfskräfte. Ich habe etwas mehr getan, als er sagt.
Aber das tat er immer. U. J."* Dieser Wachtmeister war also Ulf Jantzen und er dürfte zu
den Verhandlungen durchaus substantiell beigetragen haben. Schließlich sprach auch er
Griechisch und kannte das Land so gut wie Hampe, wenn er auch nicht mit einer Griechin
verheiratet war. Auch als Felmy schon nach Norden gefahren war, blieben Hampe und Jantzen noch einige Zeit zurück, um sicher zu stellen, dass nicht doch noch im letzten Moment
ein Malheur geschah.

Am letzten Abend bat Hampe Sofoulis, dass man ihm Polizisten zur Bewachung des
Autos schicke. Die Polizisten kamen. *"Da wir sie auf Griechisch ansprachen und sie uns in
der Dunkelheit nicht gleich erkennen konnten, äußerten sie freimütig, dass sie keine Lust
hätten, in dieser Nacht noch einem Deutschen einen Dienst zu tun. Wir klärten sie lachend
darüber auf, wir selbst seien die Betroffenen und stellten ihnen frei, wieder zu ihrem Revier
zurückzukehren."* Sie blieben jedoch da. Jantzen fügte eine weitere handschriftlichen Fuss-
note auf dieser Seite (100) hinzu: *"nicht wir, sondern ich, U. J. in Zivil, nicht in 'Dunkel-*

---

1 Später Neuzeithistoriker in München.
2 Im Kriegsrecht bezeichnet "offene Stadt" einen unverteidigten Ort, der besonderen Schutz genießt.
3 Gerhard Weber, *"General Hellmuth Felmy 1885-1968. Griechenland und Irak im Zweiten Weltkrieg"* Diss.
   (Mannheim 2010).
4 Hampr, *op. cit,* p. 99 f.

heit', sondern in Akzentfreiheit, die R. H. nie erreicht hatte." Dass Hampe seinen Kollegen Jantzen in seinen Erinnerungen nicht einmal mit Namen erwähnt, ist schäbig, passt aber zu seinem arroganten Verhalten, wie ich aus eigener Erfahrung weiss.

Athen hatte Glück, dass in der entscheidenden Endphase der Besatzungszeit kein nazistischer Fanatiker das Sagen hatte, sondern ein konservativer Berufssoldat alter Schule mit einem Gewissen und - Zivilcourage, der bereit war, ein hohes persönliches Risiko einzugehen, um Athen zu retten. Schließlich war v. Choltitz in absentia zum Tode verurteilt worden. Felmy schaffte es, in Athen eine kampflose Wachablösung durchzusetzen, indem er sich über die mangelhafte Kooperationsbereitschaft der anderen Seite hinwegsetzte und einseitig Athen zur offenen Stadt erklärte. Die dazu notwendige Genehmigung des Wehrmachtführungsstabs erhielt er, weil er aufgrund der von Hampe vermittelten Verhandlungen mit Damaskinos einen freien Abzug erreichte.

Wenn diese Aktion in Athen so erfolgreich über die Bühne ging und die Stadt nicht im letzten Moment sinnlose Zerstörungen erlebte, so ist dies drei Personen zu verdanken: Hellmuth Felmy, Roland Hampe und Ulf Jantzen. Letzterem wurde in der Nachkriegszeit von König Paul für seine Verdienst um Griechenland der Georgs-Orden verliehen. Eigentlich wäre es an der Zeit, dass man dies in Athen honoriert und angemessen anerkennt. Statt dessen wird in letzter Zeit gegen Felmy gehetzt und behauptet, er sei ein Nazi gewesen. Dies hat etwas mit der Finanzkrise zu tun, die massive anti-deutsche Propaganda hervorrief.

Aber nicht nur in Athen gab es Menschen, die letzte sinnlose Zerstörungen verhinderten. In Patras versuchte der Marineoffizier Alexander Magnus mit Hilfe des Vertreters des IRK, des Schwedens Hans Ehrensträle, größere Zerstörungen zu verhindern, was allerdings nur teilweise gelang, weil sich die Briten nicht an die Abmachungen hielten.[51] Dass Ioannina unzerstört geräumt wurde, war der Bereitschaft von Lanz zuzuschreiben, sich über Führerbefehle hinwegzusetzen. Bei der Heeresgruppe E in Thessaloniki gab es in der Führung keinen Offizier, der letzte sinnlose Zerstörungen verhindern wollte. Dort war es der Chef der Marinewetterwarte, Georg Eckert, der Führer einer sozialdemokratischen Widerstandsgruppe, der im entscheidenden Moment seinem Verbindungsoffizier zur ELAS die Informationen über die Sprengkabel im Hafengebiet zukommen ließ, so dass diese durchgeschnitten werden konnten und die Hafenanlagen intakt blieben.[2]

Zwar gelang in Athen die Wachablösung, und die erwartete Auseinandersetzung mit der EAM/ELAS blieb aus, denn die Linke erwies sich als ausgesprochen kooperativ. Die Athener Rechte hingegen, die während der Okkupationszeit nichts gegen die Besatzer getan, oft sogar kollaboriert hatte, konnte nur mit Mühe von letzten sinnlosen Gesten abgehalten werden. Typisch sind die von ihren Vertretern Akritas und Zalokostas geäußerten nationalistischen Tiraden. Hampe schrieb: *"Es ging wieder ein Wortschwall auf mich nieder, der in den Worten des Herrn Akritas gipfelte: 'Wir wollen in Athen nicht an Opfern hinter dem Land zurückstehen. Wenn die Deutschen Athen zerstören, wird das ein Opfer auf dem Altar der Freiheit sein, nicht nur der Freiheit Griechenlands, sondern der ganzen Welt.' Akritas und Zalokostas wetteiferten nun miteinander, mir etwa fünf Minuten lang von der bevorstehenden Landung, dem Einsatz der gesamten Mittelmeerflotte, alliierten Bombengeschwadern, der Exilarmee zu berichten, welche die Deutschen aus dem Land vertreiben würden. [...] England wolle nun die Scharte auswetzen, die es damals beim Einmarsch der Deutschen erlitten habe."*[3]

---

1   Hermann Frank Meyer, Von Wien nach Kalvryta. Die Blutige Spur der 117. Jäger-Division durch Serbien und Griechenland (Möhnesee: Bibliopolis, 2002), pp. 422-438.

2   Heinz Richter, "Sozialdemokratischer Widerstand im besetzten Griechenland: Die Gruppe um Georg Eckert," *THETIS*, 7 (2000), pp. 237-252.

3   Hampe, *op. cit,*, p. 64.

Am 12. Oktober 1944 verließen die letzten deutschen Truppen Athen. Am 9. Oktober 1944 hatte sich Churchill im sog. Prozentabkommen mit Stalin die Nachkriegskontrolle über Griechenland gesichert und im Dezember 1944 setzte er sie durch die bewaffnete britische Intervention endgültig durch, indem er die griechische linke Résistance zerschlagen ließ. Der Traum von der Errichtung einer sozialen griechischen Republik, die mit Großbritannien auf gleicher Augenhöhe verbündet war, war ausgeträumt. Mit seiner Intervention verhinderte Churchill auch eine "Westeuropäisierung" Griechenlands, d.h. die Überwindung des Klientelismus. Nicht nur die Monarchie sondern auch der Klientelismus wurden restauriert. Die Folge seiner Politik war dann der Bürgerkrieg von 1946 bis 1949.[1]

Hampe verfasste eine erste Version des Textes 1953.[2] Der vorläufige Titel lautete: "Die kampflose Übergabe von Athen im Oktober 1944." Im Frühjahr 1953 übersandte Hampe das Manuskript dem Historiker Percy Ernst Schramm und seiner Frau Ehrengard Schramm-von Thadden, die Griechenland gut kannte,[3] mit der Bitte zu, ihn betreffend einer möglichen Publikation zu beraten. Schramm hatte bei Hampes Vater Karl 1922 promoviert. Beide waren der Meinung, dass das Manuskript unbedingt gedruckt werden sollte und schlugen vor, dass Hampe sich wegen der Veröffentlichung an DIE ZEIT zu wenden. Hampe richtete am 20. Mai 1953 eine entsprechende Anfrage an Marion Gräfin Dönhoff.[4] Die Gräfin antwortete am 17. Juni 1953 ablehnend, obwohl sie den Text gerne im Feuilleton abgedruckt hätte, aber er war einfach zu lang für eine Wochenzeitung.[5]

Nun versuchte Hampe den Bericht bei den *Vierteljahrsheften für Zeitgeschichte* in München unterzubringen. Zu diesem Zweck sandte er das Manuskript im Juni an Prof. Arnold Bergstraesser. Dieser war der Meinung, dass der Text für einen Aufsatz etwas lang, für die Schriftenreihe allerdings zu kurz sei. Er werde das Manuskript an Theodor Eschenburg weiterleiten, der im Augenblick die Redaktionsarbeit mache.[6] Eschenburg lehnte am 6. August 1953 aus den von Bergstraesser genannten Gründen ab. 1954 schließlich erklärte sich das Mainzer Institut für Europäische Geschichte bereit, das Manuskript in seine Schriftenreihe aufzunehmen, wo es Anfang 1955 erschien.

Im Frühjahr 1955 besuchte Hampe Athen. Bei Treffen mit dem deutschen Botschafter, dem ehem. Ministerpräsidenten der Exilregierung, Georgios Papandreou, und Themistoklis Tsatsos, dem ehemaligen Justizminister in derselben Regierung, überreichte Hampe ihnen jeweils ein Exemplar seines Büchleins. *Im Hause von Herrn Tsatsos fand dann ein Diner statt, zu dem Papandreou sowie der deutsche Botschafter und die Spitzen des griechischen Verfassungsgerichtes geladen waren. Die Anwesenden waren sich darüber einig, dass eine Veröffentlichung in griechischer Sprache unbedingt erfolgen solle, auch wenn die Schrift natürlich manche Angaben enthält, die nicht allen Beteiligten in Griechenland angenehm sein werden."* Hampe traf daraufhin mit der damals auflagenstärksten Tageszeitung Griechenlands, *Athinaïki*, eine Vereinbarung über eine Übersetzung und Veröffentlichung des Buchtextes.[7]

---

1 Heinz A. Richter, *British Intervention in Greece: From Varkiza to Civil War, February 1945 - August 1946* (London: The Merlin Press, 1986).
2 Hampe in einem Brief an Dr. Achim Tobler vom Institut für Besatzungsfragen in Tübingen vom 18. 12. 1954. Ich danke Frau Ersi Xanthopoulos ganz herzlich, dass sie mir Zugang zu den Papieren ihres Vaters Roland Hampe gewährte.
3 Ehrengard Schramm-von Thadden, *Griechenland und die Großen Mächte im Zweiten Weltkrieg* (Wiesbaden: Franz Steiner, 1955).
4 Hampe an Marion Gräfin Dönhoff am 20. 5. 53.
5 Marion Gräfin Dönhoff an Hampe am 17. 6. 53.
6 Brief Prof. Arnold Bergstraesser an Hampe vom 25. 6. 1953.
7 Brief Hampe an Prof. Dr. Franz Babinger, München, vom 12. 7.1955.

Die Zeitung ließ den Text übersetzen. Die Übersetzung wurde von Hampe und dem griechischen Schriftsteller Ilias Venezis überprüft. Ein Vertrag mit dem Verlag Ikaros sah vor, dass der Text anschließend als Buch erscheinen sollte. Inzwischen verkauften auch einige Athener Buchhandlungen das deutsche Originalbüchlein, was rasch für größeres Aufsehen sorgte und drei andere Zeitungen veranlasste, ebenfalls Übersetzungen anzukündigen. Da diese nicht autorisiert waren, griff die *Athinaïki* ein und stoppte dies. Dies hinderte aber die Athener Tageszeitung *Ta Nea* nicht daran, Auszüge und eine etwas tendenziös gefärbte Inhaltsangabe zu veröffentlichen und die Öffentlichkeit zu Stellungnahmen aufzufordern. Zwei Wochen lang *"erschienen nun Erwiderungen in Großaufmachung, zunächst drei anonyme Hetzartikel, dann sachlichere Stellungnahmen der Betroffenen, die an der Darlegung der Ereignisse selbst nicht rütteln konnten, ihnen aber eine andere Motivierung unterzulegen suchten."*[1]

Die Reaktionen einiger Betroffener waren charakteristisch: Man bestritt und dementierte alles. Dies galt sowohl für die Konservativen als auch die Linken, wie Artikel in der EDA-Zeitung *Avgi* zeigten. Dort wurde aus parteipolitischen Gründen das vernünftige Verhalten des ehemaligen ELAS-Oberkommandierenden Stefanos Sarafis dementiert, der damals den Befehl erteilt hatte, dass die Wehrmacht Athen kampflos verlassen konnte. Einer der damaligen Gesprächspartner von Hampe, Christos Zalokostas, hatte inzwischen romanhafte Memoiren über jene Ereignisse verfasst, wobei bei ihm der Oberfähnrich Hampe als Major Weber auftaucht[2] und bestritt nun heftig sein von Hampe geschildertes damaliges uneinsichtiges Verhalten. Der ehemalige Vizepremier der Kollaborationsregierung Tsironikos führte die kampflose Räumung Athens auf seine Intervention bei Neubacher zurück und behauptete sogar, dass er in Berlin interveniert habe. Es war ihm offensichtlich nicht klar, dass die Erklärung zur offenen Stadt nur von der militärischen Führung, also vom Wehrmachtsführungsstab ergehen konnte. Seiner Meinung nach hätten die Bemühungen Felmys und Hampes nur dazu gedient, die deutschen Truppen zu retten. Ein ehemaliger Kapetanios der ELAS (Nikandros Kepesis) hielt die Erklärung Athens zur offenen Stadt für lächerlich, da Athen nie befestigt gewesen sei. Die Deutschen hätten diese Erklärung nur aus Furcht vor Angriffen der ELAS abgegeben.

In einer vorbereiteten Entgegnung an *Ta Nea*, die Hampe allerdings nicht mehr einreichte, weil die Zeitung kein Interesse daran zeigte, schrieb er unter anderem, wie wichtig es wäre, in Griechenland ernsthafte objektive Zeitgeschichtsforschung zu betreiben und die Ereignisse jener Jahre objektiv aufzuarbeiten. Dies war ein frommer Wunsch, wie der Verfasser aus eigener Anschauung weiß. Als er 1967 nach Athen kam, um über die Okkupationszeit wissenschaftlich zu arbeiten, erklärte ihm der damalige Ordinarius für neugriechische Geschichte, Apostolos Daskalakis, dass es die historische Disziplin Zeitgeschichte nicht gebe. Alles was jünger als 50 Jahre ist, sei nicht Geschichte, sondern Tagespolitik und werde von den Journalisten kommentiert. Angesichts dieser Haltung sind die oben geschilderten Reaktionen nicht verwunderlich und es ist nicht erstaunlich, dass es in der Tat bis zu den Erschütterungen des Katastrophenjahrs 1974 dauerte, bis endlich auch in Griechenland die Aufarbeitung der jüngsten Geschichte beginnen konnte.

---

1   Ibidem.
2   Christos Zalokostas, *Το χρονικό της σκλαβίας* (Athen: Estia, o.J.), p. 311.

DIE MILITÄRDIKTATUR IN GRIECHENLAND
1967-1974[1]

Heinz A. Richter

Die Vorgeschichte

Zwischen dem 21. April 1967 und dem 24. Juli 1974 herrschte in Griechenland das Militär. Die Wurzeln der Putsches reichen bis in den Zweiten Weltkrieg zurück, als in der griechischen Exilarmee in Nahost rechte Offiziersbünde entstanden, die sich nach dem Krieg, im Bürgerkrieg unter dem Namen IDEA (Ieros Desmos Ellinon Axiomatikon - Heiliger Bund griechischer Offiziere) vereinigten. Die Angaben über die Zahl ihrer Mitglieder schwanken und reichen von 2.500 bis 4.500. 75 Prozent der Berufsoffiziere sollen ihr angehört haben. Im Juli 1949 legte die IDEA ihre Ziele schriftlich fest, die praktisch auf die Errichtung einer Diktatur unter der Führung der IDEA hinausliefen. Sogar das Wort Diktatur wurde *expressis verbis* verwendet.

Als der Oberbefehlshaber der griechischen Streitkräfte, Marschall Alexandros Papagos am 30. Mai 1951 seinen Rücktritt erklärte, putschte die IDEA in Athen. Sie wollte Papagos im Amt halten. Papagos erschien und befahl den Putschisten, sich wieder in ihre Kaserne zu begeben, was sie auch folgsam taten. Die Offiziere wurden nicht bestraft, denn nach Papagos und der Amerikaner Meinung, hätte eine Säuberung der Armee die Armee zerrissen.

Aber der Geist des Putsches war aus der Flasche entwichen und spukte in den Köpfen der IDEA-Offiziere weiter. Die Armee hatte zu jener Putschtradition zurückgefunden, die sie in den zwanziger Jahren praktiziert hatte. Solange die Politiker in ihrem Sinne agierten, wie dies die konservativen Politiker bis 1963 taten, schaute sie wohlwollend zu, aber als ihr nach 1963 die Entwicklung nicht passte, bereitete sie einen neuen Putsch vor, der dann am 21. April 1967 über die Bühne ging.

Von nun an mischten die IDEA-Offiziere auch in der Politik mit. Die Führung der drei Teilstreitkräfte und der Gendarmerie sowie des Geheimdienstes (KYP) lag in den Händen der IDEA, aber solange Papagos Premierminister war, gehorchten sie ihm aufs Wort. Als Konstantinos Karamanlis ihm 1955 nachfolgte, bereitete die IDEA die Operation Periklis vor, mit der 1961 die Wahlen gefälscht wurden. Kurzum, über 20 Jahre lang kontrollierte die IDEA über die KYP den Staat.

Griechenland war unter der Herrschaft des Synagermos, wie die Partei von Papagos hieß, und später der ERE von Karamanlis eine Scheindemokratie und erinnerte fatal an die Systeme totalitärer Staaten. Der Kalte Krieg und die Angst vor dem expansiven Kommunismus brachten die Bürger aber dazu, die Unterdrückung stillschweigend hinzunehmen. Griechenland war, wie alle Balkanstaaten, ein Polizeistaat.

Natürlich gab es einen ideologischen Überbau: Rechte Intellektuelle propagierten einen speziellen griechisch-orthodoxen Traditionalismus, der aufklärerische Gedanken ablehnte und Gewaltanwendung gegen Andersdenkende nicht ausschloss. Wer nicht zur griechisch-christlichen Nation gehörte, konnte bekämpft werden. Der Feind war der Kommunismus. Dieses IDEA-Weltbild wurde von der Rundfunkstation der Streitkräfte und in etwas abgeschwächter Form auch vom staatlichen Rundfunk vermittelt. Scharfe Gesetze sorgten für die weitgehende Unterdrückung oder zumindest Behinderung linker Presseorgane.

---

1 Vgl. Heinz A. Richter, *Griechenland 1950-1974: Zwischen Demokratie und Diktatur*, (Mainz: Rutzen, 2013).

Auch hinter dem den Mord an dem linken Abgeordneten Grigoris Lambrakis steckte die IDEA und das von ihr kontrollierte Parakratos, jene parallel zum Staat existierende Machtstruktur, die dazu diente, dort gewaltsam einzugreifen, wo die staatlichen Sicherheitskräfte legal nichts mehr unternehmen konnten. Dazu gehörte auch Mord. Der von Costas Gavras verfilmte Roman von Vasilis Vassilikos "Z" beschreibt dieses System akkurat.

Im November 1963 übernahm der Chef der Zentrumspartei (Enosis Kentrou), Georgios Papandreou die Macht. Als er die Wahlfälschungen von 1961 durch den Plan *Periklis* enthüllte, begannen IDEA und die KYP gegen ihn zu arbeiten, indem sie die ASPIDA-Affäre in Szene setzten. Danach sollte der Sohn von G. Papandreou Andreas unter den auf Zypern stationierten Truppen eine Verschwörung inszeniert haben. Tatsächlich bereitete die IDEA einen Putsch vor. Dabei müssen zwei Gruppierungen unterschieden werden. Erstens, die später als große Junta bekannt gewordene Verschwörung der IDEA-Generalität und zweitens die sog. Kleine Junta, die sich EENA (Enosis Ellinon Nearon Axiomatikon - Union der jüngeren griechischen Offiziere) nannte und eine Clique von Obristen war.

Die Hauptfiguren der kleinen Junta waren G. Papadopoulos, D.Ioannidis, N. Makarezos und I. Ladas sowie O. Angelis, Das Ziel der Großen Junta war die Verhängung des Kriegsrechtes und die Einsetzung einer Interimsregierung Pipinelis. Sie ging bedächtig ans Werk und wollte erst kurz vor den für Mai 1967 geplanten Wahlen zuschlagen und auch dann nur in Abstimmung mit dem König. Die Aktivitäten der Großen Junta blieben nicht geheim und waren auch den Amerikanern bekannt. Die Pläne der Obristen hingegen bleiben geheim. Sie drängten zum Handeln. Anfang März informierte Papadopoulos seine Mitverschwörer, dass man am 25. März, dem nationalen Feiertag, losschlagen werde, aber der Termin wurde verschoben. Auch König Konstantin II., dem die ganze Entwicklung nicht passte, liebäugelte mit einem Putsch.

Als am 18. April das Parlament aufgelöst wurde, beschloss die kleine Junta, am 22. April zu putschen. Als ihr bekannt wurden, dass die Regierung über den bevorstehenden Putsch informiert worden war, zogen sie den Termin vor und schlug am 21. April 1967 zu.

Das Regime vom 21. April 1967
Die Reaktion der Schutzmacht
In den Jahren der Militärdiktatur war jeder überzeugt, dass die CIA hinter dem Putsch steckte, weil normaleweise im amerikanischen Klientelstaat Griechenlands nichts geschah, was die Amerikaner nicht billigten. Schließlich lautete die Maxime, nach der die griechischen Politiker handelten: Ti thelei of xenos paragontas - was will der ausländische Faktor. Die Maxime galt seit 1832 und bis 1947 war Großbritannien die Schutzmacht Griechenlands und danach waren es die USA. Sie waren der ausländische Faktor. Doch in diesem Fall stimmte sie nicht. Die Amerikaner hatten zwar die große, die Generaljunta auf ihrem Radarschirm, aber die kleine Junta operierte dahinter und auch die amerikanischen Dienste hatten sie nicht im Visier.

Für die CIA-Agenten vor Ort waren die Aktivitäten der kleinen Junta Teil der in ihren Augen notwendigen Vorbereitungen der Großen Junta für den möglichen Putsch des Königs. Da sie wussten, dass weder die Generäle noch der König ohne Rücksprache losschlagen würden, sahen sie keine Notwendigkeit Alarm zu schlagen. Aus all dem darf der sichere Schluss gezogen werden, dass die amerikanische Diplomatie und die geheimen Dienste zwar über Pläne des Königs und der sog. großen Junta genau im Bild waren, aber die konkreten Vorbereitungen der kleinen Junta ihnen entgangen waren.

Dramatis personae

Die drei Hauptfiguren der Junta, Papadopoulos, Pattakos und Makarezos, stammten aus kleinen bäuerlichen Verhältnissen. Für sie war die Armee die einzige Möglichkeit für einen sozialen Aufstieg. Sie hatten ihre politische Sozialisation als Kadetten unter der faschistischen Diktatur von Metaxas (1936-1940) erlebt.[1] Papadopoulos schloss sich während der Okkupation den kollaborierenden *Tagmata Asfalias* (Sicherheitsbataillonen) an. Anfang 1944 gelangte er nach Nahost und schloss sich einer rechten Offiziersorganisation an. Pattakos war während der Okkupation Mitglied einer antikommunistischen pro-britischen Organisation namens "Omiros", die gegen die Résistance, aber nicht gegen die Besatzungsmacht kämpfte.

Militärisch darf Pattakos wohl als der typische Troupier charakterisiert werden. Er hatte trotz seiner Karriere als Offizier seine bäuerliche Mentalität nie abgelegt. Seine einfache volksnahe Sprache und sein oft drastischer Humor und seine joviale Art im Umgang mit Leuten führten dazu, dass er eine gewisse Volkstümlichkeit bei unpolitischen Kleinbürgern gewann. Zugleich war Pattakos aber ein Hardliner und Kommunistenfresser. Er ließ sie gnadenlos verfolgen und hatte nichts gegen die Anwendung von Folter einzuwenden. Dass sie auf KZ-Inseln verbannt wurden, war für ihn eine Selbstverständlichkeit.

Die drei Exponenten der kleinen Junta waren typische Vertreter der aus der bäuerlichen Schicht hervorgegangenen kleinbürgerlichen griechischen Offizierskaste. Sie waren ehrenhaft im Sinne des militärischen Ehrenkodex. Sie waren nationalistisch. Zugleich waren sie engstirnig und fromm, hatten enge moralische Vorstellungen und typisch kleinbürgerliche Vorurteile. Sie wollten ihrem Volk Gutes tun, und es vor der kommunistischen Gefahr, aber auch vor der westlichen Unmoral und Dekadenz schützen. Dabei war in ihren Augen der Übergang zwischen beiden fließend. Entsprechend ihrem simplistischen Schwarz-Weiß-Weltbild gingen sie gegen alle vor, die nicht so dachten wie sie. Alles, was ihren Vorstellungen nicht entsprach, war kommunistisch und wurde unterdrückt.

Das Regime vom 21. April

Die Obristen lehnten anfänglich den von den Parteien praktizierten Klientelismus ab.. Es gibt keine Belege, dass sie sich anfangs selbst bereicherten, wie dies jeder Politiker in ihrer Position getan hätte. So gesehen waren sie militärische Saubermänner. Natürlich kam es auch unter ihnen zu Finanzskandalen: Der Klientelismus erwies sich stärker als die Diktatur der Saubermänner

Der Putsch selbst wurde auf der Grundlage des NATO-Planes *Promithefs* durchgeführt. Noch in der ersten Putschnacht ging eine Verhaftungswelle über Griechenland. Die Sicherheitskräfte hatten Listen von den zu Verhaftenden vorbereitet. Die erste Liste, die auf dem neusten Stand war, enthielt die Namen aller Politiker und Gewerkschafter, Abgeordneten und hohen Beamten. Sie war von den geheimen Diensten im Rahmen des Prometheus-Plans aufgestellt worden. Die zweite "allgemeine" Liste mit den Namen aller "verdächtigen" Bürger war nicht auf dem neuesten Stand. Einige Angaben stammten aus der Zeit des Bürgerkrieges. Der Grad der Brutalität bei den Verhaftungen hing davon ab, wer sie durchführte. Angehörige der Militärpolizei (ESA), Sondereinheiten des Militärs (LOK) und Angehörige der KYP hatten keine Hemmungen, Gewalt anzuwenden. Polizisten und Gendarmerieangehörige hielten sich an das Gesetz. Etwa 8.000 Personen wurden in der ersten Nacht verhaftet.

---

1   Zum faschistischen Charakter des Regimes vom 4. August 1936, der Diktatur Metaxas vgl. Heinz A. Richter, "Clientelistic Fascism, in: Harry Cliadakis, *Fascism in Greece. The Metaxas Dictatorship*, (Mainz: Rutzen, 2015), pp. 133-138.

Kommunisten oder Menschen, die dafür gehalten wurden, wurden anfangs in Bauten der Fußballstadien und der Pferderennbahn eingesperrt. Ende April packte man pro Transport 600 Personen auf eine Autofähre und schaffte sie auf die öde Insel Giaros. Diese Insel ist ein außer von Ratten unbewohnter wasserloser kahler Felsen. Die hygienischen Zustände wa-ren katastrophal: Die Abwasserleitung aus der Zeit des Bürgerkriegs funktionierte nicht mehr, und die Häftlinge mussten ihre Notdurft auf freiem Feld verrichten. Die Häftlinge reparierten die alten Anlagen, aber das Abwasser floss ins Meer und verseuchte dies. Da es auf der Insel kein Wasser gab, wurde das Trinkwasser mit Tankschiffen aus Piräus gebracht.

Später wurden die Häftlinge nach Leros und in das völlig heruntergekommene Gefängnis von Halikarnasos bei Iraklion verlegt. Beide Haftanlagen waren brechend voll, aber es gab Wege in die Freiheit: Wie unter der Metaxas-Diktatur und im Bürgerkrieg konnte man frei kommen, wenn man eine sog. *Dilosis* (Reueerklärung) unterzeichnete, in der man seine bisherigen politischen Ansichten als falsch verdammte. Es gab zwar keine Massenhinrichtungen wie während des Bürgerkriegs, aber gefoltert wurde in allen großen Städten und auf Kreta. Etwa 200 Angehörige der Polizei und Gendarmerie, der Sicherheitspolizei (Asfaleia) und des Militärs beteiligten sich aktiv daran und wurden von der Asfaleia koordiniert. Druck aus Europa führte dazu, dass Griechenland im Dezember 1967 den Europarat verließ.

Die Bürger durften nur mit einer Sondergenehmigung das Land verlassen. Die Grundrechte waren aufgehoben und alle politischen Parteien aufgelöst. Jede Familie war verpflichtet, innerhalb von zwei Stunden Gäste polizeilich zu melden. Jeder konnte ohne Haftbefehl verhaftet und ohne Urteil beliebig lange festgehalten werden. Die Militärs legten Wert auf anständiges Aussehen. Mädchen durften keine Miniröcke mehr tragen, Jungen mussten ihre Beatle-Mähnen scheren lassen. Der Öffentliche Dienst und die Justiz wurden. von allen der Junta Suspekten gesäubert. Auslandsgriechen, die wie Melina Merkouri sich kritisch über die Junta äußerten, wurden die Staatsangehörigkeit entzogen und ihr Eigentum in Griechenland konfisziert. Sie reagierte charakteristisch; *"Ich bin als Griechin geboren und werde als Griechin sterben. Herr Pattakos ist als Faschist geboren und wird als Faschist sterben."* Die juntahörige Kirche exkommunizierte Melina.

In Europa bezeichnete man das Regime als faschistisch. Aber die Obristen hatten keinerlei konkrete ideologische Vorstellungen, sieht man von ihrem militanten Antikommunismus und ihrem bigotten griechischen Christentum einmal ab (*Ellas Ellinon Christianon*). Nicht einmal das klassische Griechenland fand Eingang in ihre ideologischen Vorstellungen wie dies bei Metaxas gewesen war. Tatsächlich vertraten die Obristen ein kleinbürgerliches Spießertum. Die Junta und ihre Anhänger waren einfache national denkende Griechen ohne jegliche Bildung. Musik von Theodorakis war genauso verboten, wie russischer Kaviar. Es gab einen Index mit 760 verbotenen Büchern von über 200 griechischen und ausländischen Autoren. Das Regime vom 21. April war einfach eine primitive Militärdiktatur.

Die Junta brachte auch den Kulturbetrieb unter ihre Kontrolle. Rundfunk und Fernsehen wurden zensiert. Theaterstücke, von denen der Zensor annahm, dass sie auch nur einen Hauch links wären oder die Sitten und Gebräuche der griechischen Nation untergrüben, wurden verboten. Vortragstexte über literarische und andere Themen mussten der Zensur vorgelegt werden, die sie auf subversive Wörter durchsuchte. Bücher und Zeitungen wurden zensiert. Das Resultat war, dass politisch interessierte Griechen je nach politischer Ausrichtung Radio London, Moskau, Paris und vor allem die Deutsche Welle aus Köln hörten.

Der einzige Bereich, von dem die Junta aufgrund ihrer bäuerlichen Abstammung eine vage Ahnung hatten, war die Landwirtschaft. Da sie die Bauern als Anhängerschaft hinter sich bringen wollten, förderten sie diese. Auf der Grundlage eines nie angewendeten Gesetzes aus dem Jahr 1958 verteilten sie Land, das Städten und Gemeinden gehörte an landlose

Bauern. Die Rente der Bauern wurde erhöht, ebenso die Hinterbliebenenrente. Die Mittel für die medizinische Versorgung auf dem Land wurden erhöht. Griechenland war nach wie vor ein Entwicklungsland Die archaisch betriebene Landwirtschaft beschäftigt weit über eine Million Menschen. Es gab fast keine Industrie. Die Folge waren Auswanderung z.B. nach Australien oder Arbeitsmigration nach Deutschland.

Das Pro-Kopfeinkommen der Bevölkerung sank, und der Staat machte Schulden. Die Reichen blieben weiterhin steuerfrei. Die Junta hatte versprochen, das Klientelsystem der Politiker zu zerschlagen, was sie nur bedingt tat. Aber dies hielt sie nicht davon ab, ihr eigenes aufzubauen, das noch unkontrollierter funktionierte, denn es gab keine Kritiker mehr. Die Politiker der Vor-Junta-Zeit hatten zumeist aus dem wohlhabenden Bürgertum gestammt und es nicht notwendig gehabt, sich hemmungslos aus der Staatskasse zu bedienen. Die Junta und ihre Clique und die meisten anderen Offiziere hingegen stammten aus der Unterschicht und hatten "Nachholbedarf". Die Offizierskaste bereicherte sich hemmungslos. Kaum ein Vertrag über öffentliche Arbeiten wurde geschlossen, an dem Offiziere nicht mitverdienten. Damit hatte sich am griechischen Klientelismus nichts geändert, außer dem Personenkreis, der den Nutzen daraus zog.

Das Ende der Papadopoulos-Diktatur

Im Lauf der Zeit zog Papadopoulos immer mehr Macht an sich. Im Januar 1973 war er in Personalunion Regent, Premierminister, Verteidigungsminister und Außenminister. Es zeigten sich Züge einer Hybris. Er schwebte über den Dingen und kümmerte sich nicht genug um die tagespolitischen Entscheidungen. Aber diese Machtkonzentration bedeutete auch, dass er zumindest nach außen hin für fast alles zuständig - und verantwortlich war. In vielen Bereichen war er damit völlig überfordert, da ihm jegliche Fachkompetenz fehlte.

Sollte aus dem1970 gewählten "Miniparlament" eine echte Volksvertretung werden? Sollte die Diktatur permanent oder Griechenland eine Präsidialrepublik werden? Sollte die Verfassung von 1968 in Kraft gesetzt werden? Auch für diese Fragen hatte Papadopoulos keine Antworten. Seine Politik in diesen Monaten hatte kein Programm und keine Perspektive. Er hatte die Initiative verloren und reagierte nur noch auf die Ereignisse. Er betrieb eine Politik des "Durchwurstelns". Papadopoulos begriff, dass ihm aus der Marine und der Armee Gefahren drohten, aber diese konnte er bannen. Aber dass ihm eine Gefahr von den Studenten drohte, begriff er überhaupt nicht.

Sein Ärger mit den Studenten begann schon im Wintersemester 1972/73 wegen relativ harmloser Dinge; die Studenten wollten z.B. eigene Vertretungen wählen. Es kam zu Demonstrationen, die niedergeknüppelt wurden. Die studentischen "Rädelsführer" wurden zum Militärdienst einberufen. Nach Unruhen in den Streitkräften leitete Papadopoulos Demokratisierungsmaßnahmen ein und ließ im Oktober 1973 Spyros Markezinis eine zivile Regierung bilden. Am 8. Oktober verkündete dieser, dass in Bälde Wahlen abgehalten werden sollten. Dies machte die Hardliner um ESA-Chef Ioannidis wütend, denn sie wollten die Diktatur beibehalten. Die demokratischen Kräfte witterten Morgenluft und im Athener Polytechneion kam es zu Studentenunruhen, die gewaltsam niedergeschlagen wurden. Es gab 24 Tote und 886 Verhaftete.

Die Ioannidis-Diktatur

Die Polytechneion-Unruhen führten zum Sturz von Papadaopoulos. Ioannidis selbst war ein Hardliner der ursprünglichen Junta, dem der weiche Kurs von Papadopoulos nie gepasst hatte. Er war ein asketischer Fanatiker im Denken und Handeln, der von der Demokratie westlicher Prägung nichts hielt. Als Chef der Militärpolizei ESA war er letztlich für die von seinen Leuten verübten Folter verantwortlich und billigte sie. Im Augenblick genügte es ihm, aus den Kulissen die Entwicklung zu steuern. Sein Ziel war die Rückkehr zu den 're-volutionären' Vorstellungen der Junta vor und am 21. April 1967. Es war daher logisch, dass er alle Maßnahmen in Richtung Demokratisierung des Regimes, die Papadopoulos ein-geleitet hatte, sofort stoppte.

Die Pressezensur wurde verschärft. Oppositionelle wurden ins wieder eröffnete KZ auf Gioura geschafft. Die Führungskader der Streitkräfte wurden erneut ausgewechselt. Nun wurden immer mehr unerfahrene Offiziere auf hohe und höchste Kommandoposten be-fördert. Die griechische Armee war zu einer politisierenden putschenden Armee geworden, die ihre Aufgabe in der Durchsetzung ihrer Interessen sah. Ihre eigentliche Aufgabe, die Verteidigung des Landes, geriet in Vergessenheit. Dass in einer solchen Armee nichts mehr funktionierte, ist wenig erstaunlich, hatte aber im Sommer 1974 katastrophale Folgen.

Auch wirtschaftlich war die Lage schwierig. Die Inflation trabte wieder. Die Überwei-sungen der Gastarbeiter aus Deutschland nahmen wieder ab. Auch die Einnahmen aus der Schifffahrt und dem Tourismus gingen zurück.

All dies geschah vor dem Hintergrund eines sich immer mehr zuspitzenden Konflikts mit der Türkei. Da war einmal der Minoritätenkonflikt, bei dem es hauptsächlich um die in Istanbul lebenden Griechen und um die Moslems in Westthrakien ging, der seit Mitte der 1950er Jahren immer mal wieder aufflackerte. Als 1973 in der Nordägäis bei Thasos Öl ge-funden wurde, entstand der Schelfkonflikt, bei dem die Türkei die den Schelf bis zur Me-dianlinie der Ägäis forderte. Zu diesem Konflikt kam ein Streit um die FIR (Flight Informa-tion Region), bei dem es um die Kontrolle des zivilen Luftverkehrs über der Ägäis ging. Auch hier forderte die Türkei die Medianlinie. Hinzu kam der Zypernkonflikt.

Bislang hatte die NATO-Mitgliedschaft beider Staaten immer als Bremse für einen offe-nen Ausbruch des Konfliktes gewirkt. Gegen den Willen der USA hätte keiner der beiden Staaten einen bewaffneten Konflikt riskiert. Aber auch in den USA hatte es einen schwer-wiegenden Wechsel in der Politik gegeben. Im September 1973 war Henry Kissinger US-Außenminister geworden und dieser war mit Weltpolitik beschäftigt. Die ständig an Schärfe zunehmende Watergate-Krise erreichte im ersten Halbjahr 1974 ihren Höhepunkt. Die USA hatten praktisch keine Regierung. Kissinger übernahm de facto die Rolle des Präsidenten. Angesichts dieser Lage und Kissingers weltpolitischen Engagements war es wenig verwun-derlich, dass ihn die Minikonflikt zwischen Griechenland und der Türkei ihn nicht interes-sierte.

Der Putsch auf Zypern und das Ende der Diktatur[1]

Papadopoulos hatte sich immer wieder über die Politik von Makarios geärgert, aber er wusste, dass jeder Versuch, die *Enosis* durchzusetzen, Krieg mit der Türkei bedeutete, und dieser würde mit einer Niederlage Griechenlands und der Teilung Zyperns, wenn nicht gar mit der Annexion der gesamten Insel durch die Türkei enden. Ioannidis kannte zwar Zypern aus eigener Anschauung, aber aus der Perspektive eines Militärpolizisten, und hatte nichts von der komplizierten politischen Lage begriffen. Er dachte in antikommunistischen Schwarz-Weiß-Kategorien des Kalten Krieges. In Ioannidis' Augen war Makarios ein Kommunistenfreund, der statt die kommunistische Partei Zyperns (AKEL) zu verbieten mit ihr und der Sowjetunion kungelte. Außerdem anerkannte Makarios den Führungsanspruch des nationalen Zentrums Athen nicht, in diesem Fall also den der Junta, ja er nahm sogar verfolgte Oppositionelle auf und unterstützte sie. All dies reichte aus, um in Ioannidis die Überzeugung wachsen zu lassen, dass Makarios beseitigt werden musste. Es fehlte nur noch der Anlass für eine Intervention.

---

1   Dazu Heinz A. Richter, *Geschichte der Insel Zypern 1965-1977*, Band 4, (Mainz: Rutzen, 2009).

Als erstes brachte Ioannidis die im Untergrund gegen Makarios arbeitende EOKA B unter seine Kontrolle und befahl ihr, gegen Makarios vorzugehen. Als dies missglückte, befahl er am 2. Juni seinen Leuten in der zypriotischen Nationalgarde und im griechischen Armeekontingent (ELDYK) einen Putsch gegen Makarios vorzubereiten. Der Putsch sollte am 15. Juli 1974 unter der Führung von Brigadier Michail Georgitsis über die Bühne gehen. Als Georgitsis die Befürchtung äußerte, dass es zu einer türkischen Intervention kommen könne, beruhigte Ioannidis ihn: Seine Sorge sei unbegründet, denn es gebe "Rückendeckung". Ioannidis sagte zwar nicht, von wem diese Rückendeckung kommen sollte, aber Georgitsis gewann den Eindruck, dass damit die Amerikaner gemeint waren. In den nächsten Tagen wurden die Einzelheiten des Putsches festgelegt.

Welche Pläne Ioannidis mit seinem Putsch genau verfolgte und welche Vorstellungen er für die unmittelbare Zeit nach dem Putsch hatte, ist unklar. Deutlich ist die Anlehnung an den Enosis-per-Putsch-Plan von Acheson aus dem Jahr 1964, den Ioannidis schon 1965 verfolgt hatte. Danach sollte Makarios beseitigt und die doppelte Enosis vollzogen werden, d.h. Teilung der Insel und Anschluss der Teile an die Mutterländer.

Ioannidis wollte Makarios stürzen, weil er ihn hasste und weil er den Anschluss Zyperns an Griechenland wollte. Über die Konsequenzen seines Tuns dachte er wohl kaum nach und verließ sich darauf, dass die türkische Regierung schon nicht intervenieren werde. Unbewusst verließ er sich damit auf den auch von ihm verinnerlichten *Xenos Paragontas*, (ausländischer Faktor), also auf die Amerikaner, die sich ja schon in der Vergangenheit zweimal eingemischt hatten, als es gefährlich wurde. Aber Ioannidis' Ansprechpartner war nicht die Botschaft sondern die CIA. Sie war der "ausländische Faktor" (o xenos paragontas) auf den Ioannidis hörte, und da von diesem Faktor keine Reaktion kam, betrachtete er dies als grünes Licht für sein Vorhaben in Zypern. Da niemand von der hohen griechischen Generalität die Zivilcourage aufbrachte, ihm in den Arm zu fallen, nahm das Verhängnis seinen Lauf.

In der Vergangenheit hatten die amerikanische Diplomatie mehrfach solche Entwicklungen gestoppt, aber Henry Kissinger verfolgte eine "Hände-weg-von-der-Junta-Politik". Außerdem war Makarios in seinen Augen undurchsichtig und lästig, und deshalb ließ er den Dingen ihren Lauf, es sollte ja nur der Stein des Anstoßes, Makarios, aus dem Weg geräumt werden. Hätte Kissinger die tatsächlichen Konsequenzen erkannt, nämlich die bewaffnete türkische Intervention und Invasion, hätte er sich mit großer Wahrscheinlichkeit eingemischt.

Kissingers Haltung veranlasste das State Department, die Dinge laufen zu lassen. Man wusste, dass unbequeme Warner versetzt wurden. Man zog es daher zu schweigen. So nahm das Verhängnis seinen Lauf. Hinzu kam die Watergate-Krise, die in jenen Tagen ihrem Ende entgegen ging; am 23. Juni waren jene endgültigen Beweise gefunden worden, die zu Nixons Rücktritt am 9. August führten.

Am 15. Juni 1974 griffen Ioannidis-Anhänger in der Nationalgarde den Präsidentenpalast an. Mit knapper Not gelang Makarios die Flucht in die Troodos-Berge zum Kykko-Klöster. Wäre Makarios getötet worden, hätten die Putschisten die Chance gehabt, unter den zypriotischen Politikern einen vorzeigbaren Kollaborateur zu finden, der an Makarios' Stelle getreten wäre. Aber Makarios meldete sich sogar über einen UKW-Sender in Paphos und widerlegte damit die Behauptung der Putschisten, er sei tot. In Nikosia versuchte ein Vertreter der Putschisten inzwischen einen Nachfolger für Makarios zu finden. Als die potentiellen Kandidaten hörten, dass Makarios lebte, wiesen sie alle die Offerten ab. Der einzige der schließlich scharf darauf war, das Amt zu übernehmen, war Nikos Sampson. Sampsons Ernennung war der größtmögliche Fehler der Putschisten, denn Sampson war als Türkenfresser bekannt. Bei den Weihnachtsunruhen von 1963 hatte er mindestens 20 türkische Zyprioten umgebracht. Seine Ernennung bildete die größtmögliche Provokation für Ankara.

Ankara ging mit größter Vorsicht ans Werk. Man forderte London auf, auf der Basis des Garantievertrages gemeinsam in Zypern zu intervenieren, um dort die Demokratie wiederherzustellen, was London jedoch ablehnte. Dadurch konnte Ankara entsprechend dem Garantievertrag auch unilateral handeln. Am 20. Juli 1974 landeten die ersten türkischen Truppen auf Zypern. Zuvor hatte der stellvertretende US-Außenminister Joseph Sisco, der sich in der Region aufhielt, Kissinger mitgeteilt, er wolle Ankara davon abhalten. Doch Kissinger pfiff ihn zurück.

Schon während der Nacht vom 19. auf den 20. Juli kamen immer wieder konkrete Warnungen an das Oberkommando nach Athen, dass die türkische Flotte in Richtung auf Zypern unterwegs sei. Die Reaktionen waren unglaublich: Das Athener Hauptquartier war der Meinung, dass es sich bei den türkischen Flottenbewegungen um eine Übung handle. Man interpretierte die Flottenbewegungen als politische Drohkulisse und verließ sich letztlich vertrauensvoll auf die Amerikaner, welche die Türken schon von ernsteren Unternehmungen abhalten würden. Ioannidis scheint sich aufgrund des Sisco-Besuchs ähnlichen Illusionen hingegeben haben. Entsprechend war er völlig perplex, als er erfuhr, dass die Türken in Zypern militärisch intervenierten. Er wollte das nicht glauben könne; es müsse eine Lüge sein. Seine Reaktion war die eines Menschen, für den eine Welt zusammenbricht. Erstaunlich ist eigentlich nur, dass er bis zu diesem Zeitpunkt die griechische Politik vollkommen beherrscht hatte.

Als die Tatschen bekannt wurden, zeigte es sich, dass die Junta die griechischen Streitkräfte so heruntergewirtschaftet hatte, dass sie nicht einsatzfähig waren. Die Türken konnten fast ungehindert fast 40 Prozent der Insel besetzen und die griechische Bevölkerung vertreiben. Dies wiederum führte zum Sturz von Ioannidis durch das Militär und zur Rückkehr von Karamanlis. Dieser versuchte in der nun folgenden Phase der Re-Demokratisierung (Metapolitefsi) den Klientelismus zu überwinden, indem er mit der *Nea Dimokratia* eine neue Partei gründete, die einen europäischen Charakter (evropaïkou typou) haben sollte, was ihm jedoch nicht gelang. Griechenland kehrte zum alten System zurück. Den Preis für die Rückkehr der Demokratie in Griechenland zahlten die Zyprioten, deren Insel seither geteilt ist.

„OPERATION MERKUR"
Die Luftlandeschlacht um die Insel Kreta im Mai 1941
Strategische Bedeutung und verpasste Chancen

Egon W. Scherer

Schon ein Blick auf die Landkarte zeigt, dass Kreta ein ganz besonderer Bestandteil Griechenlands ist. Erst seit 1913 mit dem griechischen Staatsgebiet vereinigt, hat diese heute größte griechische Insel, neben Sizilien, Sardinien, Zypern und Korsika die fünftgrößte Insel des Mittelmeeres überhaupt, ihre ganz eigene Geschichte, die durch ihre geographische Lage bedingt ist.

Schon die frühesten Herren Kretas, die bereits 2000 Jahre vor Christus die großartige minoische Kultur schufen, die erste europäische Hochkultur, übten aufgrund der günstigen Lage der Insel eine Vormachtstellung im östlichen Mittelmeer aus. Und auch als die Mykener und dann die Dorer von Kreta Besitz ergriffen, später die Römer, die Byzantiner, die Araber, die Venezianer und schließlich die Türken - immer ging es beim Kampf um Kreta um die enorme seestrategische Bedeutung dieser Insel.

Als langgestreckter, schmaler Block liegt die 260 Kilometer lange und nur zwischen 12 und 60 Kilometern breite Insel quer vor den Zugängen in die Ägäis. An der Nordküste hat Kreta mit der Suda-Bucht wohl den besten Naturhafen des östlichen Mittelmeeres. Im Nordwesten recken sich die Ausläufer des Peloponnes der Insel bis auf knapp 100 Kilometer entgegen, im Norden sind es etwa 300 Kilometer bis Athen, im Nordosten liegt in 150 Kilometer Entfernung Rhodos mit der Inselwelt des Dodekanes und dahinter die Türkei. Im Westen sind Malta, Sizilien und Italien die nächsten Nachbarn Kretas, im Osten Zypern und dann Syrien. Im Süden trennen Kreta rund 350 Kilometer von der Küste der Cyrenaika zwischen Tobruk und Sollum und im Südosten rund 550 Kilometer vom Nildelta.

Die auf der exponierten geographischen Lage der Insel beruhende strategische Bedeutung Kretas erhöhte sich noch durch die Entwicklung der Luftfahrt im 20. Jahrhundert: die Insel wurde nun auch luftstrategisch ein höchst interessanter Punkt. Eine über leistungsfähige Luft- und Seestreitkräfte verfügende Macht, die Kreta als Luftstützpunkt und Flottenbasis benutzte, konnte von hier aus alle feindlichen Gebiete im Bereich ihrer Luftwaffe bedrohen und den Seeverkehr zwischen dem westlichen und dem östlichen Mittelmeer kontrollieren. So lag es nahe, dass nach Beginn des Zweiten Weltkrieges die Insel ins besondere Blickfeld der kriegführenden Mächte geriet, als mit dem Kriegseintritt Italiens im Juni 1940 auch das Mittelmeer zum Kriegsschauplatz wurde.

Es waren aber interessanterweise weniger die Italiener als vielmehr die Engländer einerseits und die Deutschen andererseits, die Kreta schon früh in ihr strategisches Kalkül einbezogen. Großbritannien und Frankreich hatten angesichts der expansiven Politik Hitlers und seines Bundesgenossen Mussolini, der am 7. April 1939 Albanien kampflos besetzen ließ, noch im selben Monat die Unabhängigkeit Griechenlands garantiert. Ein Jahr später, als Hitler schon seine ersten „Blitzkriege" geführt hatte und ein baldiger Kriegseintritt des deutschen „Achsen-Partners" Italien immer wahrscheinlicher wurde, beschlossen die britischen Stabschefs in Abstimmung mit den führenden französischen Militärs am 25. April 1940, im Falle des italienischen Kriegseintritts sofort Kreta in Besitz zu nehmen.[1]

---

[1] Karl Gundelach: „Der Kampf um Kreta 1941" in „Entscheidungsschlachten des Zweiten Weltkrieges", (Frankfurt/Main, 1960), p. 103.

England hätte Kreta mit der Suda-Bucht gern neben Gibraltar, Malta, Alexandria und Zypern als zusätzliche Basis für die sichere Beherrschung des Mittelmeeres in einem Krieg mit Italien gewonnen. Überdies war die Bedrohung Kretas vom nahen Rhodos her, dem starken Militärstützpunkt im damals italienischen Dodekanes,[1] nicht zu übersehen. Englands Premier Churchill schrieb später in seinen Memoiren: *"Ein Punkt von überragender strategischer Bedeutung sprang uns vor allem in die Augen - Kreta. Es durfte den Italienern nicht in die Hand fallen. Wir mussten es vor ihnen besetzen - und zwar unverzüglich."*[2]

Die griechische Regierung Metaxas reagierte auf die frühen britischen Pläne zur Besetzung Kretas allerdings zunächst zurückhaltend. Das auf seine Neutralität bedachte Griechenland gab am 21. Mai 1940 seine Zustimmung für eine britische Truppenlandung auf Kreta nur für den Fall, dass Mussolini gegen Griechenland selbst kriegerisch vorgehen sollte. In Erfüllung dieser Abmachung brachten die Engländer dann tatsächlich im Herbst 1940 schon wenige Tage nach Beginn des italienischen Angriffs auf Griechenland am 29. Oktober 1940 ihre ersten Truppen auf die Insel.

Churchill: "Ein zweites Scapa Flow"

Churchill entwickelte sogar den ehrgeizigen Plan, nun aus der Suda-Bucht „ein zweites Scapa Flow" werden zu lassen.[3] So wurden denn auch bald Spezialeinheiten der britischen Marine nach Kreta gebracht, die eine Flottenbasis aufbauen sollten. Aber dennoch blieben alle Anstrengungen der Streitkräfte weit hinter den Erwartungen des in dieser Frage ungewöhnlich stark engagierten britischen Premiers zurück, so dass Churchill später in seinen Memoiren klagte: *"Es bleibt für mich erstaunlich, dass es uns nicht gelang, die Suda-Bucht zur amphibischen Zitadelle der Festung Kreta auszubauen."* Allerdings waren seine führenden Militärs bezüglich der Bedeutung Kretas nicht immer einer Meinung mit ihrem Premier. Noch am 18. April 1941 lautete beispielsweise eine Direktive der britischen Stabschefs an General Wavell, den Oberbefehlshaber der britischen Landstreitkräfte im Nahen und Mittleren Osten: *"Vorrang hat der Sieg in Libyen - Kreta kann später in Betracht gezogen werden."*[4] Auf dem nordafrikanischen Kriegsschauplatz Libyen erwehrten sich die Engländer damals gerade einer stürmisch vorgetragenen Offensive von Rommels Afrika-Korps.

Auf der Gegenseite, bei den Achsenmächten, war es vornehmlich Hitler, der schon früh besonderes Gespür für die strategische Bedeutung Kretas bewies. So versuchte er schon bald nach dem Kriegseintritt Italiens, im Juli 1940, den Bundesgenossen für Kreta und Zypern zu interessieren - offenbar in der Absicht, Italiens Kampf gegen England im Mittelmeer zu forcieren und zudem auch, um Mussolini von anderen, ihm nicht genehmen Plänen auf dem Balkan abzulenken, insbesondere einem italienischen Angriff auf Jugoslawien. Aber die Italiener reagierten ablehnend, interessierten sich eher für die Inbesitznahme von Korfu denn von Kreta, obwohl die italienische Inselgruppe des Dodekanes greifbar nahe lag. Franz Halder, der Generalstabschef des deutschen Heeres, notierte in seinem Kriegstagebuch: *"Italien will anscheinend einige griechische Inseln haben im Jonischen Meer. Die Versuche des Führers, es für Kreta und Zypern zu interessieren, hatten keinen Erfolg."*[5]

---

1   Die Dodekanes-Inseln, deren Name sich vom griechischen Wort für "zwölf" für die zwölf größeren Inseln ableitet, liegen im Osten der Ägäis vor der türkischen Küste. Sie wurden nach dem Balkankrieg von 1912 von Italien okkupiert.

2   Winston S. Churchill: *Der Zweite Weltkrieg*, Bd. II/2, (Bern, 1950), p. 258

3   Scapa Flow war der Hauptstützpunkt der britischen "Home Fleet" (Heimatflotte) in einem gut geschützten natürlichen Hafen in einer Bucht der Orkney-Iseln im Norden Schottlands.

4   I. O. S. Playfair: „The Mediterranean and Middle East", in „History of the Second World War", Bd. II, (London, 1956), p. 124.

5   Franz Halder: *Kriegstagebuch*, Bd. II, (Stuttgart, 1963), p. 21

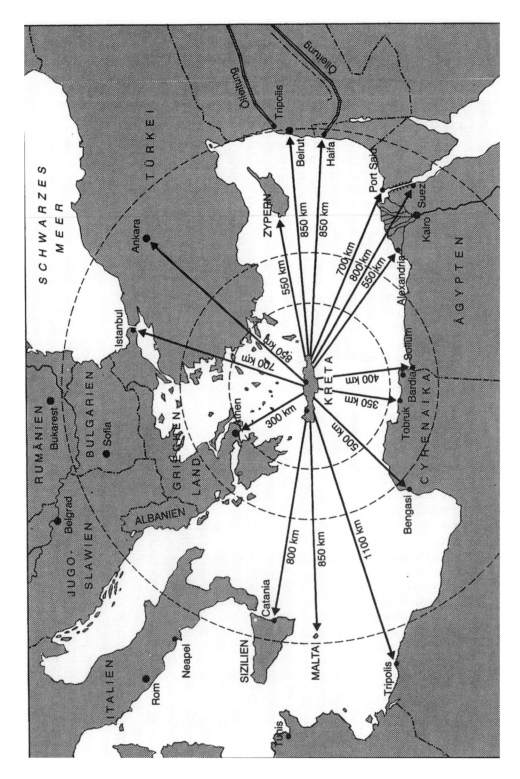

Als Mussolini dann im Herbst 1940 zu einem nach Hitlers Meinung höchst ungünstigen Zeitpunkt seine Divisionen von Albanien aus in Griechenland einfallen ließ, schrieb der Führer am 20. November 1940 dem Duce einen Brief, in dem er beklagte, Mussolini habe diese Aktion doch nicht unternehmen sollen *"ohne eine vorhergehende blitzartige Besetzung Kretas, und ich wollte Ihnen zu diesem Zweck auch praktische Vorschläge mitbringen - für den Einsatz einer deutschen Fallschirmjägerdivision und einer weiteren Luftlande-division."*[1]

Hitlers Sorge um Rumäniens Ölquellen

Hitlers Interesse an einer Besetzung Kretas durch die Achsenmächte war vor allem in seiner Furcht begründet, Kreta könne von den Briten als Luftwaffenbasis für Angriffe auf das rumänische Erdölgebiet von Ploesti genutzt werden - eine Ölquelle, nach deren Ausfall die deutsche Kriegsmaschine wohl kaum noch hätte geschmiert werden können. So heißt es bezeichnenderweise in seinem eben genannten Brief an den Duce: *"Die militärischen Folgen der Entwicklung dieser Situation, Duce, sind sehr schwere. England erhält nunmehr eine Reihe von Stützpunkten, die es in nächste Nähe des Petroleumgebietes von Ploesti bringen.. Ich wage über die Folgen kaum nachzudenken. Denn, Duce, über eines muss Klarheit bestehen, einen wirksamen Schutz eines Petroleumgebietes gibt es nicht."*[2]

In diesem Hitler-Brief an Mussolini wird symptomatisch das vorwiegend defensive Interesse des deutschen Diktators an Kreta deutlich - ein defensives Interesse, das schließlich dem ganzen „Defensiv-Charakter" seines späteren Balkanfeldzuges, des deutschen Angriffs auf Jugoslawien und Griechenland, entsprach. Hitler hatte schon zum Zeitpunkt des italienischen Einfalls in Griechenland im Oktober 1940 seinen Blick starr auf Russland gerichtet. Spätestens nach dem Besuch des russischen Außenministers Molotow in Berlin im November 1940 war er fest entschlossen, die Sowjetunion im Frühjahr 1941 anzugreifen und schon am 18. Dezember 1940 unterzeichnete er seine Weisung Nr. 21 für den Fall „Barbarossa", nach der die deutsche Wehrmacht sich darauf vorzubereiten hatte, "auch vor Beendigung des Krieges gegen England die UdSSR in einem schnellen Feldzug niederzuwerfen." Für seinen Russlandkrieg aber brauchte Hitler eine gesicherte Südflanke, brauchte er wieder „Ruhe auf dem Balkan", die durch Italiens Sonderkrieg gegen Griechenland und ebenso durch einen deutschfeindlichen Putsch in Belgrad am 27. März 1941 nachhaltig gestört war. Und so entschloss er sich schließlich, diese „Ruhe" mit Waffengewalt wiederherzustellen, Jugoslawien und Griechenland zu überfallen und damit auch die Engländer wieder aus Südosteuropa zu vertreiben.

Hitler dachte zunächst auch im Hinblick auf den Mittelmeerraum vorwiegend defensiv und hätte ihn gern seinem Bundesgenossen Mussolini ganz allein für seinen "Parallelkrieg" überlassen, wenn der diesen nur energisch genug führen wollte. So war es nur logisch, dass er sich bei Beendigung des Balkanfeldzuges angesichts der Frage, ob nun noch Malta oder Kreta durch deutsche Luftlandungen ausgeschaltet werden sollten, sofort für Kreta entschied. So wichtig auch der Besitz Kretas für die Achsenmächte war - zweifellos wäre der Besitz Maltas notwendiger für eine weitere offensive Kriegführung im Mittelmeer gewesen,

---

1   Hans-Adolf Jacobsen: *Der Weg zur Teilung der Welt – Politik und Strategie 1939 – 1945,* 2. Auflage (1979, (Koblenz / Bonn, 1977), p. 88f.

2   Bei Kriegsbeginn besaß Deutschland eine Treibstoffreserve von 2,5 Millionen Tonnen bei einer synthetischen Eigenproduktion von 3,75 Millionen Tonnen, doch betrug sein Verbrauch allein im ersten Kriegsjahr 11,5 Millionen Tonnen. Der Mehrbedarf musste durch rumänisches Öl gedeckt werden. Herbert Michaelis: *Der Zweite Weltkrieg 1939 - 1945,* (Frankfurt/Main, 1972), p. 210

insbesondere weil er den Seeweg nach Libyen und damit den Nachschub für die dort schwer ringenden italienischen und deutschen Truppen hätte sichern können. Aber Hitlers Sorge um die Gefährdung seiner rumänischen Ölbasis durch britische Luftangriffe gab den Ausschlag für den Angriff auf Kreta, während der deutsche Wehrmachtsführungsstab im Gegensatz zu Hitler für die Wegnahme Maltas eintrat.[1]

Die Mittelmeerstrategie der Militärs

Auch im Hinblick auf Kreta dachten die führenden deutschen Militärs, anders als Hitler, in deutlich offensiven Kategorien. Das hing wesentlich mit den grundsätzlichen Bestrebungen insbesondere der deutschen Seekriegsleitung und interessanterweise auch des Oberkommandos des Heeres zusammen, nach dem praktischen Verzicht auf die Landung in England („Operation Seelöwe") den Schwerpunkt der deutschen Kriegführung schon im Herbst 1940 in das Mittelmeer zu verlegen - wobei im Hintergrund auch der Gedanke mitspielte, Hitler von seinem riskanten Zug nach Osten abzubringen und so einen Zweifrontenkrieg zu vermeiden. Der entschiedenste Verfechter einer Mittelmeerstrategie war der Oberbefehlshaber der Kriegsmarine, Großadmiral Raeder, der immer wieder bei Vorträgen vor Hitler auf die vermeintlichen Möglichkeiten hinwies, England im Mittelmeer entscheidend zu schlagen. Und der dabei auch mehr als jeder andere der hohen deutschen Militärs Hitler wiederholt und eindringlich vor einer Auseinandersetzung mit Russland warnte, solange England nicht besiegt sei.[2]

Der Gedanke einer Besetzung Kretas tauchte bei den Überlegungen der führenden deutschen Militärs erstmalig auf, als im Oktober 1940 die Absicht der Italiener bekannt wurde, in Nordgriechenland einzufallen - und wurde sogleich als Bestandteil einer großen Mittelmeer-Offensive erörtert. Damals entwickelte der Chef des Wehrmachtsführungsstabes im Oberkommando der Wehrmacht, General Alfred Jodl, den Plan, zunächst in Nordafrika aus Roms damaliger Kolonie Libyen eine italienische Offensive mit deutscher Unterstützung bis zur Einnahme von Marsa Matruk in Ägypten voranzutreiben, von dort aus mit Flugzeugen und U-Booten das britische Alexandria-Geschwader zu dezimieren und erst dann die Operation gegen Griechenland mit einer gleichzeitigen Besetzung Kretas beginnen zu lassen. Der Chef des Generalstabes des Heeres, Generaloberst Halder, trat sogar für die Gleichzeitigkeit einer Aktion in Ägypten und gegen Kreta ein. *"Wenn etwas Ganzes geschafft werden soll, muss Kreta und Ägypten gleichzeitig gemacht werden"*, notierte er ins Tagebuch. Zudem plädierte er für eine ausgreifende deutsche Landoperation über Bulgarien und die Türkei nach Syrien, um die britische Position im Nahen Osten von zwei Seiten her in die Zange zu nehmen.[3]

Hitler ließ seine Generäle all diese schönen Pläne entwickeln, gab aber kein grünes Licht für ihre Verwirklichung, weil er zu diesem Zeitpunkt noch nicht daran dachte, von seiner "Politik der getrennten Räume" im Zusammenspiel mit Italien abzugehen und weil er sich nicht durch Verzettelung der deutschen Kräfte die Möglichkeit zu einem baldigen Feldzug gegen die Sowjetunion verbauen lassen wollte. Wenn Russland erst einmal geschlagen war, mochte auch die Entscheidung gegen England, wenn es denn immer noch nicht einlenken wollte, im Mittelmeer und im Nahen Osten gesucht werden.

Erst nach dem eindeutigen Scheitern des italienischen Angriffs auf Griechenland und den schweren Niederlagen Italiens gegen England in Nordafrika entschloss er sich zu "Stüt-

---

1   Andreas Hillgruber: *Hitlers Strategie, Politik und Kriegführung 1940 -1941* (München, 1982), p. 467.

2   W. Baum und E. Weichold: *Der Krieg der Achsenmächte im Mittelmeerraum* (Göttingen, 1973), p. 76f. Raeder sprach mit Hitler über die Notwendigkeit offensiver deutscher Kriegführung im Mittelmeerraum am 6. 9., 26. 9., 14. 11., 3. 12., 27. 12. 1940.

3   *Ibidem*, p. 77; Hillgruber: *Hitlers Strategie* , p.341f.

zungsmaßnahmen" für Italien auf dem Balkan und in Afrika, damit auch zum Krieg gegen
Griechenland und schließlich auch zur Eroberung Kretas - Maßnahmen, die als „Defensiv-
Strategie" zur Sicherung der Südflanke seines inzwischen aufmarschierenden Ostheeres immer noch im Rahmen seiner Gesamtkonzeption blieben, dem Krieg gegen Russland absolute Priorität in der deutschen Kriegführung zu geben.

Selbst als im Frühjahr 1941 die Feldzüge gegen Jugoslawien und Griechenland mit der
gewohnten Präzision der "Blitzkriege" abliefen, dann auch Kreta, wenn auch unter blutigen
Opfern, erobert war und gleichzeitig Rommels Afrika-Korps in Libyen überraschende Erfolge erzielt hatte, verschloss sich Hitler der verlockenden Möglichkeit, die gewonnene
günstige Ausgangsstellung für einen Entscheidungskampf gegen die britischen Positionen
im Mittelmeer und Nahen Osten zu nutzen. Mochte ihn auch Großadmiral Raeder noch in
einer Denkschrift vom 6. Juni 1941, also am Vorabend des Russlandkrieges, eindringlich
mahnen, "die Initiative im östlichen Mittelmeer fest in der Hand zu behalten" - Hitler wollte
nach Osten marschieren und brauchte dafür alle seine Kräfte. Das Gros der deutschen Luftstreitkräfte wurde aus dem Mittelmeerraum abgezogen.

"Sprungbrett" für Luftlandeoperationen
So blieben auch die Vorstellungen von General Student, des Schöpfers der deutschen Fallschirmtruppe, von einer Nutzung der so schwer erkämpften Basis Kreta als „Sprungbrett"
für weitere Luftlande-Operationen im Mittelmeer und Nahen Osten nur schöne operative
Träume. Konkrete Vorschläge von Görings Luftwaffenführungsstab für entsprechende Ak-
tionen gegen Zypern und Syrien wurden von Hitler abgelehnt, wobei auch der Schock, den
die hohen Verluste der Fallschirmjäger auf Kreta bei ihm ausgelöst hatten, eine Rolle gespielt haben mag. Zu General Student sagte Hitler im Juli 1941: *"Kreta hat bewiesen, dass
die Tage der Fallschirmtruppe vorüber sind."* Diese sei eine reine Überraschungswaffe, die
inzwischen stumpf geworden sei, weil sich der Überraschungseffekt abgenutzt habe.[1]

Die Eroberung Kretas im Mai 1941 war für Hitler in erster Linie "ein guter Abschluss
des Balkanfeldzuges". Damit war die Gefahr britischer Luftangriffe auf die rumänischen
Ölfelder gebannt. Die Bewegungsfreiheit der englischen Mittelmeerflotte war weiter einge-
schränkt. Auch war mit der Abriegelung der Ägäis der Seeweg von Rumänien und Bulgarien nach Italien abgedeckt und somit die Öl- und Getreidezufuhr aus dem Schwarzen Meer
für die Achsenmächte gesichert. Darüber hinaus war Kreta in deutscher Hand auch ein ge-
wisses Unterpfand für die weitere Neutralität der Türkei. Ferner war nunmehr von Griechenland aus über Kreta nach Bengasi und Derna, später auch nach Tobruk (1942) ein
zweiter Nachschubweg nach Nordafrika gewonnen. Und schließlich sollte Kreta die Basis
sein, von der aus, wie es in Hitlers Weisung Nr. 31 vom 9. Juni 1941 hieß, *"der Luftkrieg
im östlichen Mittelmeer in Übereinstimmung mit der Lage in Nordafrika fortgeführt wird."*

Wahrscheinlich wäre Kreta als Stützpunkt für die Luftkriegführung gegen die englischen Positionen im Ostmittelmeer im weiteren Verlauf des Krieges weitaus besser genutzt
worden, wenn sich dieser so entwickelt hätte, wie es Hitlers Weisung Nr. 32 vom 11. Juni
1941 höchst optimistisch voraussah. Diese Weisung, vom Wehrmachtsführungsstab nur als
Entwurf vorgelegt und bezeichnenderweise von Hitler nie unterschrieben, fußte auf der
Überzeugung, dass die Sowjetunion tatsächlich in einem „schnellen Feldzug" niederge-
worfen und die Masse des deutschen Heeres und der Luftwaffe bereits im Spätherbst 1941
wieder voll für neue Aufgaben zur Verfügung stehen würde. Dann sollte der Kampf gegen
die Briten im Mittelmeer und in Vorderasien *"durch konzentrischen Angriff, der aus Libyen
durch Ägypten, aus Bulgarien durch die Türkei und unter Umständen auch aus Transkau-*

---

1   Hermann Götzel (ed.), *Generaloberst Kurt Student und seine Fallschirmjäger* (Friedberg, 1980), p. 337.

kasien heraus durch den Iran vorgesehen ist", fortgesetzt werden. - Wie man sieht, reichlich verstiegene Pläne!

Es kam ganz anders: Russland wurde von Deutschland nicht besiegt, im weiteren
Kriegsverlauf blieben die Hauptkräfte der Wehrmacht im Kampf gegen diesen Giganten ge-
bunden und Hitler konnte im Mittelmeerraum nie mehr im geplant großen Stil offensiv
werden. Das Geschehen auf diesem Kriegsschauplatz blieb im Schatten des Russlandkrieges, und so konnte auch die mit der Eroberung Kretas gewonnene strategische Position nie
wirklich genutzt werden. Die deutsche Luftwaffe verfügte nicht über genügend Kräfte, um
von der so günstig gelegenen Basis vollen Gebrauch machen zu können. Auch der über
Kreta nach Afrika fließende Nachschub blieb immer unzureichend: die Verkehrsverbindun-
gen auf dem Balkan waren überlastet, Schiffe standen kaum zur Verfügung und die vorhandene Lufttransportflotte wurde laufend durch die Angriffe der Royal Air Force dezimiert.[1]
Der Hauptstrang für die Versorgung der Truppen Rommels verlief weiter an der von den
Briten behaupteten Insel Malta vorbei.

Keine "Entscheidungsschlacht"

Gewiss war die in einem kühnen Angriff gegen tapferen und zähen Widerstand gelungene
Eroberung Kretas aus der Luft, die "Operation Merkur", keine „Entscheidungsschlacht des
Zweiten Weltkrieges", wie eine deutsche Darstellung der Schlacht in einem Sammelband
mit diesem Titel glauben machen will. Es ist nicht zu erkennen, welche für den Gesamt-
krieg maßgebliche Entscheidung auf Kreta gefallen sein soll. Die von Kretern und Griechen
gern geglaubte These, der Balkanfeldzug der Wehrmacht wie auch der Kampf um Kreta
hätten den deutschen Angriff auf die Sowjetunion um eine entscheidende Zeitspanne ver-
zögert, darf heute als historisch widerlegt gelten. Auch die in der englischen Literatur über
die Schlacht um Kreta anzutreffende Meinung, die hier von den Briten erlittene taktische
Niederlage sei letztlich doch ein strategischer Erfolg gewesen, weil die dramatischen Verluste der deutschen Fallschirmtruppe Hitler dazu veranlasst hätten, niemals wieder einen
großen Sprungeinsatz dieser Spezialtruppe zu riskieren, erscheint wenig überzeugend.

Zwar waren die deutschen Verluste auf Kreta höher als die während des ganzen voran-
gegangenen Feldzuges gegen Jugoslawien und Griechenland,[2] aber von Kreta als dem
"Grab der deutschen Fallschirmjäger" zu sprechen, erscheint dennoch unangebracht. Dagegen spricht die Tatsache, dass die deutsche Fallschirmtruppe nach dieser Schlacht systematisch weiter ausgebaut wurde und schließlich von der ursprünglichen Divisionsstärke bis auf

---

1   Gundelach: Kampf um Kreta (S. 134). Ebenso Paul Carell: „Die Wüstenfüchse: Mit Rommel in Afrika",
    Hamburg 1958 (S. 118, 181). Nach Carell wurden zeitweise aus einem Verband von dreizehn Ju 52-Maschinen
    acht oder neun die Beute britischer Jäger, die von Malta aus aufstiegen.
14. Angaben über Kriegsverluste variieren in der militärgeschichtlichen Literatur erfahrungsgemäß immer sehr stark.
    Nach den völlig überzogenen Aufstellungen in Churchills Memoiren und überhaupt der frühen britischen
    Literatur zur Kreta-Schlacht wurden spätere Zahlenangaben realistischer, wenngleich sich viele Autoren, auch
    Historiker, mit ziemlich pauschalen Auskünften begnügen. Demnach betrugen die deutschen Verluste beim
    Balkan-Feldzug ca. 2000 Gefallene und Vermisste sowie 4000 Verwundete, beim Kreta-Einsatz hingegen etwa
    4000 Gefallene und Vermisste sowie 2000 Verwundete. Was Kreta betrifft, dürften die Angaben in dem Werk
    von Karl-Heinz Golla, *Die deutsche Fallschirmtruppe* (2006) besonders zuverlässig sein, da sie auf langjähriger
    Aufklärungsarbeit des "Bundes Deutscher Fallschirmjäger" fußen. Golla schreibt, dass "3162 Soldaten der
    Fallschirmtruppe in der Schlacht um Kreta ums Leben gekommen sind. Von den etwas mehr als 1600 damals
    registrierten Verwundeten dieser Truppe dürften zudem noch zwischen 200 und 300 an den Kämpfe in
    Sanitätseinrichtungen verstorben sein". Offensichtlich sind hier die etwa 1500 Vermissten als Gefallene
    mitgezählt. Gleichzeitig beziffert der Verfasser die Verluste der Gebirgstruppe auf Kreta mit 1133 Mann (321
    Gefallene, 324 Vermisste, 488 Verwundete), woraus ersichtlich wird, dass die Fallschirmjäger bei ihrer Landung
    mitten im Feind auf Kreta den weitaus höheren Blutzoll entrichtet haben. p. 543f.
2   Erich Busch: *Die Fallschirmjägerchronik 1933 – 1945* (Friedberg, 1983).

eine komplette Fallschirmarmee mit zwei Korps und insgesamt elf Divisionen anwuchs.[1] Es lag offenbar nicht an einer grundsätzlichen Entscheidung der deutschen Führungsspitze, wenn es neben kleineren Einsätzen (Sizilien, Elba, Rom, Ägäis, Ardennen) keinen großen Sprungeinsatz deutscher Fallschirmjäger nach Kreta mehr gegeben hat, sondern am Kriegsverlauf. Fallschirmjäger sind eine Offensivwaffe, geeignet, im Vorfeld eines Vormarsches bestimmte Feindpositionen im Handstreich zu nehmen und bis zum Eintreffen der Hauptkräfte zu halten. Deutschland befand sich aber seit 1943 in der Defensive, und bei Abwehrschlachten und Rückzügen bewähren sich auch Fallschirmjäger eher im Erdeinsatz als im Sprungeinsatz. Ihrem Ruf als Elite-Truppe sind sie bei all diesen Einsätzen stets gerecht geworden, wofür insbesondere der Name "Monte Cassino" (Schlacht von 1944) als Begriff steht. Allerdings wurde diese hochmotivierte Truppe als "Feuerwehr" an allen Fronten auch geradezu verheizt.

Übrigens waren 1942, dem letzten Jahr deutscher Siege, noch zwei größere Sprungeinsätze der Fallschirmtruppe geplant, die aber einmal von Hitler und einmal von der Wehrmachtsführung abgelehnt wurden. So wollte Hitler im Sommer 1942 im Zuge der großen Offensive im Süden der Ostfront Fallschirmjäger im Kaukasus abspringen lassen, die handstreichartig die Passhöhen im Gebirge besetzen sollten. Das wurde ihm von der Wehrmachtsführung als unzweckmäßig ausgeredet. Im gleichen Jahr plädierte die Wehrmachtsführung für den Einsatz deutscher Fallschirmjäger zur Eroberung der britischen Inselfestung Malta, was aber letztlich unterblieb, weil Hitler das Risiko zu groß war. Möglich also, dass die hartnäckige Verteidigung von Kreta 1941 ein Jahr später Malta gerettet hat. So gesehen, ist auf Kreta vielleicht doch eine wichtige Entscheidung gefallen, sicherlich jedoch keine kriegsentscheidende. Diese Entscheidung fiel nicht im Mittelmeer, sondern in Russland, und höchstwahrscheinlich nicht erst bei Stalingrad, sondern - wie deutsche Historiker heute meinen - schon Ende 1941 in der Schlacht vor Moskau, als sich mit dem Scheitern von Hitlers Blitzkriegskonzeption erstmalig deutlich die Kriegswende abzeichnete.

Die Inbesitznahme der Insel Kreta durch Fallschirmjäger und ihnen nachfolgende Gebirgsjäger der deutschen Wehrmacht im Mai 1941 wird immer in der Kriegsgeschichte als ein einmaliges, herausragendes Ereignis gelten. *"Die Eroberung Kretas durch eine Invasion, die ausschließlich durch die Luft erfolgte, war eine der erstaunlichsten und kühnsten Taten des Krieges. Sie war auch das bemerkenswerteste Luftlandeunternehmen des Krieges"*, urteilte der britische Militärhistoriker Liddell Hart.[2] Und auch Englands Kriegspremier Winston Churchill sparte nicht mit Anerkennung, wenn er in seinen Erinnerungen über die Luftinvasion Kretas schrieb: *"Niemals vorher und nachher wurde von den Deutschen ein wagemutigerer, rücksichtsloserer Angriff in Szene gesetzt. In vielen Aspekten war die Schlacht um Kreta etwas ganz Neues. Noch nie hatte die Welt ein kriegerisches Schauspiel dieser Art gesehen. Es war die erste großangelegte Luftlandeaktion der Weltgeschichte."*[3]

(Erweiterte Fassung eines vom Autor auf dem Internationalen Historikerkongress „Dictatorship and Occupation in Greece (1936 – 44)" im April 1984 in Athen gehaltenen Referates)

1
2 Liddell Hart: *Geschichte des Zweiten Weltkrieges*, Bd. I, (London, 1970), deutsch: (Düsseldorf, 1972). p. 177.
3 Churchill, *Zweiter Weltkrieg*, Bd. III/1, p. 339f.

"THE STRUGGLE FOR THE PAST"

Socialists against Communists in Post-junta Greece

Andreas Stergiou

In contrast to other European countries in which the Eighties were characterised by the cultural dominance of the "New Right", Greek politics was dominated by the rise of the Greek Socialist Party (PASOK), which came to power in October 1981 at a very high cost to the communist parties. Of the many factors accounting for PASOK's political-electoral supremacy in the 1970s and in the 1980s, the article tries to shed light on how the Socialists exploited the new left-wing current in Greek society affecting the perceptions of Greece's contemporary history. In this framework, it is argued that Greek Socialists' calculating re-interpretation of the past and populist treatment of political refugees, poor peasants and other social groups turned primarily against the parties of the Left and only secondarily against the political forces of the Right.

Introduction

The rise of the Greek Socialist party has captured the attention of both Greek and non-Greek scholars, even since PASOK's beginnings. A number of authors, mainly political scientists and - due to the lack of archival material – only a few historians, have tried to explain the remarkable and rapid success of the party by drawing up theoretical models using elements such as the personality of the leader, populism, the nature of the Cold War international system, and so on. A plethora of studies has also examined PASOK leader Andreas Papandreou's fierce anti-establishment and anti-Western rhetoric that revolutionized Greek politics by squeezing out the traditional Right and liberal Centre. Other scholars have also focused on the idiosyncratic left-wing nationalism and the "national independence discourse".[1] This study, however, by making use mainly of primary sources, focuses on a certain level of analysis: the reshaping of the collective memory. The reason for this methodological choice is that, contrary to the overwhelming majority of the analyses on the PASOK focusing on how the Socialists managed to beat the Conservatives, the article touches upon the political and ideological battle between PASOK and the parties of the Left.

Moreover, the article tries to underline in a historical manner some significant aspects of the era suggested by previous studies but never thoroughly proved due to the lack of empiri-

---

1　Some examples are: Vassilis Fouskas, 'The Left and the crisis of the Third Republic. 1989-1999', in Donald Sasson (ed.), Looking Left. Socialism in Europe after the Cold War, (New York, The New Press, 1997), pp. 64-87; Heinz-Jürgen Axt, *Griechenlands Außenpolitik und Europa: Verpaßte Chancen und neue Herausforderungen*, (Baden-Baden, Nomos Verlag, 1992); Giannis Voulgaris, *I Ellada tis Metapolitefsis 1974-1990. Statheri Dimokratia, simademeni apo thn metapolemiki istoria* [Post-Junta Greece 1974-1990. Stable Democracy marked by Post-War history], (Athens: Themelio Publisher, 2001); Michalis Spourdalakis (ed.), *PASOK: Komma-Kratos-Koinonia* [PASOK: Party-State-Society], (Athens: Patakis Publisher, 1998); Andreas, Pantazopoulos, *O ellinikos ethnolaikismos. I periptosi tou PASOK* [Greek National Populism. The Case of PASOK] Diss.(Aristoteleion University Thessaloniki, 2000); Kostas Elefteriou and Chrisanthos Tassis, *PASOK. I anodos kai I Ptosi enos igemonikou kommatos* [PASOK. The rise and the fall of a hegemonic party] (Athens: Savvalas publisher, 2013); Michalis, Spourdalakis, *The rise of the Greek Socialist Party*, (London and New York, Routledge, 1988); Vrasidas Karalis, 'The Socialist Era in Greece (1981-1989) or the Irrational in Power', *Modern Greek Studies* (Australia and New Zealand), vol. 14, 2010, pp. 254-270.

cal material not available at the time of their publication. Indeed, the study's narrative relies on empirical material (archives and interviews) from various countries. The study has benefited from the recent release of some U.S. Central Intelligence Agency (CIA) and United States Department of State documents. It is also based on documents of the State Archives of Israel, the Foreign Relations of the United States documents (FRUS), the former German Democratic Republic (DDR)' Archives of the Mass Organisations and the Political Parties, the Historical Archives of the Greek Foreign Ministry, and on the Archives of Modern Social History in Greece. It also has drawn on empirical information from interviews with former political refugees, representatives from the Greek Communist Party and the correspondent of the Greek Communist newspaper Rizospastis in the Eastern Bloc (Germany), the former General Secretary of the Communist Party Grigoris Farakos as well as Victor Olenchenko (Russia), who was head of the consular department of the USSR in Greece during the 1970s and 1980s. As the analysis necessarily touches upon historical developments in the late 1940s or in the 1950s (e.g. political refugees), some of the archival sources date back to that period.

The political domestic environment in Greece during the 1970s

The period that began in Greece after the fall of the military dictatorship in 1974 (the so-called Third Greek Republic) is a very crucial stage in the historical evolution of the Greek political system. After the humiliating collapse of the military dictatorship in 1974, the political landscape of Greece underwent radical change. The special political, cultural and intellectual circumstances prevailing in the country at that time favoured the emergence of an amorphous and rapidly increasing left-wing electorate, wooed at the same time by the Communists and Socialists. Circumstances also favoured the appearance of a new left-wing oriented political culture that quickly gained in popularity. By the term "political culture" we refer to not only a comprehensive system of general beliefs dominated by a certain ideology and shared by a specific group, but also to the collective memory of a society - memories are not shaped independently of the temporal or spatial contexts in which they are formed-, as some scholars have already suggested.[1]

Against this background, it is argued that after 1974 PASOK, under Andreas Papandreou's leadership, decisively shaped Greek political culture, including collective memory and prevalent beliefs about Greece's role in the world power system as well as in the East-West confrontation. The Socialist's new political-ideological discourse, heavily influenced by Papandreou's sharp political instincts, opportunism and demagoguery, postulated national independence, popular sovereignty and social liberation for those who, according to the new narrative, "had been victims of foreign imperialism in the previous decades."

More precisely, bitter memories of the political oppression of Greek leftists in the post-Civil War era contributed from 1974 onwards to the rise of a new left-wing ideological trend. Certain episodes of Greek history were seen from a different vantage-point, creating henceforth a new Left-Right cleavage as a reflection of conflicting collective identities. In particular, the memory of the resistance against the Axis powers from 1941 to1944 began to shape extremely strong collective political identities. Notably, the Greek people's resistance to the Nazis during World War II brought into existence a popular movement without precedent in modern Greek history, in which Communists played a predominant role. The Communist-led National People's Liberation Army (ELAS) and its political organisation,

---

1   Natalia Starostina, 'Introduction', in Natalia Sarostina ed., *Between Memory and Mythology. The construction of Memory of Modern Wars*, (Cambridge: Cambridge Scholars Publishing, 2015), pp. xxv.

the National Liberation Front (EAM) assumed the character both of a national liberation movement and of socially revolutionary force.

In the Greek Civil War that broke out shortly after the withdrawal of the Nazis, the Communist-led rebel army was defeated. Many Communists left the country. It is estimated that during and after the end of the Greek Civil War (1949) over 60,000 adults and some 20,000–30,000 children were forced to go into exile as a result of the defeat,[1] seeking asylum in various foreign countries, especially in Eastern Europe and the USSR; most of them were compelled to remain in exile for the decades to follow.[2] Those members of the Communist partisan groups who remained in the country suffered extensive prosecution and socio-political discrimination. The latter, enshrined even in the established legal framework,[3] also denied Communists recognition for their part in the national resistance against the Axis powers. In most of the Western European countries resistance to the occupying Axis powers was glorified as a heroic struggle that served to legitimate postwar democratic regimes. In Greece, however, the predominantly left-wing resistance was banished from public memory. Official commemorations of the Greek Civil War legitimated the eventual rise to power of the anti-Communist right, while supporters of the left were condemned as traitors to the nation.[4]

The restoration of the parliamentary system in 1974 entailed not only the legalisation of Communist parties but also boosted demands for the handling of pending political issues. Two very sensitive one were the issue of the repatriation of the Greek political refugees from the time of the Greek Civil War and the recognition of the Communist contribution to the national resistance movement against the Nazis. As the left-wing resistance groups EAM and ELAS had been still unrecognized, Greek Communists were often excluded from the annual commemoration of the rejection of the 1940 Italian ultimatum that led to

---

1   The way the children left the country has been to date a hotly disputed topic. The government claimed that the Communists abducted the children, while the Communists claim that these children were orphans or belonged to fighters of the Communist guerrilla forces. The author's opinion resulting from many interviews he has conducted with children or offspring of those children is that the majority of the children were either orphans or belonged to families whose members fought for the Communist guerrilla forces. However, many of them were abducted, as the former General Secretary of the Communist Party Grigoris Farakos also admitted in personal communication with the author (Athens, April 1999). The story of those people is a modern Greek tragedy not only because they were deprived of their family but also because for the most part the Greek state randomly stigmatised them as well-trained, indoctrinated enemies of the nation. It was afraid that they might have been "contaminated" by the "communist virus" and de-hellenized. The refugee children were "forgotten"; they became a taboo topic excised from the public memory of the Civil War. See Loring M. Danforth and Riki van Boeschoten, *Children of the Greek Civil War Refugees and the Politics of Memory*, Chicago and London, The University of Chicago Press, 2012, p. 219. Hence, when many of them in the 1950s and the 1960s sought on their own to acquire Greek citizenship and to return to Greece, they were badly treated by the Greek authorities. Given the fact that some Eastern bloc countries (East Germany) never recognised them as full citizens, they had to cope until the 1980s, when PASOK enabled their mass repatriation, with a passport granting them the legal but also very emotional charged definition 'Greek without homeland'.

2   Alexandros Kitroef, 'Metapolemiki Metanastefsi' [Post-War Immigration], in Ioannis Hasiotis, Olga Katsiardi-Hering, Evridiki Abatzi (eds.), *Oi Ellinies sti Diaspora 15os-20os aionas* [Greeks in the Diaspora 15th-21th Century] (Athens, Greek Parliament-publication, 2006), pp. 75-94. With reference to the political refugees see in the same edited volume the contributions of Andreas Stergiou, 'Anatoliki Germania' [East Germany], pp. 147-149 and 'Tsechia-Slovakia' [Czech Republic - Slovakia], pp. 154-157, Gavrilis Lampatos, 'Polonia' [Polen], pp. 164-165 as well as Evaggelia Tsaroucha-Szabo, 'Ouggaria' [Hungary], pp. 175-181. See also Giorgos, Antoniou and Stathis Kalyvas, *Oi Politikoi Prosfyges tou Emfyliou Polemou. Koinonikes kai Politikes Proseggiseis* (eds.) [The Political Refugees of the Greek Civil War. Social and Political Approaches], Department of Balkan, Slavic and Eastern Studies: (Thessaloniki, 2015).

3   Theodoros Lagaris, *Innerer Feind, Nation und Demokratie. Zum Legitimationsprozess in Griechenland nach dem Bürgerkrieg*, (Baden-Baden: Nomos Verlag, 2000) .

4   Danforth and Boeschoten, *op. cit.*, 220.

Greece's participation in the World War II.[1] The primitive anti-Communist character of the discredited colonel regime 1967-1974 fostered voices calling for a recognition of the "leftist" contribution to this glorified era of modern Greek history.[2]

By presenting its own version of history, for example by describing itself as the descendant of the generation of the heroic Left-dominated resistance against the Nazis, PASOK managed to stir up anti-Western feelings and to capitalise on political misfortunes and malfeasances by laying the blame on the "foreign powers" who supposedly succeeded the Nazis in Post-war Greece. By re-defining the concept of *ethnikophrosyni* (the raison d' être of the Greek nation), brutally used against the leftists in Post-War Greece, Andreas Papandreou laid the foundations for a new "patriotic" course in foreign policy, conducive to national independence and emancipation from foreign powers. Contrary to the classical discursive nationalism, whose signifier is "the nation", Papandreou preferred to appeal to the "Greek People" and their sufferings from the foreign powers.[3]

The resentment that the average Greek still feels against "dependence on Great Powers" turned out to be a very important source of political capital. Targeting the "monopolistic West-German policy" within the European Economic Community proved a very effective method to revive anti-German resentment stemming from the period of the Nazi-occupation. In this way, Papandreou achieved two goals simultaneously: of justifying its opening to the Pankow regime in East-Berlin and cultivating a Greek version of anti-Europeanism. In this respect, Athens' defiant behaviour and repeated deviations from the EEC's policy in the 1980s also offer an interesting insight into the connections between foreign policy and emotional attitudes inspired by a nation's own history, collective memory and fight against foreign invaders. Greece's pro-Arab course in the 1980s was also justified by both anti-imperialistic rhetoric and references to the glorified historical past. An example is the visit to Athens during the 1982 Lebanon war by Farouk Kaddoumi, chief of the PLO's political department, where Papandreou assured him of Greece's support for the Palestinian cause and violently condemned the Israeli military operations in the Lebanon against the Palestinian people, comparing them to Nazi crimes committed in Greece in the 1940s.[4]

Left-wing nationalist slogans and propaganda were also popular in Greece during the Second World War and in the in the 1950s in the wake of the Cypriots' struggle against British colonialism.[5] There are, however, two essential differences with the left-wing nationalism of the 1970s and the 1980s. The leftist nationalist rhetoric of the 1950s was used exclusively against the conservative governments of that time, whereas Papandreou's exploitation of a strongly anti-American and anti-West public opinion in the 1970s and in the 1980s, which included the "normalization" of relations with the Soviet bloc, was also directed against the Greek Communist parties. Secondly, PASOK's course acquired, after winning power, a material basis through clientelistic practices, mirrored on the handling of the sensitive and pending issues of the repatriation of the political refugees and on the official recognition of national resistance in Greece against Nazi occupation. These legislative ini-

1   Voulgaris, *op. cit.*, pp. 28-43.
2   Greek Communist Party-KKE, *Eklogiko Manifesto tou Ellinikou Kommounistikou Kommatos* [Election Manifesto of the Greek Communist Party], (Athens, 1981).
3   Nikos Demertzis, 'I Elliniki Politiki Koultoura sti Dekaetia tou 1980' [Greek Political Culture the 1980s], in: Christos, Lyritzis and Ilias, Nikolakopoulos (eds.), *Ekloges kai Kommata sti Dekaetia tou 1980. Exelixeis kai Prooptikes tou Ellinikou Politikou Sistimatos* [Elections and Parties in the 1980s. Developments and Perspectives of the Greek Political System], (Athens: Themelio Publisher, 1990), pp. 70-96.
4   Sofia Papastamkou, 'Greece between Europe and the Mediterranean, 1981-1986. The Israeli-Palestinian Conflict and the Greek-Libyan Relations as Case Studies', *Journal of European Integration History*, vol. 1, 2015, p. 55.
5   Cf. Ioannis Stefanidis, *Stirring the Greek Nation. Political Culture, Irredentism and Anti-Americanism in Post-War Greece, 1945–1967*, (Ashgate Publishing Limited, Hampshire, 2006).

tiatives coincided with a generous granting of pensions and social benefits for former resistance-fighters and political refugees, who had been, for the most part, members of the Greek Communist party.

As was the case with other European countries that had experienced military regimes, the political environment in post-dictatorship Greece was marked by the emergence of a dynamic young left-wing generation and an increasingly Left-oriented electorate courted by Communist and Socialist political forces, and by a political culture veering to the Left. A sure sign of the new ideological tendency is that 53 party formations identified themselves as Communist in 1974.[1]

After the split of the Greek Communist Party in 1968, there were two Communist parties operating in Greece: a Moscow-orientated, pure Marxist-Leninist party (KKE) and a gradually developing Euro-communist party (KKE Interior). The most serious rival for the Greek Communists turned out to be the Greek Socialist Party PASOK, a fierce anti-Western populist movement, founded in 1974 as the political expression of an idiosyncratic Greek Socialism.[2]

As the US-embassy correctly estimated at that time,[3] the political fractionalisation in the Communist spectrum weakened Communist opposition and favoured Greek Socialists. The Americans also estimated that though the "orthodox", Marxist-Leninist party (KKE) was better organized and heavily financed by the Soviets, other left moderate parties such as EDA (United Democratic Left) were more dynamic and seemed to have been more successful in recruiting younger converts. In retrospect, one can infer that in electoral terms this appraisal turned out to be wrong. However, it reflected the new ideological trend in the Greek political scene. At that moment it was just very difficult to foresee that EDA was associated with the Communist political-ideological tradition that still repelled a broad part of Greek society. Instead, PASOK, and its very popular, charismatic and demagogic leader Andreas Papandreou, with his sharp political instincts, would be the politician to capitalise on the new Left-wing political environment.

Papandreou's dreary anti-Americanism exasperated American diplomats, who depicted him in their reports as unpredictable, unreliable, opportunist, and even psychotic, as he had already earned a reputation as a brilliant economist at Minnesota, Northwestern and Berkeley, been freed from junta imprisonment and possibly saved from death thanks to the intervention of President Johnson in 1967. The US embassy also appeared to share many Greek liberals' view that his Socialism was not a sincerely held and carefully reasoned philosophy of government, but an expedient strategy, which tomorrow could be traded for Communism, personal authoritarianism, or some other tactical façade for self-advancement.[4]

As a matter of fact, Greek Socialists positioned themselves in this spectrum of the Greek political landscape, which in the absence of any strong Socialist or Social Democratic tradition had been always dominated by the Communists. By deploying both an all-embracing ideology and a strong and well-structured party organisation, PASOK managed to attract supporters of the Marxist-Leninist Left as well as to win over the support of the vast majority of the lower middle classes wooed by the Communists.[5]

---

1   Michalis, Spourdalakis and Chrisanthos, Tassis, 'Party Change in Greece and the Vanguard Role of PASOK', *South European Society and Politics*, vol. 11, (2006), p. 497.
2   Takis Pappas, *Making Party Democracy in Greece*, (Great Britain: Macmilan, 1999), pp. 156-161.
3   "Greece-Cyprus-Turkey Interagency Intelligence Memorandum Washington, October 24 1975, Subject: Greece under Karamanlis"" in *Foreign Relations of the United States'* documents (henceforth FRUS) 1969–1976, Volume XXX, Greece; Cyprus; Turkey 1973-1976.
4   'Telegram From the Embassy in Greece to the Department of State, November 20, 1974, Subject: Greek Political Leadership—Andreas Papandreou' in *FRUS 1969–1976*, Volume XXX, Greece; Cyprus; Turkey 1973-1976.
5   Michalis Spourdalakis, 'Apo to komma Diamartyrias sto neo PASOK' [From the Protest Party into New

In Andreas Papandreou's political, social and cultural rhetoric a new historical discourse had a very decisive impact. A basic element of these political tactics was the reading of the past as a plot in which the Greek people were labelled as victims of foreign conspiracies. This culminated in the 1981 pre-electoral campaign, as Papandreou pledged that a PASOK "government of change" would not allow Greece to remain a lackey of the West any more. Certainly, this was not an innovation in Greek politics, but it belongs to a long tradition of using historical memories to formulate a more or less timeless national/patriotic way of thinking that Greek citizens should abide by.

Also during the 1950s and 1960s official memory in Greece was controlled by the victors and hence right-wing nationalist versions of history dominated all public discourse. The victors of the Civil War had systematically conflated the external with the internal threat, i.e. the old Slavic peril with the more recent one of Communism. In this context, the old and very emotionally charged concept *ethnikophrosyni* was re-shaped and a top-down state belief-system defining "the true loyalty to the nation" was established. The *ethnikophrosyni* emerged as a platform for rallying the heterogeneous opposition to the Communist-led political and social bloc of the National Liberation Front (EAM), very quickly acquiring legal forms amounting to a repressive security apparatus established from 1947 onwards. It served as a measure of loyalty to national integrity and the "prevailing social order".

Andreas Papandreou proceeded to re-define the concept of *ethnikophrosyni* by initiating a new Left-wing Greek nationalism, ascribing to it a new "progressive" twist. This updated idea should lay the foundations for a new patriotic course in foreign policy, conducive to national independence and emancipation from foreign powers.[1] Furthermore, PASOK could ride the waves of radicalism dating from the early 1960s and the resistance movement that had developed during the years of the military dictatorship 1967-1974.[2]

Stirring-up the past

From all the spectacular promises for a socialist transformation of the country, what PASOK really managed to achieve was to pander its electoral constituency by offering benefits to "the people," or "the forces of light", in order to satisfy the Greeks' high expectations, cultivated by the party's motto "PASOK in office—the people in power". Therefore, some scholars pointed out that PASOK's hegemony signified a transition from traditional clientelism to "machine politics".[3]

Perhaps the most effective gambit in the Socialists' strategy to make incursions into KKE's political territory was the first PASOK administration's (1981-1985) decision to recognise the overwhelmingly left-wing resistance to the Axis rule of 1941-1944 as part of the entire as "National Resistance" (1940-1944). Not accidentally, it was one of the very first bills passed in parliament by the new government. By defining as part of the resistance those persons who had participated in activities against the occupiers during World War II, the bill granted recognition to EAM/ELAS and war veteran status and privileges to their members. As a result, pension rights were generously given, municipal councils were encouraged to erect monuments to the resistance throughout Greece, and school and police-

PASOK], in: Michalis Spourdalakis (ed.), *PASOK: Komma-Kratos-Koinonia* [PASOK: Party-State-Society], (Athens: Patakis Publisher, 1998), pp. 44-53; Pantazopoulos, *op. cit.*, pp.116-121.

1   Stefanidis, *op.cit.*, pp. 31-32.

2   Panos Dimitriou, *Ek Vatheon, Chroniko mias Zois kai mias epochis* [Profoundly. Memoire of a life and an era], (Athens, Themelio Publisher, 1997), pp. 384-386; Vassilis, Kapetanyannis, 'Greek communists: Dilemmas and opportunities following the local elections', *Journal of Communist Studies*, vol. 3, No. 1, (1987), pp. 91; Pantazopoulos, op. cit., pp. 103-109 and 116-119.

3   Giorgos Mavrogordatos, 'From traditional clientelism to machine politics: The impact of PASOK populism in Greece', *South European Society and Politics*, vol. 2, 1997, pp. 1–26.

military academy textbooks[1] were designed henceforth to provide information about the various resistance groups, not only the Right-wing one (Law Nr. 1285/1982).

Within the framework of PASOK's reconciliation policy, rights of residence in Greece and pensions were awarded both to a large number of men and women who claimed to have taken part in the resistance (as well, perhaps, as numerous others who filed claims with less justification) and to the political refugees and former Communist guerrillas who were re-patriated to Greece thanks to the recent legislation. Until 1981 state pensions had been gran-ted only to members of the 'Right-wing' resistance groups and to former security battalio-nists, who had mostly collaborated with axis-occupation troops.[2]

Danforth and Boeschoten very strikingly refer at an episode taking place in 1981, only a few months after PASOK came to power, illustrating the cultural and political change Greek Socialists were endeavouring to precipitate. Novelist Elli Alexiou, a leading member of the committee which the Communist guerrillas had formed in the 1940's to take on the education of the refugee children in Eastern Europe, was interviewed on state television. This was the first time since the end of the Civil War that the Left's perspective on the eva-cuation undertaken by the Greek Communists had been publicly aired in Greece. Alexiou's interview provoked angry reactions from the traditional Greek right. A leading conservative newspaper called it a "provocation of communist propaganda," and the issue was hotly de-bated in the Greek Parliament, where a socialist minister insisted that conservatives had no right to mourn the fate of these children since for so many years they had denied them the right to return to Greece.[3]

Moreover, all public ceremonies that celebrated the victories of the government-led Na-tional Army over the Communist guerilla army - Democratic Army of Greece - were termi-nated and dozens of streets and avenues' names reminiscent of the anti-Communist struggle began to be renamed. Though this act was thought to meet a more or less long overdue so-cial demand, it ushered in a highly divisive policy, rather than one aimed at reconciliation and building national unity. In the discourse of PASOK, reconciliation seems to have meant primarily recognition of the role played by the Left in World War II and recompense for those who had suffered discrimination because of the victory of the Right during the Civil War, allowing them to henceforth play a full and active role in public life.[4]

The new discourse, in which "national memory" was given back to "the People" as a vi-tal step towards creating "national unity, enabled PASOK to legitimise its own version of history, in which the Socialists saw themselves as descendants of the generation of the EAM. An array of symbolic acts such as the rising sun and the green colour of PASOK's emblem were meant to recall the sun and the green of EPON, EAM's youth organization.[5]

Moreover, a gradual mythification of the leftist role in the turbulent 1940s began taking

---

1   In the Post-Civil War period, there was a special course in the police and military academies on the Greek Com-
    munist party, which included a special textbook about the KKE written by Maximos Drakoulis and published in
    1950 by the Press Office of the General Military Staff of the Greek Army.
2   Mark Mazower, 'The Cold War and the Appropriation of Memory: Greece after Liberation', in István Deák, Jan
    T. Gross and Tony Judt (eds.), *The politics of retribution in Europe. World War II and its Aftermath,* (New
    Jersey: Princeton University Press, 2000), pp. 225-226.
3   Danforth and Boeschoten, *op. cit.*, p. 220.
4   Stefanos Katsikas, and Peter Siani, Davies, 'National Reconciliation after Civil War: The Case of Greece',
    Journal of Peace Research, vol. 46, (2009), pp. 568-570.
5   Dimitri Kitsikis, 'Populism, Eurocommunism and the KKE', in Michael Waller and Meindert Fennema (eds),
    Communist Parties in Western Europe. Decline or Adaptation?, (Oxford: Basil Blackwell, 1998), p. 105;
    Mazower, op. cit.; Rori, Lambrini, 'I mnimi tis dekaetias too '40 sto politico logo tou PASOK' [The memory of
    the 1940s in PASOK's political discourse], in Riki Van Boushoten, Tasoyla Vervenioti, Eftichia Voutira, Vasilis
    Dalkavoukis (eds.), *Mnimes kai Lithi toy Emfiliou Polemou* [Memories and oblivion of the Civil War],
    (Thessaloniki: Epikentro publisher, 2008), pp. 293-309.

roots, including the still divisive Civil War (1946-1949). The 1980s marks the peak of the left-wing memory-wave, indicating a correlation between Socialist governance and the construction of the Civil War's collective memory. Within the framework of the new narrative, the Civil War was considered the outcome of foreign (i.e. British and US) intervention in Greek politics and not of the internal divisions and ambiguities of Greek society, enforcing the Left-wing nationalism cultivated by PASOK since 1974.[1]

In the same way that post-war Right-wing nationalism had denied "patriotic" legitimacy to the losers of the Civil War, the new one was used to deprive the political Right of its "patriotic slogans". With appropriate references to the "role of the foreign factor" in modern Greek history, the right-wing political forces were consistently accused of permanently being subservient to foreign interests. In the new historical narrative, the Right was depicted as the same political entity originating in the collaborationist Security Battalions of the Second World War, through the Civil War, the subsequent repressive parliamentary regime and then the military dictatorship, up to its current political manifestation, the New Democracy party. This policy, however, did not target the conservative voters but the leftist ones. The attacks on the political right served as a reminder to the traditional supporters of the two Communist parties of possible reprisals to which they might be exposed in the case of a return of the conservative party to power. As a result, the first half of the 1980s was a period of sharp polarisation in Greek politics, mirroring historically constructed partisan identities based on the memories of past conflicts.[2]

The government's legislation regarding the expatriated Greek citizens a short time after PASOK came to power, constituted another act in the political game with the Greek Communists. For decades, Greek political refugees had been struggling against all odds to return to their country and to regain the Greek citizenship they had been deprived off. Meanwhile their number increased, as many of them had raised their own families in exile and sought to achieve repatriation for all family members. In the past, with the exception of some cases, all Greek governments had refused a general amnesty and repatriation of the refugees. Their long exile had attracted the interest of many leading personalities, intellectuals, artists and others who had made public pleas for their repatriation.[3]

From the moment that Communist parties were legalised in Greece, this delicate issue also caused friction between Greek Moscow-oriented Communists and Eurocommunists about who could respond more effectively to the political refugees' wish to be repatriated.[4]

Those people's sufferings in exile were often exacerbated through their mistreatment by the Greek Communist Party's nomenclature, that sought to keep them under its tight control.[5] As many of them were extremely discontented about the working and living condi

---

1   Dimitris Konstas, 'Greek Foreign Policy Objectives', in: Spyros Vryonis (ed.), *Greece on the road to Democracy: From Junta to PASOK 1974-1986*, (New Rochelle, New York: Aristide Caratzas Publisher, 1991), p. 225.

2   Stathis Kalyvas, 'PASOK's First Four Years, 1981-1985', *Journal of the Hellenic Diaspora*, vol. 23, No. 1, 1997, pp. 98-99; Susannah Verney and Geoffrey Pridham, 'The coalitions of 1989–90 in Greece: Inter-party relations and democratic consolidation', *West European Politics*, vol. 14, (1991), p. 46.

3   'Political refugees' appeals to the United Nations in the 1970s' in Eniaia Dimokratiki Aristera Archive [United Democratic Left-Archive] - Political Refugees archive (miscellaneous documents covering the period 1975-1980), box 172, Archive of Modern Social History (henceforth ASKI); "Greek Communist activities abroad in 1947" in Folder 49, Subfolder 2, Historical Archive of Greek Foreign Ministry (henceforth HAGFM)

4   'Bericht der KKE über die Parteitätigkeit und die Beschlüsse des II. Plenums im Jahre 1975' [Report by the Greek Communist Party on the party activities and the resolutions of plenary meetings of the party in 1975] in Folder: DY 30 IV B 2/20/193, Archives of the Mass Organisations and the Political Parties of the Former East Germany (henceforth SAPMO).

5   Thanassis Mitsopoulos, *Meiname Ellines* [We remained Greeks], (Athens: Odysseas publisher, 1979), p. 54; Giorgos Antoniou and Stathis Kalyvas, 'Introduction', in: Giorgos Antoniou and Stathis Kalyvas, *Oi Politikoi*

tions in the Socialist countries, they had tried independently to attain repatriation, thereby clashing with the Party's leadership. Apart from the post-war Greek State's reluctance to welcome them back,[1] the Greek Communist leadership had opposed individual refugees' efforts for repatriation and had often tried to prevent them from attempting that. The Moscow-oriented KKE's insistence on controlling the efforts for repatriation alienated many political refugees.[2] As their devotion to the Greek Communist party was the reason they were in exile, the Party's reprisals against them proved physically and emotionally devastating.[3]

The PASOK government ventured to do what all the preceding governments had refused: to allow and facilitate the massive return of the expatriates (Greek Government's Joint Ministerial decision No. 106841/1982). However, this turned out to be a very complicated issue. Many of them had been convicted by military tribunals and were in danger of being prosecuted after their return. The main bulk of the people to be repatriated came from the Soviet Union, while some countries like the DDR had received exclusively children. Apart from the political refugees, in the wake of repatriation many other persons of Greek origin wished to settle in Greece: for example, people who had lived in the Black Sea region for over 100 years, and those who had emigrated to Russia from the Ionian islands in the short time during which the Russians had controlled them (Septinsular Republic, 1800-1807). All together, they amounted to about 400,000 people. The Soviet state had no objection to the repatriation, but insisted on guarantees for the political refugees to be protected from prosecution.[4]

The transfer of their pension rights also proved to be a very thorny matter. The DDR was generous in granting pension claims, but other Socialist states were not. The Soviet Union, for example, granted pension claims only to persons who had officially worked in the country; and this did not apply to all of them. It is noteworthy that the Central Committee of Greek Political Refugees strongly and repeatedly criticised Socialist countries for not tackling relevant issues for the refugees (social security matters, pension claims etc.).[5]

Prosfyges tou Emfyliou Polemou. Koinonikes kai Politikes Proseggiseis (eds.) [The Political Refugees of the Greek Civil War. Social and Political Approaches], Department of Balkan, Slavic and Eastern Studies: (Thessaloniki, 2015), pp. 8-16; Petros Touloudis, *I Epemvasi tis Chroutsofikis Igesias sto KKE* [Khrushchev's intervention in KKE], (Athens: Alfeios Publisher, 1992); Pavlos Nefeloudis, *Stis piges tis kakodaimonias. Ta alithina aitia tis diaspasis tou KKE. Episima Keimean kai prosopikes martyries* [The reasons for the misery. The real causes of the KKE-split 1918-1968. Official Texts and personal witnesses], (Athens: Gutenberg Publisher, 1974), pp. 315-322.

1   The ban excluded some persons who were perceived as prisoners of war taken arbitrarily by the Communists to the Socialist Countries, and were allowed to be repatriated. The personal story of some of those people was extensively instrumentalised by the Greek State for anti-Communist propaganda: '1956 Report on pending issues in Greek-Soviet Relations', Greek-Soviet Relations 1956-1964 in Folder 26, Subfolder 4, HAGFM.

2   'Correspondence between KKE with 'brother parties' 1947-1968': East German Communist Party (SED) Folders 127-128 and 360-365, Labour Romanian Party Folders 378-382, Hungarian Communist Party Folders 373-375, Polish Communist Party Folders 376-377, KP of the Soviet Union Folders 383-385, Czech Communist Party Folder 387' in ASKI. This also was repeatedly confirmed by most of the political refugees of the former East Germany (Personal Communication with GeorgiouThanasis G. Papoudis, K. Prodromos, K. Kyprianou, Thanasis St., Ioannis, T. Stylianos, Th. Kostas Tsimoudis, Anastasios Ts., then correspondent of the KKE newspaper Rizospastis in East Berlin, Thanasis Georgiou and the then party representative in East Berlin (Berlin, May 1998). Some of them also admitted that they were well-disposed to PASOK, while others, Afroditi P. and Christos P., were still loyal to the KKE.

3   'Policy Report on Greek Communist activities abroad in 1957' and 'Greek Intelligence Service (KYP) report 24-1-1957 on Greek Refugees situation in the Communist Countries' in Folder 49 (covering the 1950's), Subfolder 2, HAGFM; "Reports on persons leaving clandestinely East Germany to go to the West. Confidential Correspondence between the Greek Communist Party and the East Germany Communist party in the 1950s and 1960s" in Folders 361 20/14/172, 363 20/13/48, 127-7/14/63, 128 7/15/63 (1947 – 1968) ASKI.

4   Personal communication with Victor Olenchenko, head of the consular department of the USSR in Greece during the 1970's and 1980's (Moscow September 2015) and the Political Immigrants in Former East Germany.

5   Christina, Vamvouri, 'Oi prospatheies metavasis ton Valkanikon Choron stin evropaiki oikonomiki diastasi os

As a consequence, many repatriated or politically inactive ex-Communists became again active in politics, not in favour of the KKE but of PASOK, and many voters rewarded "the Socialists' generosity" with their electoral behaviour. A typical example is the Markos Va-fiades case. Vafiades was maybe the most prominent (he was the leader of the Communist rebel army during the Civil War, until 1948) among others who, sometimes after criticising their former comrades, joined the Socialists and participated on their tickets. Similar cases also enabled PASOK to win over to its side not only prominent resistance fighters, but also the aged and poor peasants in the mountain regions - among them a lot of Slav-speaking sympathisers - where Communist-controlled resistance had entrenched itself during the years of Axis occupation.[1]

This policy paid off at the ballots, particularly in the general elections in 1985, at which PASOK used the emotionally charged slogan "*The people can never forget what Right means*" (O Laos den xechna ti simainei dexia). Thus, despite dashed expectations and un-fulfilled promises from the first Papandreou administration, it is not surprising that both Communist parties proved incapable of making any inroads into disgruntled PASOK voters in the electoral contest of 1985. Apparently the Left-wing portion of the electorate that originated from the resistance movement against the Nazis, preferred to support a reliable opponent of the political Right.[2]

PASOK's populist, aggressive, anti-American, pro-Palestinian and pro-Third World course seemed also to be directly linked to internal policies.[3] Indeed, from the early 1980s onwards, Athens began overtly criticising the Western countries for their political pro-Israel attitude, establishing close ties with Arab radical regimes, the Palestinians in general and the PLO in particular, while supporting various liberation movements in the Third World. The invitation of Yasser Arafat to Athens by Socialist leader Andreas Papandreou, on his first day in office, demonstrated his government's new order of priorities on the Middle East.

Besides the numerous official visits Andreas Papandreou paid to most of the Arab countries in the following years, Athens proceeded at the same time to an array of spectacular pro-Arab actions: it did not share the European Parliament's desire for the establishment of full diplomatic relations between Greece and Israel; reacted against the EC decision to contribute troops to the Sinai Peace-Keeping force that was formed in the context of the Camp David agreements and to the Western-led peace-keeping force in Lebanon; and in April of 1984, Greece allowed the upgrading of the PLO-representation in Athens after Arafat's official visit to the Greek capital. The common ground between Greeks and Palestinians was facilitated by the support the PLO provided to the Kurdistan Workers' Party (PKK). Indeed, after the 1980 military *coup d'état* in Turkey, Kurdish guerrilla forces had been installed in the Lebanon, where they received PLO (and Syrian) backing. But ideology – anti-Americanism – and emotion were driving forces as well. Another key determinant of their solidarity towards the Palestinians was the Cypriot experience of partition and exodus, and even the collective memory of the exodus of the Asia Minor Greeks after 1922, largely empha-

---

kathoristikos paragon gia ton epanapatrismo ton Ellinon Politikon Prosfygon tou Emfylioy Polemou' [Balkan countries' europeanisation efforts as factor for the repatriation of Greek Civil War Political refugees], in University of Western Macedonia (ed.), *Diastaseis tis metavasis kai I evropaiki prooptiki ton Balkanion* [Aspects of transition and the European perspective of the Balkan countries] *Conference proccedings*, (Thessaloniki: University of Macedonien-publication, 2007), pp. 499-500.

1   John Koliopoulos and Thanos Veremis, *Greece, The modern Sequel from 1831 to the present*, L(ondon: Hurst & Company, 2002), p. 125

2   Papasarantopoulos, *op. cit.*, pp. 400-401; Kapetanyannis, Greek communists…, *op. cit.*, p. 91.

3   Rozakis, *op. cit.*, pp. 96-99; Voulgaris, *op.cit.*, pp. 227-230.

sised by the Greek Socialists, that, in turn, underscores this interdependence of foreign policy and collective memory in PASOK's overall strategy.[1]

In fact, the Greek government condemned Israel's invasion of the Lebanon, as already
mentioned, by likening it to the Nazi genocide of the Jews in World War II, infuriating the
Israelis. It should be noted that the Israeli diplomatic representatives in Athens repeatedly
mentioned in their reports the anti-Semitic sentiment in the coverage of the Lebanon war by
Greek media and in general.[2] This negative atmosphere in Greece also irritated the Jewish
diaspora in the United States, which repeatedly denounced anti-Semitic acts conducted
against Greek citizens of the Jewish faith in Greece.[3]

The European Economic Community (EEC) was another field in which the new vision
of Papandreou's "national independent foreign policy" was tested. What is of relevance for
this study is how the PASOK-leadership reinterpreted, in the same vain with the redefini-
tion of Ethnikofrosyni, Greece's participation in the European Community in order to gain
the economic benefits the participation was linked with. Indeed, though, Greece's accession
to the European Community was initially put by Papandreou on an equal footing with ser-
vility to the foreign imperialism, gradually party's rhetoric shifted to the coordinated efforts
should be undertaken to improve European cooperation in the field of industrial policies,
communal resistance towards the overvalued dollar and the American policy of high interest rates and to raise trade barriers in the EEC against external competitors and to make Europe more independent vis-a-vis the United States.

More precisely, closely linked with the EEC since 1961, after the fall of the military
Junta in 1974, the Greek State undertook serious efforts in order to achieve full membership. Eventually, in 1981 Greece joined as the EEC's tenth member. Although Andreas
Papandreou in his speeches and writings also promoted the idea of Greece as a country of
the semi-periphery dependent on the capitalist centres of the West, PASOK's anti-Wester-
nism did not so much have a Marxist orientation, but rather a populist-nationalist one. In
Papandreou's rhetoric the EC was a community of interest among the bourgeois classes of
the imperialist countries and the peripheral capitalist ones, such as Greece, thereby rende-
ring the bourgeoisie of the periphery incapable of staging a struggle for national independence. Thus, such a struggle must be fought only by all the non-privileged, exploited and
oppressed people.[4]

Elected on an anti-EC agenda arguing that accession to the EC led to national "sub-
servience", as it presupposed the transfer of national sovereignty to foreign decision-ma-
king centres, PASOK very soon turned its initial opposition to the European project into a
"special relationship" with the EC (like Norway or Yugoslavia). In a bid to stir national
sentiments and sensitivities, the Party promised, once in power, to ask the Greek people to
express, in a free referendum following a full public debate, their own decision on the ac-

1   Papastamkou, op. cit., pp. 51-55.
2   'Reports by the Israeli diplomatic representation in Athens to the Israeli Foreign Minister 1982-1983', in Israel's
    Relations to Greece in Folder 8883/19, State archive of Israel.
3   'Report by Consulate General of Israel in New York about Mrs. Papandreou's meetings with small groups of
    American Jews across the United States in November 1982': According to the report Mrs. Papandreou was
    repeatedly attacked by the Jews because of her husband's and PASOK's policy towards the PLO 'that presented
    negative signals to the Jewish Community'; 'Letter of the American Friends of the Jewish Museum of Greece to
    the Prime Minister Andreas Papandreou 1 November 1982'; 'Report on the visit of a delegation of Jewish leaders
    in March 1982 to the Greek Ambassador in the United States', in Folder 8940/6 and 8938/22; Folder 8940/9,
    State archive of Israel: Israel's Relations to Greece
4   PASOK, Diakyrixi Kyvernitikis Politikis, Oi Arches, Oi Katefthinseis mas, to plaisio tou Kyvernitikou mas
    programmatos [PASOK: Proclamation on Governmental Policy, the Principles, our guidelines, the framework of
    our administration-programm] (Athens: July 1981) pp. 61-63; Andreas G. Papandreou, Paternalistic Capitalism
    (Minneapolis: the university of Minnesota press, 1972), pp. 41-63.

cession to the EEC. However, the proposed referendum, together with many other pre-electoral promises, was never held.

Instead, in March 1982, the new socialist government submitted to the European Commission a memorandum with a list of demands, pleading special treatment for the country because of Greece's "peculiarities" and "structural malformations", conveying the impression that the Socialists were about to re-negotiate Greece's participation in the European Community. The move terribly upset both the European Commission and European partners who regarded the memorandum as a unilateral attempt to revise Greece's Accession Treaty.[1]

However, Greece was promised special funding through the EEC-funded "Integrated Mediterranean Programmes" that benefited Greek agriculture in particular. Gradually, Greece became more and more dependent on the EEC as funds started flowing into the country, amounting to 3-4 percent of Greece's GDP throughout the whole decade. In particular, the European Common Agricultural Policy, which in the early 1980s absorbed nearly two thirds of the Community's budget, offered remarkable benefits to the Greek state budget and economy.[2]

The economic benefits Greece drew from membership of the Community seem to have effected Greek Socialists' re-orientation towards the EEC. Considering that at that time Greece's agricultural sector accounted for more than one fourth of its labour force, and that a large part of her population was of rural background and an indispensable part of PASOK's clientele, the abandonment of the anti-European course by the Socialists did not come as a surprise. Also, the CIA attributed PASOK's victory in the 1985 general elections to the fact that the bulk of Greek voters had not yet felt the pinch of the deteriorating economic situation, mainly because of the subsidising by the European Community of the Greek rural population, which formed a big proportion of the electorate.[3]

European funding was one of the resources Greek Socialists could tap in order to consolidate their political grip on the socio-economically marginalised strata, mainly by pursuing a policy of 'public sector expansion'. Between 1975 and 1990, government spending in Greece rose from about 29 to 51 percent of GDP, compared to an EU average increase from 42 to 47 percent, and an OECD average increase from 35 to 39 percent.[4] In fact, Andreas Papandreou eventually adopted the Greek Eurocommunists' pro-European approach enriched with nationalist paroles. There was also another big difference. As it was the case with the political refugees, PASOK could distribute money to the poor peasants "who had suffered by the foreign imperialism". Eurocommunists could not.

---

1   "Bericht über die Reise vom Dr. Corterier nach Griechenland, Auswärtiges Amt Bonn 1982" [Report on Dr. Corterier trip to Greece, Foreign Ministry of the Federal Republic of Germany, Bonn 1982] in Greek German Relations: Folder 124895, Federal Archives of the Republic Germany: Political Archive of the Foreign Ministry.

2   Napoleon Maravegias and Giorgos, Andreou, "I Evropaiki Oloklirosi tis Ellinikis Oikonomias" [Greek Economy's European Integration], in Antonis, Moisides and Spyros, Sakellaropoulos (eds.), I Ellada ston 19o kai 20o aiona. Eisagogi stin Elliniki Koinonia [Greece in the 19th and 20th Century. Introduction into the Greek Society] (Athens: Topos Publisher, 2010), pp. 414-417. Hellenic Foundation for European and Foreign Policy, Oi politikes pou chrimatodotountai apo ton koinotiko proipologismo [Projects funded by the EU budget] (Athens, 2014), pp. 72-81; Theodoros, Papailias, Ependiseis, Kefalaio & Paragogikotita ston Agrotiko Tomea 1911-1990 [Investments, Capital and Productivity in the Agricultural sector 1911-1990] (Athens: Agricultural Bank of Greece, 1992), pp. 15-21.

3   "Memorandum by George Kolt, National intelligence officer for Europe, on Eastern Mediterranean IG meeting on Greece on 3 June 1985 (4 June 1985)," in CIA releases 2017: Greece.

4   John, Koliopoulos and Thanos, Veremis, Modern Greece. A History since 1821 (West Sussex-United Kingdom: John Wiley & Sons Ltd., 2010), pp. 163-164; George, Pagoulatos, Greece, the European Union and the 2003 presidency. Notre Europe. Research and European Issues, vol. 21 (2002), p. 3.

Greek Moscow-oriented Communists' response to the PASOK strategy

Initially, the KKE's reaction against PASOK had been equivocal.[1] In December 1982, the 11th Party Congress adopted a careful position towards PASOK in order to avoid further alienation from the Left-wing portion of the electorate, gathered already in huge numbers around PASOK. On the domestic front, there was some criticism of the reformist government course for not abolishing the privileges of local and foreign monopolies and not nationalising the strategic branches of the economy. With reference to foreign policy, the Greek Communists demanded the fulfilling of the pre-electoral promises, such as the withdrawal from NATO and the European Common Market, and so on.[2]

The real showdown between the two parties came but later, when the Socialist government decided in October 1985 to introduce an austerity and stabilisation programme in order to confront a crisis of running inflation and increasing indebtedness. A series of strikes followed in the next months. As a result, PASOK lost control to the Moscow-oriented KKE in elections to the Council of the General Confederation of Greek Workers (GSEE).[3]

In response, the KKE started shifting its strategy and following a course of unrelenting opposition to the government through its KKE-controlled trade. Given the considerable mobilisation resources it had at its disposal, the pro-Moscow KKE's tactical movements led to repeated battles against the Socialist administration. However, this war of attrition had its limits. Incessantly engaged in 'strikes-gunshots in the air', followed by quick retreat, the syndicalist forces fell into a crisis of reliability.[4]

In the October 1986 municipal elections, the KKE withheld crucial second-round support from PASOK candidates, thus ensuring their defeat in Athens, Piraeus and Salonika (the three largest cities). Of great importance was the Party's decision to refrain from supporting the PASOK mayoral candidate in Athens, making it thus possible for the conservative New Democracy opposition party to carry the city for the first time since 1974.[5] Still, the 1986 municipal elections demonstrated the party's inability to gain significant ground against PASOK among leftist voters, despite its shift in strategy.

By the end of the 1980s, domestic political developments enabled a rapprochement between the fragmented forces of the left in Greece. The socialists were seriously accused of scandals, which involved party funding from illicit sources, and revealed the extensive clientelistic linkages between business interests and politics that had been built up under PASOK's eight-year rule. Under the new political circumstances, which included the ending of the Cold War, Moscow-oriented and revisionist Communist rivals decided in February 1989 to forge a party-coalition (the so-called Coalition of the Left and Progress). Due to an electoral standoff after the critical June 1989 elections, the leaders of the coalition took the historical decision to ally with the right-wing New Democracy party and to participate for the first time in the history of the country in an interim right-left coalition government.

---

1   Giorgos Kanellis, 'I antimetopish tou PASOK kai o Stratigikos Stochos tou KKE' [The confrontation with PASOK and KKE's strategic goal], *Kommounistiki Epitheorisi*, vol. 8, (1982), pp. 12-15.
2   Greek Communist Party-KKE, *Oi theseis tis Kentrikis Epitropis tou KKE gia to 11o Synedrio* [KKE Central Committee' propositions for the 11th party congress], (Athens, 1988).
3   Panos Kazakos, *Anamesa se kratos kai Agora. Oikonomia kai Oikonomiki stin Metapolemiki Ellada 1944-2000* [Between State and Market. Economy and Economics in the the Post-War Greece], (Athens, Patakis Publisher, 2006), pp. 375-389.
4   Dimitris Kioukias, *Organising Interests in Greece: Labour, Agriculture, Local Government and Political Development during 'Metapolitephsi'*. Thesis submitted for the Degree of Doctor of Philosophy at the Graduate School of Political Science and International Studies in the University of (Birmingham, 1991), p. 108.
5   Richard Clogg, *Parties and elections in Greece. The Search for Legitimacy*, (London: St. Martin's Press, 1987), pp. 179-181.

The decision of the new interim administration to enact a 'Law to Lift the Consequences of the Civil War' that still remained, served as a legitimacy-act for the unorthodox coalition in the first place. Moreover, it was designed to be a response to PASOK's handling of the past and historical memory all the previous years. This basically repealed the remaining legislation discriminating against Resistance and Civil War participants and further removed Civil War offences from the criminal record. In line with the common clientelistic practices in Greek politics, they also granted pensions to those to whom they had been denied on the grounds of their participation in the Civil War. The old appellation of 'Brigands' War' still in use in Army publications was replaced by the term "Civil War" as a symbolic act on this 'national reconciliation'.[1]

However, this Geek Version of "historical compromise", repeatedly portrayed by PASOK as an "unholy alliance", turned out to be very costly for the Greek Left. The following general elections in 1989 and 1990 showed that a substantial proportion of the voters that had supported Synaspismos just four months previously did not approve of it and defected from the party, casting their vote for PASOK instead. The Greek leftists' political strategy remained out of harmony with the country's historical conditions and the collective memory formed by the Socialists throughout all the preceding years

Concluding Remarks

Post-dictatorial Greek society was characterised by a widespread left-wing ideology reflecting an increasing electoral constituency. The adherents of this amorphous Leftist movement were mainly wooed by three fierce antagonists: the Greek Communist parties (pro-Moscow KKE and Euro-communist KKE Interior) and the Greek Socialist Party (PASOK). In the tug-of-war between the two Leftist camps, PASOK emerged the clear victor.

The success was essentially contingent on a re-interpretation of the past aimed at reshaping the collective historical memory. Within this framework, the Greek Socialists met in the first place some very sensitive demands of the Left's political agenda such as the repatriation of Greek political refugees using political tools of a clientelistic nature that proved to be the pinnacle of their political power. Secondly, they initiated a new political, social and cultural rhetoric revolved around a new historical discourse, which turned out to have a very decisive impact not only in the 1970 and in the 1980s, but also in the next decades. A basic element of these political tactics was the reading of the past as a plot in which the Greek people were labelled as victims of foreign conspiracies. PASOK's undisputed leader, Andreas Papandreou, proceeded to re-define the old concept of ethnikophrosyni (the raison d' être of the Greek nation) by constructing a new Left-wing Greek nationalism, ascribing to it a new "progressive" twist. This updated idea should lay the foundations for a new patriotic course in foreign policy, conducive to national independence and emancipation from foreign powers.

Not surprisingly, all the tactical efforts undertaken by the Communist parties at the end of the 1980s to take advantage of PASOK's political hardships of the time failed. The historically constructed political and cultural identities shaped in the period nevertheless proved to be very resilient in the decades to come.

---

1   The Government's decision to celebrate the 40th anniversary of the Civil War's official end, on 29 August 1989, by burning all the police files from the postwar period was denounced as an act of historical vandalism and provoked an outcry, turning it into one of this government's more controversial acts; it speaks volumes for the political and historical wounds still haunting Greek society at that time, Verney and Pridham, *op. cit.*, p. 59.

HELLMUTH FELMY:
ZIVILCOURAGE UND HALTUNG EINES GENERALS IM DRITTEN REICH[1]

Gerhard Weber

Die Biographie über den General der Flieger Hellmuth Felmy, die ich im Jahr 2010 im Rutzen Verlag veröffentlicht habe, zeigt einen während der Zeit des Nationalsozialismus militärisch Verantwortlichen aus der „zweiten Reihe" der Generale des Dritten Reiches, der weder Nationalsozialist noch Widerstandskämpfer war. Maßgeblich geformt wurde Hellmuth Felmy in der Kadettenanstalt Karlsruhe, in die er 1895 im Alter von 10 Jahren aufgenommen wurde. In den späteren Jugendjahren erfolgte seine weitere Ausbildung zum Offizier in der Kadettenanstalt Berlin-Lichterfelde bis zum Jahr 1904. Maßgeblich erfolgte dort die Erziehung und Ausbildung zu Härte und Disziplin, gleichzeitig aber auch zu Werten wie der Selbstständigkeit und Unabhängigkeit des eigenen Urteils. Diese „Charaktererziehung" konnte auch in der Verweigerung von Befehlen bestehen, sofern sie die Ehre des Offiziers verletzten. Die Eigenständigkeit des Denkens hatte sich Hellmuth Felmy auch während des Dritten Reiches und vor allem gegen die damaligen führenden Machthaber immer bewahrt.

Wie fast alle Reichswehroffiziere begrüßte er 1933 die durch die Machtübernahme der Nationalsozialisten möglich gewordene Revision der Ergebnisse des Versailler Vertrages sowie die Vergrößerung der Reichswehr und späteren Wehrmacht, vor allem die Bildung der Luftwaffe als einer eigenständigen Waffengattung, jedoch ohne Begeisterung für den Nationalsozialismus zu empfinden. Im Jahr 1938 lehnte er, inzwischen General der Flieger und Befehlshaber der Luftflotte 2 in Braunschweig, in einer Studie für Hermann Göring unmissverständlich den Luftkrieg gegen Großbritannien und insbesondere die Bombardierung englischer Städte ab. Unter einem Vorwand wurde er wegen dieser klaren und mutigen Haltung, die eigenständiges Denken und Zivilcourage verlangt, Anfang 1940 aus seinen militärischen Funktionen entlassen.

Hellmuth Felmy war als Offizier vor allem daran interessiert, Menschen zu erziehen und anzuleiten. Vermutlich wäre er unter anderen Bedingungen auch ein guter Lehrer geworden. In seinem Gnadengesuch vom 1. Juni 1950 an den alliierten Hohen Kommissar McCloy hatte er formuliert: *„Die vornehmste im Soldatenberuf ruhende Aufgabe, Menschen zu erziehen, die vielseitige und interessante Ausbildung zum modernen Soldaten, hat mich von jeher stark angezogen."[2]*

Felmys Neigung für eine vielseitige und moderne Ausbildung schlug sich früh in seinem Interesse an der neu aufgebauten Fliegertruppe des Heeres nieder. So meldete er sich im Alter von 27 Jahren zur neuen Waffengattung und absolvierte vom 1. Juni bis zum 31. Juli 1912 die Ausbildung zum Beobachtungsoffizier. Bereits im Jahr 1904 hatte er die Kriegsschule in Anklam besucht. Ehrgeizige Offiziere, und zu diesen darf Felmy gezählt werden, versuchten sich ständig weiter zu qualifizieren und sich Spezialkenntnisse anzueignen. Denn durch sein Engagement konnte sich ein junger Leutnant früh bemerkbar machen, dass er das Ende seiner militärischen Laufbahn nicht als Kompanie- oder Bataillonschef sah,

1   Die Darstellung folgt Gerhard Weber, *Hellmuth Felmy. Stationen einer militärischen Karriere. Suez Front - Reichswehr - Luftflotte II - Sonderverband F - LXVIII. Armeekorps in Griechenland - Nürnberger Prozess* (Mainz: Rutzen, 2010).
2   Hellmuth Felmy, *"Erklärung aus Landsberg",* Schreiben vom 1.5.1950 an den amerikanischen Hohen Kommissar John McCloy, Kopie im Archiv des Verfassers. In seiner Erklärung aus Landsberg äußerte sich Felmy ansatzweise kritisch zu seiner militärischen Ausbildung, die in der damaligen Zeit darin bestand, Befehle strikt auszuführen.

sondern auf der militärischen Karriereleiter weiter nach oben klettern wollte. Aufgrund seiner exzellenten Beurteilungen konnte Felmy daher von Oktober 1913 bis Ende Juni 1914
die Kriegsakademie in Berlin besuchen. Vorgesehen war dort eine Ausbildung, die drei Jahre umfasste und deren Absolventen in späteren Jahren in der Regel höhere und höchste Offiziersstellen einnahmen. Durch den Beginn des Ersten Weltkrieges wurden seine Kenntnisse an der Front benötigt und er konnte seine Generalstabsausbildung nicht abschließen.

In den dienstlichen Beurteilungen über Hellmuth Felmy, der als Kommandeur der Feld-
Flieger-Abteilung 300 von Januar 1916 bis Ende 1917 in Palästina eingesetzt war, wird
deutlich, dass er in der Zusammenarbeit mit der türkischen Armee das notwendige Fingerspitzengefühl besaß. Entscheidend kommt für ihn hinzu, dass er sich nicht subaltern als „Jasager" verhielt, sondern in dienstlichen Belangen gegenüber seinen Vorgesetzten seine Meinung äußerte – ein Verhalten, das während des Ersten Weltkrieges auch von seinen Vorgesetzten ausdrücklich positiv bewertet wurde.

Unter den englischen und deutschen Fliegeroffizieren abseits der europäischen Kriegsschauplätze des Ersten Weltkrieges wurden in Palästina Verhaltensweisen gepflegt, die zur
damaligen Zeit in den Schützengräben Flanderns und Frankreichs unvorstellbar gewesen
wären und die der Vergangenheit angehörten. Es mag der besondere Stolz der Fliegeroffiziere gewesen sein, die das Bewusstsein verinnerlicht hatten, einer neuen, kleinen und technisch elitären Formation anzugehören. Dies förderte sicherlich bestimmte „ritterliche" und
faire Verhaltensweisen gegenüber abgeschossenen Feinden, die an vergangene Formen des
Kampfes erinnern mögen.

In der historischen Forschung ist belegt, dass die überwiegende Mehrheit der Reichswehroffiziere Traditionsverbundenheit, Standesdenken, ein antidemokratisches sowie ein
antipluralistisches Politikverständnis auszeichnete. Hinzu kam ein stramm ausgeprägter
Antikommunismus. Die Revolution von 1918 und die Ergebnisse des Versailler Vertrages
wurden abgelehnt. Die Ablehnung der parlamentarischen Demokratie, die viele Offiziere
für die innenpolitischen Probleme und die außenpolitische Machtlosigkeit verantwortlich
machten, bildete den Grundkonsens des Offizierskorps. Ordnung und Autorität sollten im
Inneren vorherrschen, auf der internationalen Ebene aber eine Großmachtstellung erlangt
werden. Dieses Denken umfasste alle Generationen des Offizierskorps der Reichswehr und
diese Mentalität verhinderte ein Hineinwachsen des immer noch an tradierten Werten einer
vergangenen Zeit orientieren Offizierskorps in die erste parlamentarische Republik. Auch
Hellmuth Felmy bezeichnete sich in seinen wenigen Aussagen, wenn er sich über Politik
äußerte, bewusst als unpolitisch.

Der sehnliche Wunsch nach einer Revision des Versailler Vertrages verband das Offizierskorps mit zahlreichen anderen Eliten der Weimarer Republik. So war das Offizierskorps, insbesondere die Reichswehrführung, auch bereit, durch permanente Rechtsbrüche
gegen die vertraglichen Vereinbarungen von Versailles die Zukunft von Deutschland zu
gestalten.

General Hans von Seeckt äußerte sich als Chef des allgemeinen Truppenamtes (TA) im
Reichswehrministerium in einem Tagesbefehl vom 8. Mai 1920: „*Die Waffe ist nicht tot,
ihr Geist lebt!*" und er verband damit die Hoffnung: „*die Fliegertruppe noch einmal zu
neuem Leben erstehen zu sehen.*"[1] Im Jahr 1925 äußerte er sich zur Zielsetzung der Reichswehr: „*Wir müssen Macht bekommen, und sobald wir diese Macht haben, holen wir uns
selbstverständlich alles wieder, was wir verloren haben.*"[2] Es ist davon auszugehen, dass

---

1   Karl Heinz Völker. "Die Entwicklung der militärischen Luftfahrt in Deutschland 1920-1933", in: Militär-
    geschichtliches Forschungsamt (ed.). *Die Generalstäbe in Deutschland 1871-1945* (Stuttgart: Deutsche
    Verlagsanstalt, 1962), pp. 125-128.

2   Wolfram Wette, *Die Wehrmacht*, (Frankfurt am Main: S. Fischer 2002), p. 147.

Hellmuth Felmy mit diesen Gedanken einverstanden war, denn von 1929 bis 1933 war er als Stabschef im Reichswehrministerium und als Inspekteur der Flieger für die technische und personelle Ausbildung der geheimen deutschen Luftwaffenrüstung auf russischem Boden zuständig. Auf dem deutschen Fliegerhorst in Lipezk wurden modernste Flugzeugtypen, Motoren und Waffensysteme getestet. Gleichzeitig wurden in Lipezk von 1925 bis 1933 deutsche Piloten und Waffentechniker ausgebildet, die ab 1933 das Stammpersonal für die neue Luftwaffe stellte. Felmy beobachtete das Erstaunen und die fachliche Inkompetenz des neuen ersten Mannes der Luftwaffe, Hermann Göring, als dieser im März 1933 über den Stand der Rüstungsvorbereitungen informiert worden war. Diese relative Ahnungslosigkeit von Göring in Luftwaffenfragen sowie seine maßlose Eitelkeit dürften später für Felmy einer der Gründe gewesen sein, *„ihn nicht ernst nehmen zu können".* Dies sollte sich allerdings in beruflicher Hinsicht für ihn bitter rächen.

Als am 30. Januar 1933 Hitler als Reichskanzler vereidigt wurde, war die entbehrungsreiche Zeit vieler dynamischer und fachlich kompetenter Offiziere vorbei. Die Aussichten auf den nächsten Karrieresprung stiegen rapide, da in jeder Aufrüstungsphase tüchtige Fachleute benötigt wurden. Deshalb verkürzten sich die Intervalle der Beförderungen. Innerhalb von sechs Jahren bis kurz vor Kriegsbeginn 1939 waren eine ganze Reihe von Oberstleutnanten bereits kommandierende Generale. In dieser Gruppe befand sich auch Hellmuth Felmy. Aber die Aufrüstung und Neuorganisation des Heeres und die Wiedereinführung der Wehrpflicht am 16. März 1935 verlangten vom kleinen aktiven Offizierskorps eine gehörige Energie und beinahe unbegrenzten Arbeitseinsatz. Viele Offiziere kamen nach Hitlers Machtübernahme nicht mehr zur Ruhe. Ständig mussten neue Divisionen aufgestellt, neue Kommandobehörden gebildet, neue Waffen eingeführt und Personal ausgebildet werden. Mit der Aufrüstung verband sich auch die Sorge um die zu frühe militärische Konfrontation mit anderen europäischen Mächten. Diese Ruhelosigkeit und Improvisationen wurden zum Kennzeichen der verantwortlichen Offiziere. Auch Felmy äußerte sich nach 1945 über die ungeheure Arbeitsbelastung und über ständig neue und veränderte Vorgaben durch das Reichsluftfahrtministerium, die er als unrealistisch bezeichnete.

Wie viele seiner noch in der Kaiserzeit sozialisierten Offizierskameraden bestand er als Luftwaffenoffizier und Vorgesetzter darauf, dass die *„Ehre"* des Offiziers gegenüber *„pöbelnden Nazis"* notfalls mit der Waffe peinlich eingehalten wurde, als es in Braunschweig im Juni 1934 zu einem Zusammenstoß zwischen SA-Führern und drei Luftwaffenoffizieren, die Felmy unterstanden, kam.[1] Von ehemaligen Offizieren seines Stabes in Griechenland wurde Hellmuth Felmy zuweilen als *„wortkarg"* bezeichnet. Politische und militärische Fragen und Bedenken diskutierte Felmy nicht im Offizierskasino, sondern trug diese mit sich selbst aus. Auch gegenüber seiner Familie schwieg er über militärische Themen. So sprach er über seinen Beruf und seine politische Überzeugung prinzipiell nicht zu Hause. Diese innere Haltung, die er vermutlich selbst als „professionell" angesehen haben mag, ist vor allem vor dem Hintergrund seiner strengen Sozialisation als Kadett und der Jahre als Berufsoffizier zu verstehen. Insbesondere dürfte sowohl der frühe Verlust des Vaters im Alter von 10 Jahren, die frühe räumliche Distanz zur Mutter und die Aufnahme in das Kadettenkorps im gleichen Alter dazu beigetragen haben, dass sich Felmy auch nach dem Krieg über diese Fragen weder öffentlich noch im Familienkreis geäußert hat.

Hellmuth Felmy hat sich innerhalb der für ihn gültigen Wertvorstellungen, mit denen er als Soldat der kaiserlichen Armee sozialisiert wurde, auch kritisch mit Positionen auseinandergesetzt oder diese abgelehnt, wenn sie ihm aus militärischen Gründen als undurchführbar galten. Hinzu kam bei ihm eine aus religiösen Bindungen resultierende ethische Sicht-

---

1   Nürnberger Prozess, Fall VII. Dokumentenmappe Felmy, Dokument Nr. 30, p.48. Vgl. auch H. J. Rieckhoff, *Trumpf oder Bluff ? 12 Jahre deutsche Luftwaffe* (Genf: Inter Avia, 1945), p. 68.

weise, die ihn vermutlich davon abhielt, Bombenabwürfe als Terrorstrategie auf zivile Ziele zu unterstützen. Es wäre für ihn durchaus möglich gewesen – eine ganze Reihe von Luftwaffengeneralen haben dies vorgelebt – bei flexibler und opportunistischer Zusammenarbeit mit der obersten Luftwaffenführung, weitere militärische Karriereschritte zu gehen. Für seine bewusste Ablehnung des vorauseilenden Gehorsams und seine Selbstständigkeit des Denkens gegenüber den Forderungen und Vorstellungen Görings musste Hellmuth Felmy einen hohen persönlichen Preis bezahlen: Zunächst 1940 den *„Rauswurf"* aus seiner führenden Stellung innerhalb der Luftwaffe und anschließend nach seiner Wiederverwendung ab Mai 1941 eine untergeordnete Stellung als Militärbefehlshaber Griechenland, einem Kriegsschauplatz *„zweiter Klasse"*, wie er diesen mit einer gewissen Bitterkeit bezeichnete. Der Einsatz als Militärbefehlshaber Griechenland bedeutete für den ambitionierten Fliegeroffizier eine karrieremäßige Kaltstellung. Es ist dieser persönliche Mut, der auch die Konsequenzen nicht scheut, der Felmy in der damaligen Zeit auszeichnete, ihn jedoch nicht zum aktiven Regimegegner machte.

Die zunehmenden Partisanenaktivitäten in Griechenland gegen deutsche Truppen führten bei Felmy zu einer ambivalenten Haltung. Einerseits verurteilte der diese Art der Kriegsführung aufs schärfste, da sie seiner Meinung nach mit dem Völkerrecht und mit seiner Vorstellung eines Kampfes zwischen regulären Verbänden nicht zu vereinbaren war, andererseits musste er aber auch dafür Sorge tragen, dass er seinem militärischen – wenn auch aussichtslosen – Auftrag gerecht wurde und die ihm überantworteten Soldaten bei Anschlägen von Partisanen schützte und nicht enttäuschte. Die seitens des Oberkommandos der Wehrmacht erfolgte Anweisung, bei Anschlägen auf deutsche Soldaten im Verhältnis 50:1 Geiseln zu erschießen, wurde von ihm bewusst nicht angewandt und wenn doch, ganz erheblich unterschritten. Um das Verhalten von Hellmuth Felmy als Militärbefehlshaber in Griechenland zu beurteilen, sind die Nürnberger Prozeßakten im Fall VII; aber auch die zahlreichen entlastenden Aussagen zu seinen Gunsten, die lange Zeit noch nicht systematisch untersucht worden waren, von zentraler Bedeutung. Die Fragen und Beweismittel der Anklage, Felmys eigene Äußerungen sowie Stellungnahmen von deutschen Zeitzeugen zeigen Felmy als militärischen Befehlshaber, der notgedrungen und als letzte Konsequenz zu Sühnemaßnahmen griff, um seinen eigentlichen militärischen Auftrag, die Abwehr einer möglichen alliierten Landung, nicht zu gefährden.

Hellmuth Felmy war – dies wird auch in vielen Zeugenaussagen überaus deutlich *„ein Soldat der alten Schule"*. Damit ist zweifellos seine militärische Sozialisation während des Kaiserreichs gemeint, die Beachtung bestimmter ethischer Vorstellungen und das Beharren darauf, dass seine ihm untergebenen Soldaten gegenüber der griechischen Bevölkerung korrekt auftraten. Seine militärische Haltung, sein Umgang mit den ihm anvertrauten Soldaten, seine Fürsorge für sie und vor allem auch sein offenes Ohr für die Sorgen und Nöte der griechischen Bevölkerung weisen ihn gerade nicht als kalten und brutalen NS-General aus, sondern als militärischen Befehlshaber, der trotz sich steigernder unbarmherziger Partisanenüberfälle auf deutsche Soldaten beinahe verzweifelt versuchte, seinen Befehlsbereich zunächst mit diplomatischen Mitteln und Appellen an die Bevölkerung und an die Partisanen zu *„befrieden"*.

Von den ihm unterstellten Soldaten wurde er vielfach als *„Papa Felmy"* bezeichnet, was auf seine fürsorgliche Art des Umgangs hinweist. Es wurde auch immer wieder betont, dass sein Verhalten gegenüber der griechischen Bevölkerung und gegenüber den Partisanen sowohl von der Heeresgruppe F in Belgrad als auch von seinen Soldaten als *„zu weich und zu nachgiebig"* kritisiert wurde.[1] Zweifellos befand sich Felmy immer wieder vor einem Di-

---

1   Nürnberger Prozess, Dokumentenmappe Felmy IV, Dokument Nr. 130, p. 32, Dokument Nr. 78, p. 39. und Dokument Nr. 73, p. 27.

lemma. Einerseits lehnte er Sühnebefehle ab, da sie seiner Auffassung nach nicht mit den traditionellen Vorstellungen der Wehrmacht übereinstimmten, andererseits war er als militärischer Befehlshaber dazu verpflichtet, die von seiner vorgesetzten Dienststelle erhaltenen Befehle umzusetzen, und dazu gehörte auch die Ausführung von Sühnebefehlen. Den verbrecherischen Charakter der Kriegsführung unter dem Nationalsozialismus, der allen bisherigen europäischen Vorstellungen eines Krieges zuwiderlief, vermochte er allerdings nicht zu erkennen.

Innerlich war er von den Überfällen der Partisanen auf deutsche Truppen abgestoßen, da sie seinem Empfinden eines offenen und ehrlichen Kampfes zutiefst widersprachen. Deutlich äußerte er während des Prozesses immer wieder seinen damaligen Wunsch, dass die Partisanen sich zu einem offenen Kampf hätten stellen sollen. Er ging aufgrund der Kapitulation Griechenlands im April 1941 davon aus, ein befriedetes Land vorzufinden, und sollte – gemäß seines militärischen Auftrages – eine alliierte Invasion abwehren. Sehr früh war er sich jedoch bewusst, dass eine mögliche alliierte Landung mit den relativ schwachen deutschen Kräften – insbesondere nach dem Abzug der 1. Panzerdivision – gar nicht aufzuhalten sein würde. Deutlich wird auch, dass Felmy nach Partisanenüberfällen – dies trifft vor allem für das erste Halbjahr 1943 zu – zunächst keine Sühnemaßnahmen anordnete. Im Gegenteil, er setzte auf die Verhandlungsbereitschaft und auf die Vernunft der Bevölkerung sowie der Sympathisanten der Partisanen. Doch angesichts der zunehmenden Überfälle, bei denen oft deutsche Verwundete grausam verstümmelt wurden und veranlasst durch die sich steigernde Wut vieler deutscher Soldaten und Offiziere, die Felmy wiederholt ein zu schonendes und zögerliches Vorgehen vorwarfen, befahl schließlich auch er die Durchführung von Sühnemaßnahmen. Kriegsrechtlich glaubte er rechtmäßig zu handeln, da Sühnemaßnahmen von der obersten Militärführung bei Partisanenüberfällen angeordnet worden waren und in einem viel höheren Ausmaß hätten vorgenommen werden sollen, als dies Felmy in seinen Befehlen tatsächlich anordnete. Völkerrechtlich waren Sühnemaßnahmen zur damaligen Zeit zulässig. Dieser Auffassung schloss sich auch der Gerichtshof in Nürnberg an. Das Verbot von Sühnemaßnahmen sollte erst nach den leidvollen Erfahrungen des Zweiten Weltkrieges im Jahr 1949 geschehen.

Für die Massaker deutscher Soldaten in Distomon und Kalavryta auf der Peloponnes war Felmy nicht verantwortlich und er tadelte im Fall Kalavryta den ihm unterstellten General von Le Suire für die willkürlich ausgeführten Maßnahmen, die ohne sein Wissen stattgefunden hatten. Für das Massaker in Distomon war das SS-Polizeiregiment 18 verantwortlich, das zwar in seinem Befehlsbereich gegen Partisanen vorging, aber ihm nicht disziplinarrechtlich unterstand. Den gefälschten Lagebericht dieses Regiments nach dem Massaker von Distomon nahm er zum Anlass, die wahren Begebenheiten aufzuklären. Eine disziplinarische Bestrafung der Verantwortlichen – dies wurde von der Anklage in Nürnberg als Forderung ins Spiel gebracht – lag jedoch jenseits seiner Möglichkeiten. Der Nürnberger Prozess offenbarte auch, dass Felmy zahlreiche Sühnemaßnahmen zugeschrieben worden waren, die in Wirklichkeit von anderen Dienststellen angeordnet waren. Hellmuth Felmys Verhalten bei der Räumung Athens im Oktober 1944 zeigt, dass er in dieser äußerst angespannten militärischen Situation unbedingt die katastrophalen Verhältnisse sowie die Leiden für die Zivilbevölkerung wie sie anläßlich des Warschauer Aufstandes eingetreten waren, vermeiden wollte. Durch diplomatische Missionen, die über den Schweizer Diplomaten Escher und Erzbischof Damaskinos durchgeführt wurden, sollten die englischen Truppen unmittelbar nach dem deutschen Abzug deren Stellungen übernehmen und davon abgehalten werden, die deutschen Truppen anzugreifen.